Curso Básico de Astrologia

MARION D. MARCH
JOAN McEVERS

Curso Básico de Astrologia

VOLUME III

Análise do Mapa Astrológico
Os Regentes das Casas – Como Interpretar Mapas –
Relacionamentos – Tendências Vocacionais

Tradução
Denise de Carvalho Rocha

Prefácio de
Verbenna Yin

Editora
Pensamento
SÃO PAULO

Título do original: *The Only Way to Learn Astrology – Vol. 3 – Horoscope Analysis.*
Copyright © 2009 ACS Publications, uma impressão da Starcrafts LLC.
Copyright da edição brasileira © 1982, 2023 Editora Pensamento-Cultrix Ltda.
2ª edição 2023.
Primeira edição © 1988 Marion D. March e Joan McEvers
Todos os direitos reservados. Nenhuma parte deste livro pode ser reproduzida ou usada de qualquer forma ou por qualquer meio, eletrônico ou mecânico, inclusive fotocópias, gravações ou sistema de armazenamento em banco de dados, sem permissão por escrito, exceto nos casos de trechos curtos citados em resenhas críticas ou artigos de revista.

A Editora Pensamento não se responsabiliza por eventuais mudanças ocorridas nos endereços convencionais ou eletrônicos citados neste livro.

Editor: Adilson Silva Ramachandra
Gerente editorial: Roseli de S. Ferraz
Gerente de produção editorial: Indiara Faria Kayo
Consultoria técnica: Verbenna Yin
Editoração eletrônica: Join Bureau
Revisão: Adriane Gozzo

Dados Internacionais de Catalogação na Publicação (CIP)
(Câmara Brasileira do Livro, SP, Brasil)

March, Marion D.
  Curso básico de astrologia: volume III: análise do mapa astrológico / Marion D. March, Joan McEvers; tradução Denise de Carvalho Rocha. – 2. ed. – São Paulo: Editora Pensamento, 2023.

  Título original: The only way to learn astrology: vol. 3: horoscope analysis.
  ISBN 978-85-315-2257-4

  1. Astrologia – Manuais I. McEvers, Joan. II. Rocha, Denise de Carvalho. III. Título.

22-135375
CDD-135.47

Índices para catálogo sistemático:
1. Astrologia: Ciências ocultas 135.47
Eliete Marques da Silva – Bibliotecária – CRB-8/9380

Direitos de tradução para a língua portuguesa adquiridos com exclusividade pela
EDITORA PENSAMENTO-CULTRIX LTDA., que se reserva a
propriedade literária desta tradução.
Rua Dr. Mário Vicente, 368 – 04270-000 – São Paulo – SP – Fone: (11) 2066-9000
http://www.editorapensamento.com.br
E-mail: atendimento@editorapensamento.com.br
Foi feito o depósito legal.

Dedicamos este livro a nossos filhos, Mikki Andina, Nick March, Woody, Brent, Daren e Bridget McEvers, que, consciente ou inconscientemente, nos ensinaram muito do que precisávamos aprender.

Sumário

Índice dos Horóscopos do Volume III 11
Dados dos Horóscopos das Partes I, II e III de
   Curso Básico de Astrologia, Volume III 13
Prefácio à Edição Brasileira 21
Prefácio 27

Parte I

Introdução: Regentes das casas 33

Módulo 1: Regentes da casa 1 37
- na casa 1   38
- na casa 2   39
- na casa 3   39
- na casa 4   40
- na casa 5   41
- na casa 6   42
- na casa 7   43
- na casa 8   43
- na casa 9   44
- na casa 10   45
- na casa 11   46
- na casa 12   46

Módulo 2: Regentes da casa 2 49
- na casa 1   49
- na casa 2   51
- na casa 3   51
- na casa 4   52
- na casa 5   53
- na casa 6   54
- na casa 7   55
- na casa 8   56
- na casa 9   56
- na casa 10   57
- na casa 11   58
- na casa 12   58

Módulo 3: Regentes da casa 3 61
- na casa 1   61
- na casa 2   62
- na casa 3   63
- na casa 4   63
- na casa 5   64
- na casa 6   66
- na casa 7   66
- na casa 8   67
- na casa 9   67
- na casa 10   68
- na casa 11   69
- na casa 12   70

Módulo 4: Regentes da casa 4 71
- na casa 1   72
- na casa 2   73
- na casa 3   74
- na casa 4   74
- na casa 5   75
- na casa 6   76
- na casa 7   77
- na casa 8   78
- na casa 9   79
- na casa 10   80
- na casa 11   81
- na casa 12   82

Módulo 5: Regentes da casa 5 83
- na casa 1   83
- na casa 2   84
- na casa 3   86
- na casa 4   86
- na casa 5   87
- na casa 6   88
- na casa 7   88
- na casa 8   89
- na casa 9   90
- na casa 10   91
- na casa 11   91
- na casa 12   92

Módulo 6: Regentes da casa 6 93
- na casa 1   94
- na casa 2   94
- na casa 3   95
- na casa 4   96
- na casa 5   97
- na casa 6   97
- na casa 7   98
- na casa 8   99
- na casa 9   100
- na casa 10   101
- na casa 11   102
- na casa 12   104

Módulo 7: Regentes da casa 7 105
- na casa 1   105
- na casa 2   106
- na casa 3   107
- na casa 4   108
- na casa 5   109
- na casa 6   109
- na casa 7   110
- na casa 8   111
- na casa 9   112
- na casa 10   113
- na casa 11   114
- na casa 12   114

Módulo 8: Regentes da casa 8 117
- na casa 1   118
- na casa 2   118
- na casa 3   119
- na casa 4   120
- na casa 5   121
- na casa 6   122
- na casa 7   123
- na casa 8   124
- na casa 9   125
- na casa 10   126
- na casa 11   127
- na casa 12   128

Módulo 9: Regentes da casa 9 131
- na casa 1   132
- na casa 2   132
- na casa 3   133
- na casa 4   134
- na casa 5   135
- na casa 6   136
- na casa 7   137
- na casa 8   138
- na casa 9   139
- na casa 10 139
- na casa 11 141
- na casa 12 142

Módulo 10: Regentes da casa 10 143
- na casa 1   144
- na casa 2   144
- na casa 3   145
- na casa 4   146
- na casa 5   148
- na casa 6   148
- na casa 7   149
- na casa 8   151
- na casa 9   151
- na casa 10 152
- na casa 11 153
- na casa 12 155

Módulo 11: Regentes da casa 11 157
- na casa 1   158
- na casa 2   158
- na casa 3   159
- na casa 4   160
- na casa 5   160
- na casa 6   161
- na casa 7   162
- na casa 8   162
- na casa 9   163
- na casa 10 165
- na casa 11 166
- na casa 12 167

Módulo 12: Regentes da casa 12 169
- na casa 1   170
- na casa 2   170
- na casa 3   171
- na casa 4   172
- na casa 5   173
- na casa 6   174
- na casa 7   176
- na casa 8   176
- na casa 9   177
- na casa 10 179
- na casa 11 179
- na casa 12 180

Parte II

Introdução: A Arte de Interpretar Mapas 185

Módulo 13: General George Patton: *Um Gladiador Moderno* 193

Módulo 14: Ernest Hemingway: *Um Autêntico Americano* 217

Módulo 15: Princesa Diana de Gales: *Um Conto de Fadas que se Tornou Realidade* 265

Módulo 16: Barbra Streisand: *A Intérprete das Intérpretes* 291

Parte III

O Delineamento com um Objetivo 309

Módulo 17: A Busca por: Saúde ou Bem-Estar Físico 311

Módulo 18: A Busca por: Aparência Física 321

Módulo 19: A Busca por: Relacionamentos 347
- Relacionamentos diretos ou conjugais — 347
- Relacionamentos com os filhos ou filiais — 351
- Relacionamentos com os amigos ou afins — 354
- Relacionamentos com os irmãos ou outras relações consanguíneas — 355
- Relacionamentos com o pai e a mãe ou paternais e maternais — 356

Módulo 20: A Busca por: Tendências Vocacionais 361

Índice dos Horóscopos do Volume III

Asner, Ed	339	João Paulo II, Papa	47
Bailey, Pearl	165	Kissinger, Henry	154
Baldwin, Faith	167	Koufax, Sandy	102
Browning, Elizabeth Barrett	107	Kubler-Ross, Elisabeth	121
Browning, Robert	110	MacDonald, John D.	137
Buck, Pearl	164	Mathias, Bob	90
Caldwell, Erskine	64	Mead, Margaret	72
Clavell, James	65	Midler, Bette	341
Cohen, Mickey	69	Mitchell, John	50
Diana, Princesa	266	Mondale, Walter (Fritz)	103
Dietrich, Marlene	41	Monroe, Marilyn	178
Eddy, Mary Baker	140	Patton, George	194
Einstein, Albert	100	Peck, Gregory	330
Elizabeth II, Rainha	343	Poitier, Sidney	345
Fellini, Federico	173	Polanski, Roman	125
Fitzgerald, F. Scott	53	Porter, Sylvia	135
Friedan, Betty	147	Redford, Robert	334
Gandhi, Indira	81	Remarque, Erich Maria	59
Gershwin, George	78	Reynolds, Burt	344
Gonzales, Pancho	329	Rodgers, Richard	150

Grey, Joel	326	Roosevelt, Eleanor	175
Grofe, Ferde	87	Rudolph, Wilma	85
Hayes, Helen	112	Spacek, Sissy	336
Hefner, Hugh	123	Streisand, Barbra	292
Hemingway, Ernest	219	Vivekananda, Swami	45
Ives, Burl	333	Walters, Barbara	338

Todas as fontes dos mapas estão indicadas e classificadas de acordo com o sistema de Lois Rodden:

A = Dados precisos
B = Biografias ou Autobiografias
C = Cautela, fonte ou origem não especificada
DD = Duplicidade de dados: existe mais de uma hora/data/lugar

Dados dos Horóscopos da Parte I de *Curso Básico de Astrologia*, Volume III

Bailey, Pearl [A]　　29 de março de 1918 – 7:00 EST
　　　　　　　　　　Newport News, Virgínia, EUA, 36N59 76O25
　　　　　　　　　　Fonte: Segundo McEvers, "ela própria a um amigo comum"

Baldwin, Faith [A]　　1º de outubro de 1893 – 8:00 EST
　　　　　　　　　　New Rochelle, Nova York, EUA, 40N55 73O47
　　　　　　　　　　Fonte: *Church of Light*, de B. Holmes, "ela própria".

Browning, Elizabeth Barrett [B]　　6 de março de 1806 – 19:00 LMT
　　　　　　　　　　Carlton Hall, Inglaterra, 54N56 1O34
　　　　　　　　　　Fonte: Biografia *A Life*, de D. Hambate

Browning, Robert [C]　　7 de maio de 1812 – 22:00 LMT
　　　　　　　　　　Londres, Inglaterra, 51N31 0O06
　　　　　　　　　　Fonte: Biografia *A Life*, de D. Hambate

Buck, Pearl [C]　　26 de junho de 1892 – 12:30 EST
　　　　　　　　　　Hillsboro, West Virginia, EUA, 38N08 80O13
　　　　　　　　　　Fonte: L. Bonnet via Ebertin

Caldwell, Erskine [DD]　　17 de dezembro de 1903 – 20:55 CST
　　　　　　　　　　Coweta County, Geórgia, EUA, 33N23 84O48
　　　　　　　　　　Fonte: *The American Book of Charts*, Rodden

Clavell, James [A] 10 de outubro de 1924 – 9:50 EST
Sydney, Austrália, 33S55 151L10
Fonte: Wagner afirma que foi o "próprio", de acordo com Mercury Hour

Cohen, Mickey [C] 4 de setembro de 1913 – 6:44 EST
Nova York, Nova York, EUA, 40N45 73O58
Fonte: *The American Book of Charts*, Rodden

Dietrich, Marlene [A] 27 de dezembro de 1901 – 22:08 CET
Berlim, Alemanha, 52N30 13L22
Fonte: Certidão de nascimento encontrada em Berlim e fotografada

Eddy, Mary Baker [C] 16 de julho de 1821 – 17:38 LMT
Bow, New Hampshire, EUA, 43N08 71O32
Fonte: *Profiles of Women*, Rodden

Einstein, Albert [A] 14 de março de 1879 – 11:30 LMT
Ulm, Alemanha, 48N24 10L00
Fonte: Ebertin, de uma cópia da certidão de nascimento

Fellini, Federico [A] 20 de janeiro de 1920 – 21:00 CET
Rimini, Itália, 44N03 12L35
Fonte: Lockart cita Messina em *Horoscope 1965*

Fitzgerald, F. Scott [B] 24 de setembro de 1896 – 15:30 LMT
St. Paul, Minnesota, EUA, 44N56 93O06
Fonte: Biografia *Exiles from Paradise*

Friedan, Betty [C] 4 de fevereiro de 1921 – 4:00 CST
Peoria, Illinois, EUA, 89O35 40N41
Fonte: citado por Jansky, da certidão de nascimento

Gandhi, Indira [C] 19 de novembro de 1917 – 23:40 IST
Allahabad, Índia, 25N30 81L58
Fonte: Barbara Watters (confirmado por informações da Índia)

Gershwin, George [C] 26 de setembro de 1898 – 11:09 EST
Brooklyn, Nova York, EUA, 40N38 73O50
Fonte: *Church of Light*

Grofe, Ferde [C] 27 de março de 1892 – 4:00 EST
Nova York, Nova York, EUA, 40N45 73O57
Fonte: *American Book of Charts*, Rodden

Hayes, Helen [C] 10 de outubro de 1900 – 3:25 EST
Washington, DC, EUA, 38N54 77O02
Fonte: *Profiles of Women*, Rodden

Hefner, Hugh [A] 9 de abril de 1926 – 16:20 CST
Chicago, Illinois, EUA, 41N52 87O39
Fonte: *Gauquelin Book of American Charts*

João Paulo II (Papa) 18 de maio de 1920 – 7:30 MET
Wadowice, Polônia, 50N07 19L55
Fonte: Carta dizendo que ele nasceu na hora de um eclipse total do Sol, de acordo com *Mercury Hour*, de janeiro de 1980

Kissinger, Henry [A] 27 de maio de 1923 – 5:30 CET
Furth, Alemanha, 49N28 11L00
Fonte: Astrological Association of London, "certidão de nascimento"

Koufax, Sandy [A] 30 de dezembro de 1935 – 11:30 EST
Brooklyn, Nova York, EUA, 40N38 73O56
Fonte: Ruth Hale Oliver

Kubler-Ross, Elisabeth [A] 8 de julho de 1926 – 22:45 CET
Zurique, Suíça, 47N23 8L32
Fonte: Carta escrita por ela, vista por Rodden em 24 de setembro de 1980

MacDonald, John D. [A] 24 de julho de 1916 – 20:05 EST
Sharon, Pensilvânia, EUA, 41N14 80O31
Fonte: *Contemporary Sidereal Horoscopes*

Mathias, Bob [A]	17 de novembro de 1930 – 7:47 PST Tulare, Califórnia, EUA, 36N13 119O21 Fonte: *Contemporary Sidereal Horoscopes*
Mead, Margaret [C]	16 de dezembro de 1901 – 9:30 EST Filadélfia, Pensilvânia, 39N57 75O10 Fonte: *Profiles of Women*, Rodden
Mitchell, John [A]	5 de setembro de 1913 – 3:30 CST Detroit, Michigan, EUA, 42N20 83O03 Fonte: *Contemporary Sidereal Horoscopes*
Mondale, W. (Fritz) [A]	5 de janeiro de 1928 – 10:30 CST Ceylon, Minnesota, EUA, 43N32 94O38 Fonte: *Contemporary Sidereal Horoscopes*
Monroe, Marilyn [A]	1º de junho de 1926 – 9:30 PST Los Angeles, Califórnia, EUA, 34N03 118O15 Fonte: Fotografia da certidão de nascimento na biografia
Polanski, Roman [C]	18 de agosto de 1933 – 14:47 CET Cracóvia, Polônia, 50N04 19L58 Fonte: *American Book of Charts*, Rodden
Porter, Sylvia [A]	18 de junho de 1913 – 15:50 EST Nova York, Nova York, EUA, 40N45 73O57 Fonte: Jansky diz "da certidão de nascimento"
Remarque, Erich Maria [A]	22 de junho de 1898 – 20:15 CET Osnabruck, Alemanha, 52N17 8L03 Fonte: *Sabian Symbols* (confirmado por sua irmã)
Rodgers, Richard [B]	28 de junho de 1902 – 2:30 EST Hammels Station, Nova York, EUA, 40N43 73O52 Fonte: Biografia *Richard Rodgers*, de D. Ewen
Roosevelt, Eleanor [DD]	11 de outubro de 1884 – 11:00 EST Nova York, Nova York, EUA, 40N45 73O57 Fonte: Bíblia da família; de acordo com Rodden, outras horas também são citadas

Rudolph, Wilma [B]   23 de junho de 1940 – 5:00 CST
Bethel Springs, Tennessee, EUA, 35N14 88O36
Fonte: Drew

Vivekananda, Swami [A]   12 de janeiro de 1863 – 6:33 LMT
Calcutá, Índia, 22N30 88L20
Fonte: "certidão de nascimento", de acordo
com F. C. Dutt, em Calcutá

* MET (Middle European Time) e CET (Central European Time) são sinônimos. Ambos se referem à zona uma hora a leste de Greenwich.

Dados dos Horóscopos da Parte II de *Curso Básico de Astrologia*, Volume III

Diana, Princesa de Gales [A]   1º de julho de 1961 – 19:45 BDT
Sandringham, Inglaterra, 52N50 0L30
Fonte: "A mãe", confirmada pelo Palácio de
Buckingham, de acordo com Charles Harvey

Hemingway, Ernest [A]   21 de julho de 1899 – 8:00 CST
Oak Park, Illinois, EUA, 41N53 87O47
Fonte: Diário da mãe, de acordo com o
biógrafo Carlos Baker

Patton, George [A]   11 de novembro de 1885 – 18:38 PST
San Marino, Califórnia, EUA, 34N07 118O06
Fonte: Bíblia da família, de acordo com a biografia *Patton*, de Ladislas Farago

Streisand, Barbra [C]   24 de abril de 1942 – 5:04 EWT
Brooklyn, Nova York, EUA, 40N38 73O56
Fonte: citação de *Predictions* de 1967, pela *Church of Light*

Dados dos Horóscopos da Parte III de
Curso Básico de Astrologia, Volume III

Mapa nº 1
10 de junho de 1924 – 8:30 PST
Los Angeles, Califórnia, EUA, 34N03 118O15

Mapa nº 2
26 de março de 1943 – 7:45 CDT
Milwaukee, Wisconsin, EUA, 87O55 43N02

Mapa nº 3
2 de agosto de 1920 – 10:40 EST
Boston, Massachusetts, EUA, 42N22 71O04

Mapa nº 4
4 de setembro de 1944 – 7:55 PWT
Los Angeles, Califórnia, EUA, 34N03 118O15

Mapa nº 5
18 de abril de 1946 – 17:58 PST
Glendale, Califórnia, EUA, 34N08 118O15

Mapa nº 6
26 de julho de 1948 – 12:01 CST
Chicago, Illinois, EUA, 41N52 87O39

Mapa nº 7
5 de abril de 1924 – 7:05 CST
Detroit, Michigan, EUA, 42N20 83O03

Mapa nº 8
6 de março de 1951 – 2:48 PST
Los Angeles, Califórnia, EUA, 34N03 118O15

Mapa nº 9
28 de outubro de 1953 – 0:14 PDT
Los Angeles, Califórnia, EUA, 34N03 118O15

Mapa nº 10
24 de junho de 1937 – 13:20 PST
Los Angeles, Califórnia, EUA, 34N03 118O15

Mapa nº 11
9 de abril de 1940 – 18:19 EST
York, Pensilvânia, EUA, 39N58 76O44

Mapa nº 12
22 de agosto de 1942 – 8:15 EDT
Wilmington, Carolina do Norte, EUA, 34N14 77O55

Mapa nº 13
14 de abril de 1947 – 3:00 CST
Harvey, Dacota do Norte, EUA, 47N47 99O56

Asner, Ed [A]
15 de novembro de 1929 – 6:00 CST
Kansas City, Missouri, EUA, 39N06 94O35
Fonte: Penfield cita o álbum do bebê

Gonzales, "Pancho" [A] 9 de maio de 1928 – 4:45 PST
Los Angeles, Califórnia, EUA, 34N03 118O15
Fonte: *Contemporary Sidereal Horoscopes*

Grey, Joel [A] 11 de abril de 1932 – 21:52 EST
Cleveland, Ohio, EUA, 41N30 81O42
Fonte: *Gauquelin Book of American Charts*

Ives, Burl [B] 14 de junho de 1909 – 6:00 CST
Hunt, Illinois, EUA, 39N00 88O01
Fonte: Autobiografia *Wayfaring Stranger*

Midler, Bette [A] 1º de dezembro de 1945 – 14:19 HST
Honolulu, Havaí, EUA, 21N19 157O52
Fonte: *Contemporary Sidereal Horoscopes*

Peck, Gregory [A] 5 de abril de 1916 – 8:00 PST
La Jolla, Califórnia, EUA, 32N51 117O16
Fonte: AFA, da certidão de nascimento

Poitier, Sidney [A] 20 de fevereiro de 1927 – 21:00 EST
Miami, Flórida, EUA, 25N47 80O11
Fonte: o próprio, no programa de Dick Cavett

Rainha Elizabeth II [DD] 21 de abril de 1926 – 2:40 BST
Londres, Inglaterra, 0O06 51N31
Fonte: Fagan afirma, em *American Astrology*, que essa é a hora "registrada"; Gallo dá 2:22 BDT.

Redford, Robert [A] 18 de agosto de 1936 – 20:02 PST
Santa Mônica, Califórnia, EUA, 34N01 118O29
Fonte: *American Book of Charts*, Rodden

Reynolds, Burt [A] 11 de fevereiro de 1936 – 12:10 EST
Lansing, Michigan, EUA, 42N44 84O33
Fonte: *American Book of Charts*, Rodden

Spacek, Sissy [A] 25 de dezembro de 1949 – 0:02 CST
Tyler, Texas, EUA, 32N21 95O18
Fonte: a própria Lois Rodden

Walters, Barbara [C] 25 de setembro de 1931 – 6:50 EST
Boston, Massachusetts, EUA, 42N22 71O04
Fonte: Lois Rodden cita a certidão de nascimento, mas sem determinar a fonte

Prefácio à
Edição Brasileira

A Astrologia é um conhecimento fascinante, presente em diversas culturas desde tempos imemoriais. Encontramos registros históricos do conhecimento e uso da Astrologia no Antigo Egito, na Mesopotâmia, na China e na Mesoamérica pré-colombiana, além de hoje reconhecermos descobertas importantes, como a Máquina de Antikythera, criada no século I a.C. na Grécia romana para fazer cálculos astrológicos precisos, e o Calendário Astrológico Chinês, instituído pelo imperador Huang Ti em 2637 a.C., além de diversos estudos astrológicos descobertos nos *Vedas*, os livros sagrados da região da Índia atual, escritos aproximadamente 1500 a.C.

Aqui no Ocidente, a Astrologia foi consolidada como conhecimento a partir dos gregos, com o célebre *Tetrabiblos*, de Ptolomeu, no século II d.C., e já no período pós-Renascentista, com a obra *Astrologia Cristã*, de William Lilly, no século XVII. Essas obras são a referência do que chamamos de Astrologia Tradicional, e é justamente essa a abordagem que encontraremos neste *Curso Básico de Astrologia*, que já se tornou um clássico entre os estudantes de Astrologia em vários países.

Depois de percorrer os conceitos fundamentais de signos e planetas no primeiro volume, e de ensinar o passo a passo e as sutilezas das técnicas de construção de um mapa no segundo, agora as autoras Marion D. March e Joan McEvers oferecem orientações preciosas para extrair o ouro de qualquer mapa ou configuração astrológica.

Se há uma coisa que a Astrologia nos ensina é a olhar para a vida em sua ciclicidade e interconexões, demonstrando que os alinhamentos de certo acontecimento determinam o que se pode esperar como desdobramento disso e o tempo necessário para essa concretização. E essa lição astrológica as autoras não só compartilharam, mas, acima de tudo, vivenciaram na construção desta obra.

O percurso das autoras na elaboração deste *Curso Básico de Astrologia* segue um ciclo de Júpiter: entre o primeiro e o último volume, passaram-se doze anos. Em 1976, ano de lançamento do primeiro volume, Júpiter esteve em Touro e, ao longo de 1988, retornou a esse mesmo signo, fechando uma translação completa ao redor do Sol, ao mesmo tempo que as autoras fechavam o material deste terceiro volume. Júpiter é o planeta associado à escrita, aos grandes ensinamentos e ao potencial de expansão de um conhecimento; em Touro, todos os atributos de Júpiter recebem a firmeza e a confiabilidade do elemento Terra, garantindo sua permanência no tempo – algo que não podemos deixar de notar em relação a esta trilogia, diante das várias edições e traduções em diversos países até hoje.

E desse ponto podemos aprofundar ainda mais a análise do potencial desta obra observando que o signo de Touro está presente nas áreas profissionais dos mapas das autoras (constantes no primeiro volume): Marion D. March tem Touro na casa 3, a da escrita, e Joan McEvers, na casa 6, a do trabalho quotidiano. O planeta regente de Touro, Vênus, está em Capricórnio no mapa das duas, indicando o alto nível de compromisso de ambas com o resultado útil do conhecimento astrológico.

Neste terceiro volume, as autoras compartilham exatamente como fazer uma interpretação eficiente do mapa astrológico, apontando técnicas para identificar rapidamente os potenciais de cada configuração e como aproveitá-los de maneira inteligente. Aprendendo a avaliar os regentes das casas astrológicas, colocamos cada característica pessoal no devido lugar, para ser mais bem reconhecida e também aproveitada. Por exemplo, uma pessoa com Marte em Gêmeos na casa 10 pode ser comunicativa e articulada como indivíduo e se aplicar essas características especificamente à realização de seu trabalho irá se destacar e receber reconhecimento. Porém, se esse Marte reger a casa 9, essa pessoa deverá incluir a possibilidade de trabalhar como educador, de exercer um trabalho que exija deslocamentos e viagens e até mesmo uma estada no exterior. Imagine como seria receber uma informação completa como essa aos 18 anos?

Compreender a fundo a atuação de um planeta em determinado signo e como isso nos influencia, criando estímulos e vontades, é tarefa para toda uma vida de auto-observação. Além disso, o grau de compreensão vai depender do nível de consciência que pudemos desenvolver até então, tanto a respeito da percepção própria como também daquilo que conseguimos enxergar no mundo à nossa volta. De modo que receber uma orientação astrológica pautada na metodologia eficiente deste volume é extremamente significativo, pois poderia economizar anos de tentativa e erro, frustração e desencontros.

Além de nos oferecer o mapa do tesouro, no que diz respeito à interpretação dos mapas, este volume conta, ainda, com a análise de mais de 50 mapas pessoais, nos quais podemos confirmar a eficiência das técnicas interpretativas compartilhadas. A partir desses exemplos práticos, vamos ganhando confiança para fundamentar um conhecimento astrológico capaz de responder aos questionamentos mais frequentes de quem busca a orientação dos astros: saúde, carreira e relacionamentos. Dominando essas áreas, que são tópicos das partes dois e três deste volume, é possível atender prontamente o público que busca a Astrologia para se conhecer melhor, planejar seus objetivos ou mesmo atravessar momentos de crise, colocando esse conhecimento a serviço de toda a humanidade.

Também neste livro, as autoras nos fazem exercitar criativamente a articulação dos conceitos e técnicas vistos nos volumes anteriores e, à medida que vamos entrando em contato com as novas informações, somos convidados a nos relembrar do repertório desenvolvido outrora, ampliando o leque de possibilidades para uma leitura astrológica, enriquecendo e refinando este conhecimento.

É imperativo dar o reconhecimento às autoras pelo conjunto da obra, seja pela dedicação e cuidado com que elaboraram cada volume, seja pelos excelentes resultados que este material promove, atestado pelas contínuas edições. O *Curso Básico de Astrologia* tornou acessível o conhecimento astrológico a todos aqueles que querem aprender a arte dessa linguagem simbólica, ainda que sozinhos e por conta própria, colocando à disposição do grande público técnicas astrológicas privilegiadas, em linguagem simples e de fácil compreensão.

Tamanha conquista é mérito de quem tem compromisso consciente com as próprias potencialidades, e nesse sentido vale, mais uma vez, o destaque para o ciclo de Júpiter em Touro, que marca a trajetória de início e fim desta trilogia e atravessa as casas 3 e 6 das autoras. Reconhecer que após tantos anos esta obra continua a ser um material de valor aos estudantes de Astrologia é confirmar o alcance, no tempo e no espaço, de uma obra que cumpre seu propósito e se tornou tradição justamente por dar vida às significações astrológicas dos mapas de suas autoras.

Penso que talvez eu também tenha sido atraída por essa marca astrológica ao me envolver como prefaciadora desta nova edição, uma vez que sou sagitariana e tenho Júpiter em Touro em meu mapa de nascimento. Pois os astros sempre nos guiam, sabendo nós deles ou não.

Que esta trilogia possa continuar sendo uma inspiração não só a quem quiser conhecer a linguagem dos astros, mas também a quem estiver disposto a ser tudo aquilo que os astros revelam sobre si mesmo, permitindo a todos que acessarem este saber magnífico que assumam seu lugar pela continuidade da Astrologia como conhecimento valioso, libertário e transformador.

Verbenna Yin
Primavera de 2022.

Prefácio

Levamos cinco anos para finalmente terminar este livro, há muito prometido, a respeito da interpretação de mapas. Esperamos que tenha valido a pena esperar.

Este livro segue o método de ensino March/McEvers, que leva, devagar e sistematicamente, a um conhecimento e a um entendimento mais profundos da Astrologia. No Volume I, você aprendeu o básico – os signos do zodíaco, os planetas, as casas, os aspectos e algumas palavras-chave e frases-chave que o ajudaram a inter-relacionar os diferentes princípios envolvidos.

No Volume II, ensinamos os cálculos para levantar um horóscopo e alguns aperfeiçoamentos para aguçar sua capacidade interpretativa e lhe dar maior percepção do delineamento do mapa.

Neste terceiro volume da trilogia, apresentamos, mais uma vez, três partes distintas:

Parte I

Proporciona a última ferramenta necessária para a interpretação do mapa, ou seja, os REGENTES DAS CASAS. Onde está o regente da casa 1 e o que significa isso? Onde está o regente da casa 2?, e assim por diante, ao longo das casas e das 144 posições possíveis. Para exemplificar e tornar o aprendizado mais interessante, incluímos 36 mapas de pessoas famosas.

Parte II

Fornece o delineamento, em profundidade, de quatro personalidades: o general George Patton, o escritor Ernest Hemingway, a princesa Diana de Gales e a atriz Barbra Streisand. Cada horóscopo se baseia em diferentes técnicas interpretativas, proporcionando opções para aperfeiçoar sua própria habilidade.

Parte III

Fornece métodos para descobrir áreas específicas de interesse num mapa, como: Que tipo de parceiro estou procurando? Quais são minhas aptidões vocacionais? Quais são, ou onde estão, os pontos fracos do meu corpo?

O nível de abordagem deste livro é mais avançado que o dos dois volumes precedentes, que tratam estritamente de Astrologia básica. Presumimos que a esta altura você já consiga pegar as nossas palavras-chave e frases-chave e adaptá-las ao próprio vocabulário; e que, ao observar um horóscopo e encontrar determinadas posições planetárias, já lhe ocorram algumas palavras, sem que seja preciso recorrer aos nossos livros.

Mas, mesmo que você ainda dependa de nós e de nossas palavras, não se desespere – reserve um tempo para delinear os quatro mapas deste volume e volte aos Volumes I e II de *Curso Básico de Astrologia* para ver por que escolhemos determinadas frases e não outras. Os métodos usados estão explicados na introdução à Parte II. Quando você terminar este livro, estará pronto para a próxima etapa.

Esta etapa vai ser a transição para a Astrologia intermediária, que inclui a atualização ou a progressão do horóscopo e o uso de trânsitos, a comparação do seu mapa com o de outra pessoa e o levantamento do mapa composto dos dois, a transferência do horóscopo para um lugar diferente do seu nascimento e a Astrologia mundial. A etapa posterior a essa seria ainda mais avançada, envolvendo o retorno solar e o lunar e a Astrologia horária, vocacional e esotérica.

Conforme insistimos em todo nosso ensino, enfatizamos novamente que você só vai aprender Astrologia se dedicar tempo à aplicação prática. Observe os mapas que usamos na Parte II deste livro e veja até que ponto seu delineamento se aproxima do nosso. Há muitos outros mapas na Parte I deste livro; examine-os e interprete aqueles que lhe interessar. Como todos são de gente famosa, você pode obter a maioria dos dados biográficos na internet, para verificar a correção da sua interpretação. Em outras palavras, TRABALHE com este livro, não dê só uma olhada nem o leia como se fosse um romance.

Esperamos que se divirta enquanto aprende.

Joan e Marion

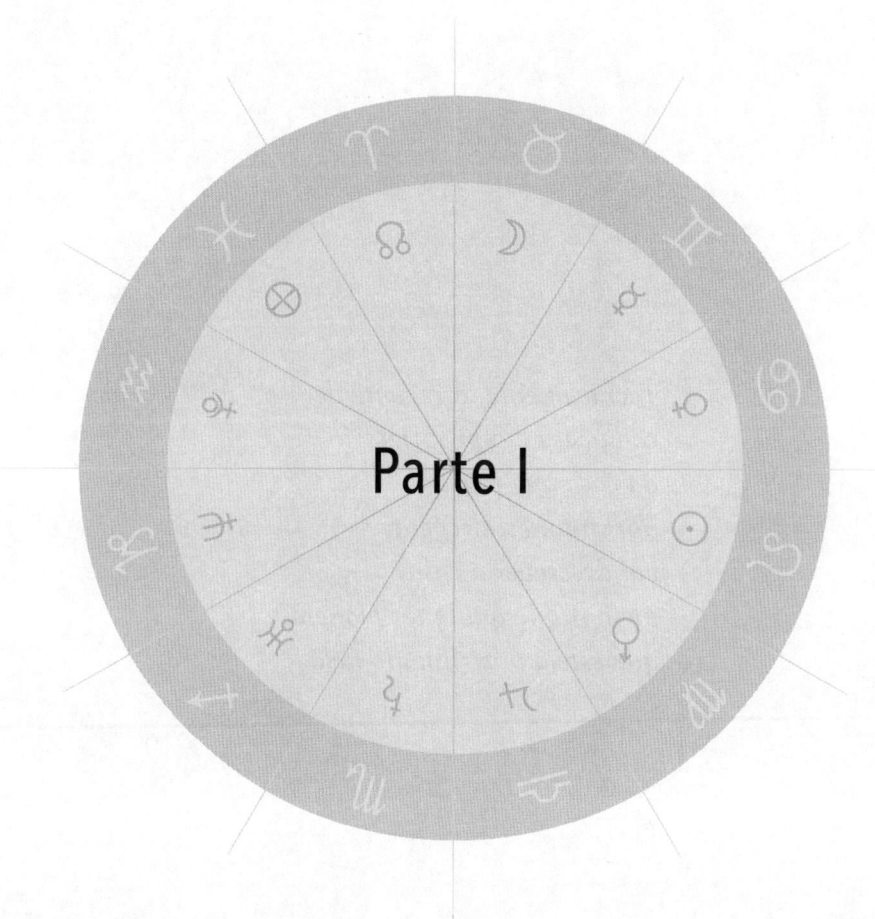

Parte I

*Tecnicamente, o regente de
cada casa é o proprietário
da casa que rege...,
portanto, esse regente
vai descrever a casa
melhor que qualquer planeta
que esteja posicionado nela.*

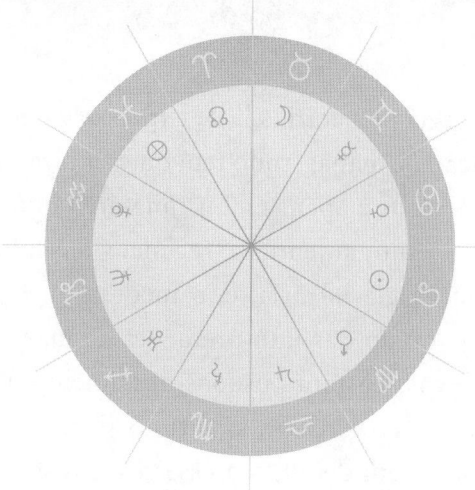

Introdução
Regentes das casas

Ao ler um horóscopo, os regentes das casas podem não ser a área mais importante do delineamento. A maioria dos astrólogos acha que o planeta em si, os aspectos que forma e o signo e a casa em que está localizado são mais importantes. Alguns astrólogos não usam as regências, nem planetárias nem das casas, mas achamos que ambas desempenham papel importante na arte do delineamento. Por exemplo, se seu Sol está em Gêmeos, e Mercúrio (o regente de Gêmeos) está em Touro, você vai expressar a individualidade de modo bem diferente do que se o regente Mercúrio estivesse em Câncer.

A esta altura, estamos certas de que você aprendeu a combinar o planeta, o signo, a casa e o regente do signo e da casa, de acordo com o que enfatizamos seguidamente nos Volumes I e II de *Curso Básico de Astrologia*. Mas e quanto aos regentes das casas? Por que precisamos de mais um matiz ou combinação? Suponhamos que você tenha Gêmeos na cúspide da casa 2 e o regente Mercúrio esteja na casa 5. Será que o seu senso de valores ou a sua capacidade de ganhar dinheiro são os mesmos de quando Mercúrio se encontra na casa 7? Achamos que não. Além disso, se uma casa não tem nenhum planeta (afinal, existem doze casas e apenas dez planetas), por meio de qual energia planetária ela se expressa a não ser a do regente? Na interpretação de mapas, tudo tem que ser levado em consideração, e a regência das casas é apenas mais uma área que precisa ser compreendida.

Antigamente, a regência das casas era usada, sobretudo, na Astrologia horária, e, à medida que esse ramo da Astrologia foi se separando das interpretações de mapas mais humanísticas ou psicológicas, bastante usadas atualmente, poucos livros tratam desse tópico. Na verdade, o último livro que conseguimos encontrar que entrou em detalhes a esse respeito foi *A to Z Horoscope Maker*, de George Llewellyn, contendo muitos conceitos terríveis e absolutos em moda naquela época. Esperamos corrigir essa falha fornecendo uma descrição sucinta das possibilidades ou oportunidades oferecidas pelas diferentes posições dos regentes das casas.

Tecnicamente, o regente de cada casa é o PROPRIETÁRIO da casa que rege (traduzimos e modernizamos a expressão meio antiquada "Senhor da casa"); portanto, esse regente vai descrever a casa melhor que qualquer planeta que esteja posicionado nela. Se você tem Gêmeos na cúspide da casa 2, Mercúrio "possui" toda a casa 2, e, embora a Lua ou Júpiter possam estar posicionados nela, Mercúrio, como proprietário, dita as regras e normas, enquanto a Lua ou Júpiter podem ser considerados hóspedes, em visita a uma casa que de fato não lhes pertence.

Ao ler as interpretações que se seguem, você precisa ter em mente muitos fatores e combinar as diferentes áreas envolvidas, conforme ensinamos nos Volumes I e II. Por exemplo: o escritor Ernest Hemingway (veja o mapa na p. 219) tem o regente da casa 10 na casa 12. Ele deveria ter sido diretor de presídio: afinal, a casa 10 mostra a carreira, e a 12 representa reclusão e instituições! Mas Hemingway tem Gêmeos na cúspide da casa 10, e o regente Mercúrio está em Leão. Gêmeos é o signo da comunicação – portanto, sua carreira poderia envolver alguma forma de comunicação; com o regente na 12, deveria ser algo que ele pudesse fazer por si mesmo, em particular, sozinho. Porém, como o regente está em Leão, sua carreira precisava lhe dar a oportunidade de brilhar, em vez de "ficar nos bastidores", que é a interpretação usual da casa 12. Que melhor forma de brilhar que através de seus livros? Você também precisa se lembrar de que o Mercúrio de Hemingway faz sextil exato com Netuno, o planeta da imaginação, confirmando uma carreira mais imaginativa que a de enfermeiro ou diretor de presídio.

Estamos fornecendo uma descrição completa das doze casas, redigida de forma que seja possível entender o princípio subjacente a cada uma delas. Depois de compreender o verdadeiro significado das casas, você não vai ter problemas em delinear a finalidade representada por cada um dos regentes. Usamos muitos exemplos na descrição dos regentes nas diferentes casas e esperamos que você examine os mapas apresentados neste e nos dois livros anteriores, Volumes I e II de *Curso Básico de Astrologia*, para treinar e aumentar a sua destreza. O método de aprendizado não mudou. Comece usando as nossas palavras e frases-chave; à medida que você progride e passa a realmente compreendê-las, vai ver que começa a usar as próprias palavras. Depois de treinar com os mapas apresentados aqui, você vai saber combinar todos os fatores envolvidos e nem vai precisar consultar o nosso texto.

*Estamos fornecendo
uma descrição completa das doze casas,
redigida de forma que seja possível
entender o princípio subjacente a cada uma delas.*

*Depois de compreender o verdadeiro
significado das casas, você não vai ter
problemas em delinear a finalidade
representada por cada um dos regentes.*

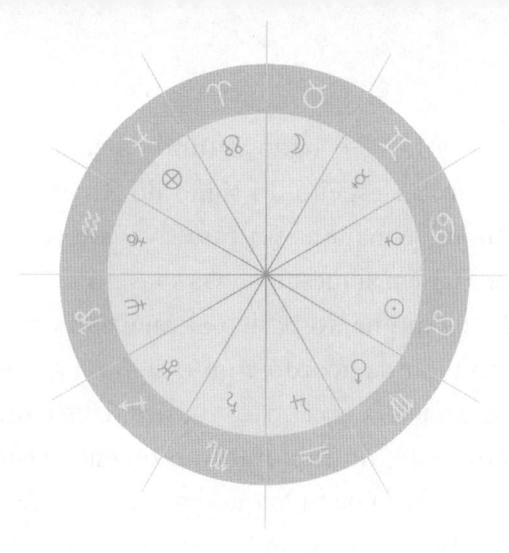

Módulo 1
Regentes da Casa 1

Esta é uma casa muito especial, e, para entender a força do seu regente, também chamado "regente do mapa", você precisa compreender o princípio envolvido. A casa 1, como o nome implica, é o começo – seu começo como pessoa neste mundo, como um corpo com forma e aspecto. A cúspide da casa 1, chamada "ascendente", só pode ser calculada quando é conhecida a hora exata de nascimento. O signo e o grau mostram o horizonte leste no momento do nascimento ou, em termos simbólicos, o momento em que o dia nascia. Todos os outros planetas do mapa são expressos através do signo do Ascendente, de modo que você pode ver como é importante entender perfeitamente esta casa.

    A casa 1 é considerada angular, ou seja, é ativa, dinâmica e iniciadora. É a primeira das casas da vida e, como tal, representa o aspecto físico das casas pessoais, o corpo. (Das outras casas da vida, a 5 é considerada a alma, e a 9, a mente ou o espírito.) Como esta é a casa em que emerge seu corpo físico, ela descreve sua aparência e sua personalidade exterior. Também descreve a maneira como você deseja aparecer, a face que deseja mostrar ao mundo e a forma como decide embalar ou vender a si mesmo.

Áries é o signo natural da casa 1, e Marte, seu regente natural; assim, a despeito do signo do Ascendente, a sensação do "eu" e do "mim" é inata a essa casa. No começo, o recém-nascido só consegue pensar em si mesmo e nas suas necessidades básicas de sobrevivência. Esse sentimento básico é canalizado pelo regente e acentuado ou diminuído de acordo com o signo e a casa envolvidos. Ao lado dessa orientação egocêntrica, básica, existe um maravilhoso sentimento de novidade, de exploração e de entusiasmo, que é sempre uma parte automática de tudo que é o primeiro. A colocação por casa do regente do Ascendente é onde você realmente deseja estar.

Regente da casa 1 na casa 1: Como a casa 1 tem a ver com aparência, postura, atitudes e, basicamente, com o eu, a pessoa que tem o regente do Ascendente nela é muito automotivada, interessada em si mesma e, às vezes, um pouco egoísta, dependendo, é claro, dos aspectos a esse planeta. A aparência é importante, e você dá atenção à elegância, à maneira de se vestir e de se apresentar. Seus próprios desejos e ideias são prioritários, o que, muitas vezes, se traduz numa atitude de "eu primeiro". Em geral, você cria as próprias condições, boas ou más, e se a energia for adequadamente manejada, tem vida longa, usufruída em condições agradáveis. É possível que a infância seja relativamente feliz, e que você desfrute de um bom relacionamento com a família. Se os aspectos não forem bem manejados por outro lado, vai ser preciso superar alguns problemas de comportamento antes de poder alcançar a felicidade e o contentamento.

Como exemplos, ocorrem-nos dois formidáveis esportistas. Jean Claude Killy, com Leão ascendendo e o Sol na casa 1, mostra a dedicação e o interesse por si mesmo que o levaram a atingir marcas ímpares no mundo do esqui. Demonstra o uso positivo dos aspectos desafiadores de seu mapa – Sol em quadratura com Marte e Urano –, no sentido de satisfazer às necessidades de seu ego, de "ser o primeiro". Babe Ruth, o astro do beisebol, tinha Câncer ascendendo e a

Lua na casa 1 em trígono com o Meio do Céu, Mercúrio, Vênus e Saturno; é fácil creditar sua enorme popularidade a esses aspectos fluentes. Para ele, era fácil usar sua capacidade física, e foi, sem dúvida, um exemplo da personalidade descontraída geralmente associada aos trígonos.

Regente da casa 1 na casa 2: Você é quem estabelece seu sistema de valores, selecionando e escolhendo os canais que acha apropriados, desprezando, muitas vezes, as convenções e o que se espera de você, sobretudo se o regente for Marte ou Urano. É possível que tenha forte motivação financeira e direcione muito do tempo e da energia no sentido de ganhar a vida. O dinheiro e o que ele representa são importantes; esse posicionamento indica, muitas vezes, as pessoas que ganham a vida trabalhando na área financeira. Se o regente estiver bem aspectado, o fluxo financeiro será tranquilo, o sistema de valores será coerente e elevado, e haverá muita capacidade de ganhar dinheiro. Se houver aspectos desfavoráveis a esse planeta, poderá haver dificuldades financeiras, ausência de valores adequados e desperdício de talentos inatos.

Larry Flint, editor da revista *Hustler*, tem Câncer ascendendo e a Lua em Leão na casa 2; assim, ele adquire a sensação do próprio valor e importância à medida que o público (a Lua) aceita esses valores. Como a Lua forma sextil com Mercúrio, Flint é capaz de fazer isso comunicando-se através de suas publicações, de maneira mais ou menos intensa, já que Plutão também está em Leão na casa 2.

Regente da casa 1 na casa 3: A comunicação das ideias – as suas – é muito importante. Você tem pontos de vista definidos a respeito de tudo e interesse fundamental em comunicá-los. Gosta realmente de viajar; é possível que as viagens façam parte de sua carreira. Com frequência, envolve-se nos assuntos dos irmãos – pode trabalhar com eles ou, se forem mais jovens, sentir-se responsável por eles. Se as energias não forem usadas corretamente, é possível que haja atrasos ou obstáculos em sua educação, mas você sente necessidade de aprender e, em geral, é um leitor aplicado. Muitas vezes dotado de senso de humor, é capaz de rir de si mesmo, e essa capacidade faz com que tenha um jeito descontraído de abordar a vida.

A titereira e ventríloqua Shari Lewis tem Libra ascendendo e Vênus na casa 3 em Capricórnio; ela consegue comunicar suas ideias da forma mais artística e, ao mesmo tempo, realista, usando seus bonecos para criar personalidades e quase um alter ego. Vênus em trígono com Netuno aumenta sua criatividade e imaginação. O corajoso Evel Kneivel tem Aquário ascendendo e Urano na casa 3 (veículos motorizados). Não há dúvida de que se comunica com o público de forma não usual (Aquário). Urano em quadratura com a Lua (público) e Júpiter explica o exagero.

Regente da casa 1 na casa 4: O lar e a família são o ponto focal de sua vida; pode haver uma ligação muito forte com um dos genitores, provavelmente a mãe. Esse relacionamento pode ser amoroso e gratificante se o planeta tiver aspectos fluentes; mas, se a energia não for usada corretamente, é possível que você tenha muito a aprender a respeito do relacionamento familiar. Muitas vezes, o genitor indicado é forte, dominador e lhe dá apoio, e você pode seguir os passos dele. O lar, para você, representa segurança; mesmo que não tenha a própria casa (o que seria de surpreender), você transforma qualquer lugar em que esteja em seu lar, com todas as pequenas coisas de que precisa para viver de modo confortável.

Marlene Dietrich, a eterna *glamour girl*, ficou famosa pela capacidade de transformar qualquer lugar num lar muito confortável. Ela não tem medo de arregaçar as mangas e de esfregar o chão de um quarto de hotel, o que é fácil de entender, quando notamos o limpo e organizado signo de Virgem no Ascendente e o regente Mercúrio em

Capricórnio na casa 4. (Veja o mapa a seguir.) Outro exemplo é a fundadora da Ciência Cristã, Mary Baker Eddy, cujo forte sistema de raízes (Júpiter em Áries na casa 4) se expressou na forma de religião através do Ascendente em Sagitário. (Veja o mapa de Mary na p. 140.)

Regente da casa 1 na casa 5: Os pintores Paul Cézanne e Vincent van Gogh (veja os mapas no Volume II) têm esse posicionamento criativo. Você é amante do prazer, generoso e dramático, gosta de pintura e de música, é bastante liberal e vaidoso e pode se deixar levar pelo turbilhão da vida social. Em outro nível, é possível que seja aventureiro,

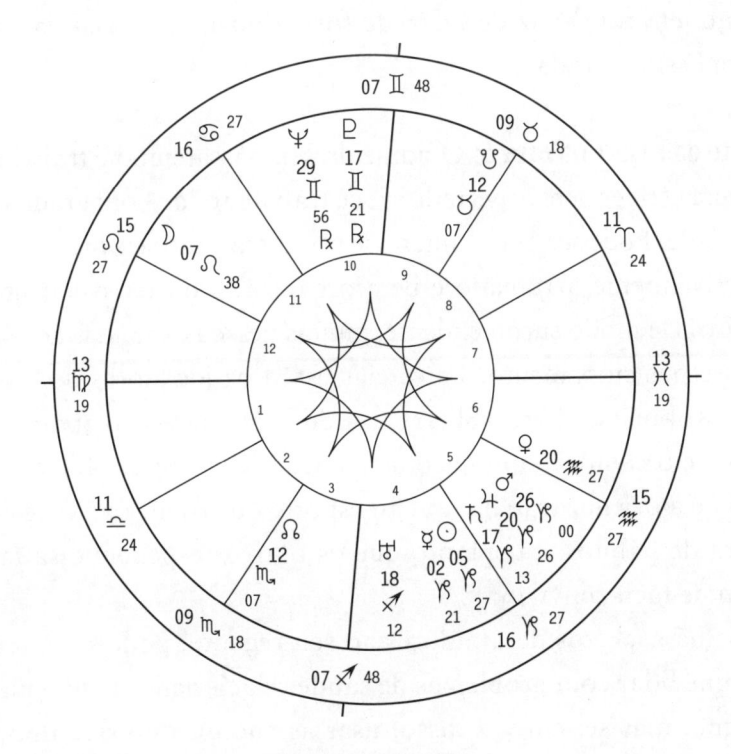

Marlene Dietrich
27 de dezembro de 1901
22:08 MET
Berlim, Alemanha
52N30 13L22

esportista e ousado, disposto a assumir riscos na vida e no amor. Provavelmente os filhos vão desempenhar papel importante em sua vida. Se não os tiver, outras crianças vão se sentir atraídas por você, e vice-versa. É um romântico nato, atraído pelo amor e por toda sua parafernália; os aspectos vão determinar se sua vida amorosa vai ser tranquila ou cheia de altos e baixos. Em outras palavras, você é apaixonado pelo amor.

A histriônica Carole Lombard, comediante do cinema da década de 1930, tinha Peixes ascendendo e Netuno na casa 5. Seu senso de humor e amor pela vida foram bem registrados pelas revistas cinematográficas. Mesmo com Netuno em quadratura com o Sol e Urano, ela foi capaz de lidar, de forma positiva e criativa, com a energia assim gerada.

Regente da casa 1 na casa 6: O nome do seu passatempo é trabalho. Se o planeta estiver bem aspectado, você trabalhará de bom grado e com afabilidade. Pode ser que se interesse por dietas, saúde e higiene, e seja ou incrivelmente arrumado e bem organizado ou terrivelmente bagunceiro. De modo surpreendente, muitas pessoas voltadas ao esporte têm esse posicionamento. Entre elas estão os jogadores de beisebol Jackie Robinson, Larry Sherry e Eddie Mathews, o jóquei Billy Hartack e o campeão olímpico de natação Mark Spitz. Talvez seja o método e a organização ligados ao esporte que os atraia. Você é uma criatura de hábitos e, contanto que os outros respeitem essa faceta, alguém de fácil convívio.

Se há aspectos desafiadores ao seu regente, pode ser que você tenha que lidar com problemas de saúde relacionados com o planeta e o signo, mas se, em vez disso, usar as energias no trabalho, não vai ter tempo de ficar doente. Sigmund Freud (veja o mapa no Volume II), o fundador da psicanálise, tinha Escorpião ascendendo e Plutão na casa 6. Demonstrou sua capacidade de organização classificando todas as nossas fobias e desenvolvendo tratamentos adequados. No trabalho, era perfeccionista; mas como Plutão forma quincunce com Marte, corregente do Ascendente, pessoalmente era um pouco desleixado.

Regente da casa 1 na casa 7: Você é sociável e precisa do apreço e da aprovação dos outros para se sentir completo. Se as energias não forem usadas adequadamente, é possível que você seja muito competitivo, briguento e até difícil de conviver. Mas, quando integra esse planeta no mapa de forma positiva, é um bom vendedor, mediador ou relações públicas. Gosta das pessoas, e a recíproca é verdadeira. É raro vê-lo sozinho. Deseja e precisa de companhia; com o apoio de outros fatores do mapa, esta é uma boa indicação de casamento precoce. Sem um par, você se sente incompleto. Com aspectos desfavoráveis, pode ser que você tenha medo de transtornos constantes num relacionamento e prefira ficar solteiro.

Joan Sutherland (veja o mapa no Volume II) é um bom exemplo do uso positivo desse posicionamento para proporcionar prazer ao público (Touro ascendendo e Vênus na casa 7). Vênus em conjunção com o Sol lhe dá charme e atração, assim como voz notável; a oposição com Marte gera a energia necessária para que ela se expresse por meio da voz. O marido, o maestro Richard Bonynge, também seu sócio, orienta sua carreira e rege todas as óperas e concertos em que Sutherland se apresenta.

Regente da casa 1 na casa 8: Seus interesses se centralizam em todos os assuntos da casa 8, e, dependendo do planeta que rege o Ascendente, é possível que você tenha aptidão para matemática ou boa capacidade de ganhar dinheiro. O sexo ou o ocultismo podem atraí-lo. Entre nossos clientes, encontramos muitos médicos com esse posicionamento. Muitas vezes, você tem bastante carisma e *sex appeal*; pode se sobressair em gerência financeira, contabilidade ou na área bancária. Qualquer que seja o signo do Sol ou do Ascendente, é possível que você exiba a discrição, a integridade e a eficácia de um Escorpião. Profundo e reservado, se outros fatores do mapa confirmarem, tem senso de humor cáustico. Sem dúvida se sente atraído pelo lado sério da vida.

Temos três exemplos muito adequados desse posicionamento. John F. Kennedy, com Libra ascendendo e Vênus em Touro na casa 8, é um exemplo claro de carisma, *sex appeal* e senso de responsabilidade. O locutor esportivo Howard Cosell, com Leão no Ascendente e o Sol em Áries na casa 8, demonstra, sem dúvida, a intensidade dessa colocação. Howard nunca faz nada sem ser com todo empenho. O humorista Ogden Nash, com Câncer ascendendo e a Lua em Aquário na casa 8, exibe o espírito e o humor ímpares associados a esse posicionamento.

Regente da casa 1 na casa 9: Um sonhador de sonhos possíveis, eis o que você é, principalmente quando a energia é conduzida de forma positiva. Filósofo e romântico nato, você tem visão alegre, esperançosa e otimista da vida. A 9 é a casa da aspiração, e essa é a sua palavra-chave. Você acha que pode conseguir tudo o que deseja, e só se houver aspectos muito desfavoráveis não atingirá seus elevados ideais. Pode ser que as viagens e os assuntos legais desempenhem papel muito importante em sua vida, mas o resultado só pode ser avaliado a partir do planeta envolvido, de seu signo e de seus aspectos.

Roman Polanski (veja o mapa na p. 125), o diretor de cinema polonês, com Sagitário ascendendo e Júpiter, o regente, na casa 9, chegou ao máximo da fama fora do país de origem e teve os problemas legais indicados por Júpiter em quincunce com Urano. Ele também tem demonstrado capacidade de concretizar suas aspirações como diretor de sucesso, com a ajuda dos sextis de Júpiter com a Lua e Plutão. Swami Vivekananda, com Saturno em Libra na casa 9 regendo o Ascendente, trouxe sua mensagem às longínquas América e Europa.

Regente da casa 1 na casa 10: Dificilmente você vai ocupar o banco de trás. Se seu negócio não for a política, com certeza você será ator, comediante ou estará, de alguma forma, no comando. Você gosta de ser notado e tem necessidade inerente de reconhecimento. Esse impulso pode causar algum escândalo, se o planeta estiver mal aspectado. Em geral, você é o tipo de pessoa que se encarrega das coisas e a quem os outros recorrem em busca de soluções. Com esse posicionamento, um dos genitores pode ter muita importância em sua vida.

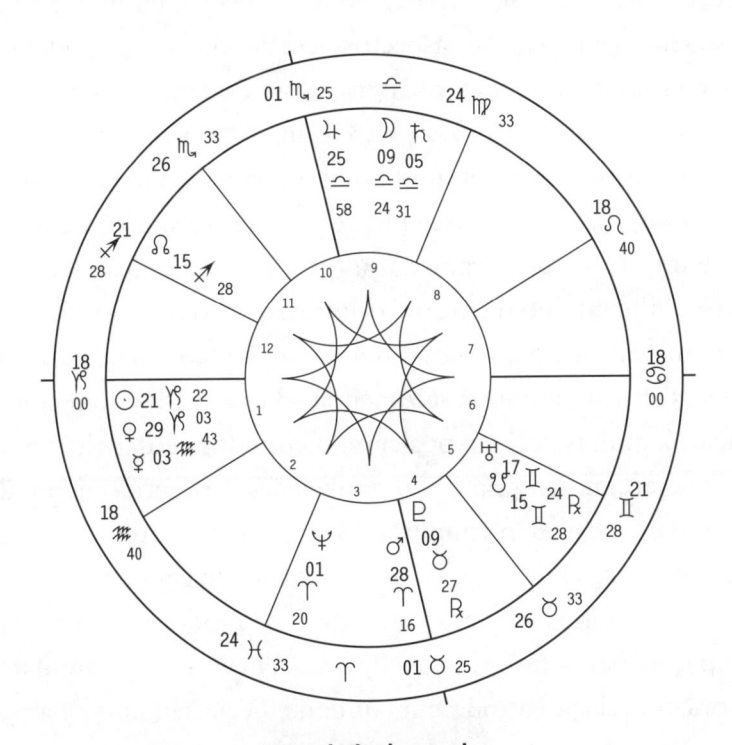

Swami Vivekananda
12 de janeiro de 1863
6:33 LMT
Calcutá, Índia
22N30 88L20

O diretor de cinema Vittorio de Sica tem o Ascendente em Virgem e Mercúrio em Câncer na casa 10; é, sem dúvida, alguém que se encarrega das coisas, com forte senso de responsabilidade, já que Mercúrio se opõe a Saturno na casa 4, dos alicerces. A cantora Linda Ronstadt (veja o mapa no Volume II) usa seu Júpiter, regente do Ascendente na casa 10, para se colocar na ribalta, atraindo a atenção por seu desempenho. Seu Júpiter faz trígono com Urano na casa 6, dando-lhe a oportunidade de atrair a atenção sobre si de forma funcional e aceitável.

Regente da casa 1 na casa 11: Você pode ser bem aventureiro e até ousado; se seu regente receber aspectos desafiadores, você poderá sentir prazer com empreendimentos arriscados. Poderá até ser vítima de circunstâncias que o conduzam a áreas mais ou menos perigosas. Um exemplo é o lorde Louis Mountbatten, morto por terroristas irlandeses. Sua Lua, regente do Ascendente Câncer, forma conjunção com Plutão e oposição com Urano. Aqui existe a necessidade de adquirir bom discernimento no trato com os outros, porque o que eles pensam pode ser importante para você. Os amigos são fator significativo para compreender a si mesmo; é recomendável escolhê-los com cuidado.

Este é, muitas vezes, o posicionamento dos verdadeiros humanitários, que atuam em grandes organizações no sentido de ajudar os outros e lhes mostrar o caminho. O papa João Paulo II é um bom exemplo desse caso. Ele tem Câncer ascendendo e a Lua em Touro na casa 11, em conjunção exata com o Sol, de modo que sente genuína preocupação pelos fiéis de sua Igreja. Tem atitude estimuladora e protetora em relação a toda humanidade. (Veja seu mapa na p. 47.)

Regente da casa 1 na casa 12: Você é um pouco retraído e tímido na juventude, mas aprende a confiar em sua força interior à medida que amadurece. Muitas vezes, esse posicionamento leva a uma carreira na área de espetáculos, ou como escritor, detetive, embaixador ou relações públicas, por causa da grande capacidade de manipulação nos bastidores. Você não é exatamente tímido, mas sabe quando deve guardar para si a própria opinião, dando, assim, a impressão de ter grande sabedoria. Não tem medo de ficar sozinho; na verdade, gosta da própria companhia. Com aspectos desfavoráveis, é preciso tomar cuidado para não se retirar muito do mundo e esquecer de voltar.

O ex-secretário de Estado Henry Kissinger tem Gêmeos no Ascendente e Mercúrio em Gêmeos na casa 12; sua diplomacia e capacidade de remover obstáculos nas negociações entre facções

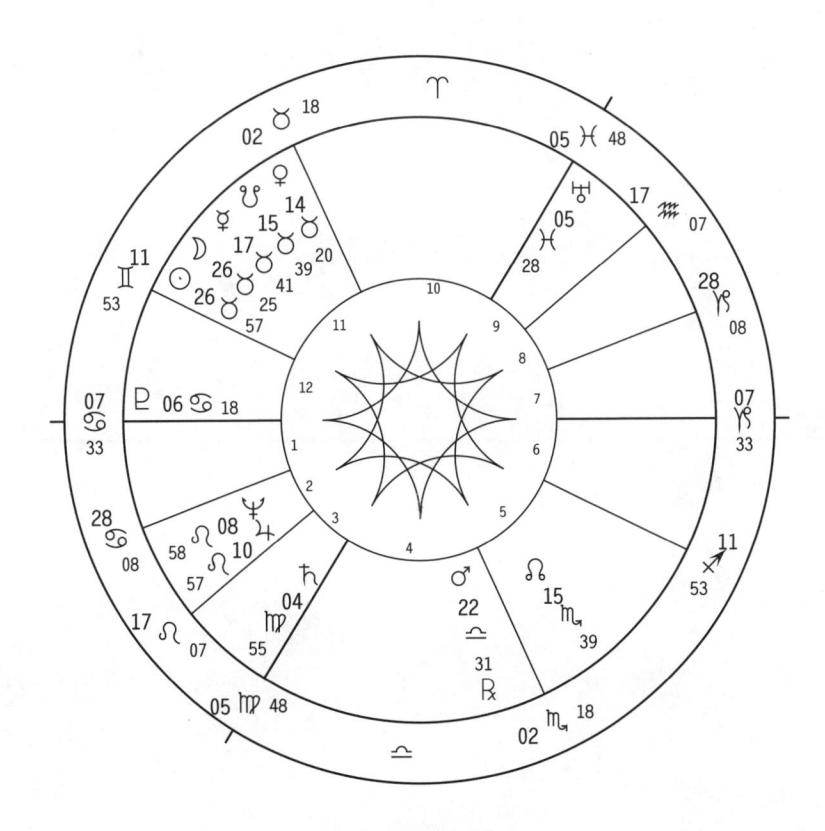

Papa João Paulo II
18 de maio de 1920
7:30 MET
Wadowice, Polônia
50N07 19L55

antagônicas são bem conhecidas. (Veja o mapa na p. 154.) Kissinger é bastante loquaz, mas, sem dúvida, sabe quando ficar de boca fechada, porque seu Mercúrio faz trígono com Saturno. O escritor Theodore Dreiser, cujo regente do Ascendente, Vênus, forma quadratura com Saturno a partir da casa 12, sofreu um colapso nervoso antes de obter sucesso como escritor.

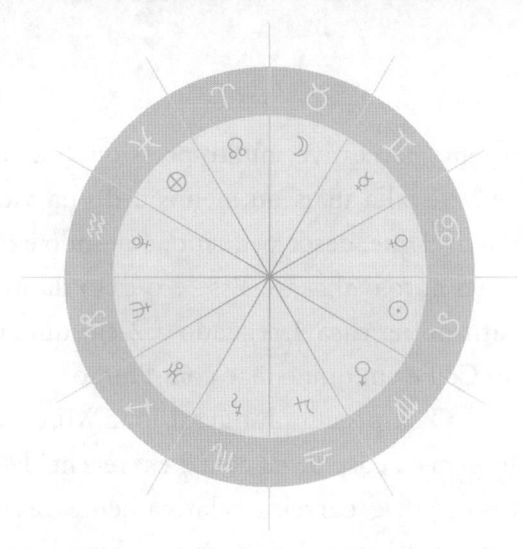

Módulo 2
Regentes da Casa 2

No mapa plano, a casa 2 é Touro, e seu regente natural, Vênus. Se a casa 1 é o "eu", meu corpo, a casa 2 é o "meu", o que me pertence, minhas posses, abrangendo a frase-chave "eu tenho", que sempre é usada em relação a Touro. Também incorpora o senso de valores do seu regente natural, Vênus, e descreve sua atitude em relação aos seus pertences, assim como em relação ao que você valoriza em termos mais abstratos de sua personalidade, como seu valor próprio.

A casa 2 é sucedente e uma casa de bens materiais, representando alguns dos aspectos tangíveis da vida. Sua abordagem terrena mostra a maneira como você ganha dinheiro. Sua abordagem venusiana ou criativa mostra seus talentos e recursos internos e externos. A astróloga Isabel Hickey costumava chamá-la de "casa da liberdade", porque, se você usar bem seus recursos, vai ter liberdade para ser quem é.

Regente da casa 2 na casa 1: Você tem senso de valores muito pessoal, baseado mais nas experiências de vida que na formação. Seus rendimentos são fruto do próprio esforço; os aspectos formados pelo regente determinam a facilidade ou a dificuldade de obtê-los. Se o regente não estiver muito pressionado, você vai estabelecer seu senso de autovalia mais ou menos cedo na vida; se estiver pressionado, é possível que, desde pequeno, o mundo exterior determine seus valores e sua autoavaliação. Esse é o caso da atriz Shirley Temple, que tem Saturno na casa 1 regendo a 2 em quadratura com Marte e o Meio do Céu e em quincunce com Plutão.

O ex-procurador geral John Mitchell (veja o mapa a seguir) tem Virgem na cúspide da casa 2 e o regente Mercúrio em Virgem na casa 1. Começou a carreira relativamente cedo e quase sempre teve boa renda. Mercúrio forma trígono com Júpiter, permitindo-lhe se expandir e ganhar muito dinheiro; forma sextil com Plutão, acrescentando

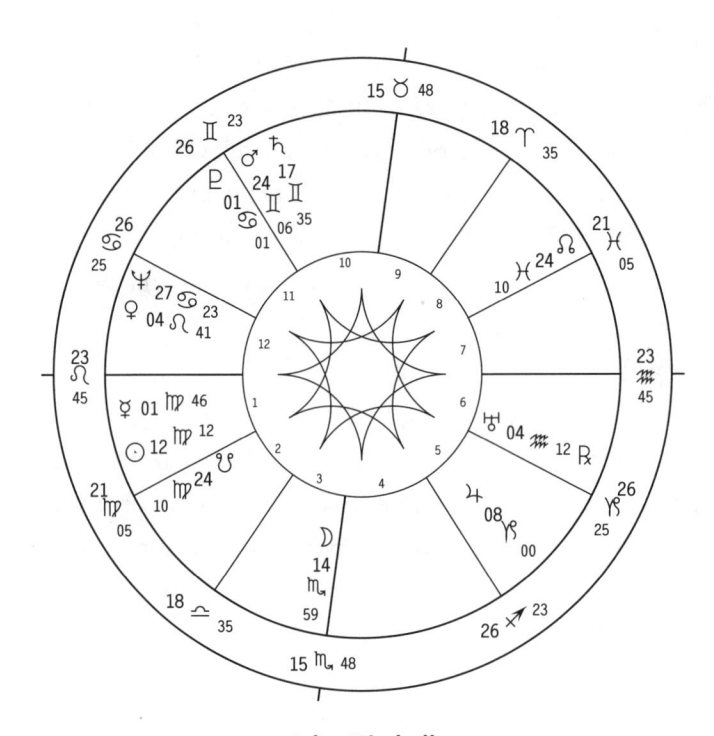

John Mitchell
5 de setembro de 1913
3:30 CST
Detroit, Michigan, EUA
42N20 83O03

a oportunidade de se envolver com grande número de pessoas e lhe dando poder de concentração.

Regente da casa 2 na casa 2: Sua segurança, em grande parte, tem relação direta com seus talentos e recursos. Quanto mais cedo você perceber que as posses materiais não resolvem nenhum problema que surja, mais facilidade terá em estabelecer um sistema de valores saudável. É capaz de ganhar dinheiro usando os próprios recursos, o que poderá ocorrer durante grande parte de sua vida. Você tem os pés firmemente fincados no chão e, por mais dispersivo ou idealista que seja em outras áreas da vida, quando se trata de dinheiro, sabe o que fazer. O esquiador Jean-Claude Killy, ganhador de medalha de ouro nas Olimpíadas, tem Virgem na cúspide e Mercúrio na casa 2; ele soube quando deixar de ser amador para ser profissional e como ingressar, com sucesso, no mundo comercial.

A nutricionista Adelle Davis tinha Capricórnio na cúspide na casa 2 e o regente Saturno na casa 2 em Aquário. A seriedade e o desejo de vencer de Capricórnio, combinados com a necessidade aquariana de ser diferente, ajudaram Davis a escolher um campo mais ou menos diferenciado e desenvolver muitas ideias controvertidas, principalmente em relação a vitaminas. A casa 2 torna-se duplamente importante em seu mapa, já que Vênus (o que você gosta de fazer), Mercúrio (capacidade de raciocínio) e o Sol (necessidade de brilhar) estão todos colocados nesta casa. Saturno forma trígono aproximado com sua Lua na casa 6 (nutrição), e Plutão está em conjunção com Mercúrio, dando-lhe enorme firmeza de propósitos.

Regente da casa 2 na casa 3: Você precisa, de alguma forma, comunicar seus valores. Sua renda pode vir de um emprego ou carreira que envolva comunicação, a palavra escrita ou falada, as artes, a política ou a atuação. Os parentes, principalmente os irmãos, se houver, podem ajudá-lo a ganhar dinheiro. Pode ser que, para ganhar a vida, você precise viajar ou se deslocar com frequência a trabalho. Um exemplo disso é o maestro Zubin Mehta (Áries na casa 2, o regente Marte na casa 3), que se comunica através da música. Ele também se apresenta em muitos países e se desloca pelo mundo todo com a mesma facilidade com que as pessoas vão de casa para o trabalho.

O escritor Hermann Hesse tem Capricórnio na casa 2 e o regente Saturno na casa 3 em Peixes. Ganhava a vida escrevendo; seu senso de valores se baseava na abordagem espiritual e um tanto mística da religião, da vida e da morte. Saturno faz parte de uma cruz T envolvendo Júpiter na casa 1 e Mercúrio na 7, confirmando sua necessidade de autoexpressão e acrescentando o desejo de ter relacionamentos diretos. Um trígono com Vênus na casa 8 e um sextil com Plutão na 5 confirmam seu impulso criativo, sua inclinação para o ocultismo e sua capacidade de ganhar bem, a despeito de problemas e reveses ocasionais originados pelo uso que fez de suas quadraturas. (Os mapas de Mehta e de Hesse podem ser encontrados no Volume II.)

Regente da casa 2 na casa 4: É possível que você ganhe dinheiro trabalhando no próprio lar. Muitos líderes políticos, como Indira Gandhi (cujo mapa está na p. 81) e Charles de Gaulle, têm esse posicionamento, pois geralmente vivem e trabalham numa residência ou palácio governamental. Também pode ser que você se envolva com empreendimentos imobiliários ou seja decorador de interiores, para citar duas possibilidades. Seus valores são moldados pelos de seus pais; um deles pode exercer forte influência sobre você durante grande parte da vida. Ter uma casa própria é muito importante para você e contribui para o estabelecimento de sua identidade.

O ex-presidente Gerald Ford tem Gêmeos na cúspide da casa 2, e o regente Mercúrio está colocado na casa 4, em Leão. Governou os Estados Unidos na Casa Branca, sua residência. Com o regente Mercúrio em quadratura com Marte e o Ascendente, dispunha de bastante energia, que nem sempre usou para analisar corretamente as situações. Saturno e Plutão na casa 2 mostram sua intensa necessidade de se provar diante da família e do país.

Regente da casa 2 na casa 5: É claro que muitos atores e escritores têm o regente da casa 2 na 5 e usam a criatividade para ganhar a vida. O romance é parte importante do seu sistema de valores; se Vênus estiver envolvido, os prazeres sociais desempenharão papel fundamental na avaliação do seu próprio valor. O escritor Scott Fitzgerald, por exemplo, tinha Peixes na casa 2 e Netuno em Gêmeos na casa 5. Não só valorizava uma vida bem social como também usava a imaginação

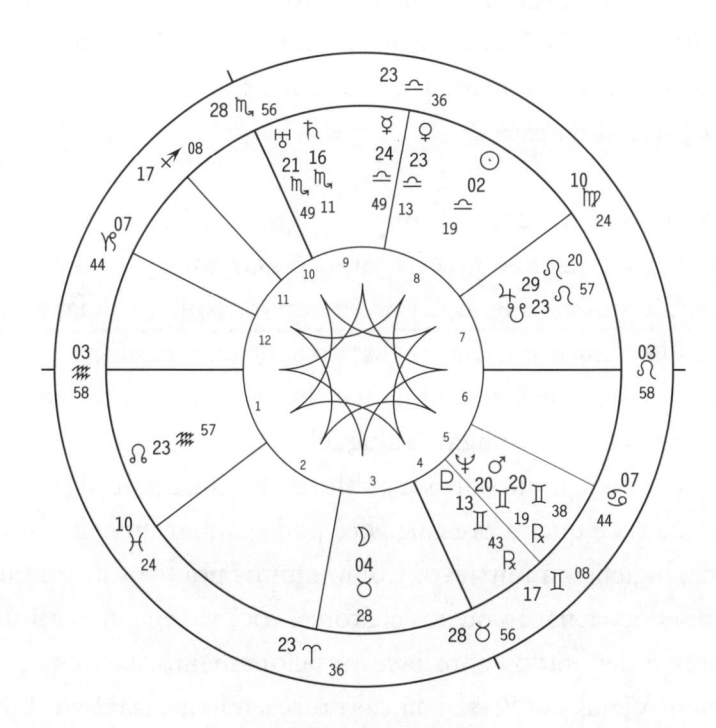

F. Scott Fitzgerald
24 de setembro de 1896
15:30 LMT
St. Paul, Minnesota, EUA
44N56 93O06

para escrever a respeito. Como um dos pais, é possível que você descubra o próprio valor através dos filhos, forçando-os a aceitar seus valores ou adquirindo sensação de identidade por meio das realizações de um filho ou de uma filha (como mãe responsável pelo cenário). Se o restante do mapa confirmar, pode ser que você ganhe dinheiro com especulações ou tenha os investimentos como uma das fontes de renda.

O ator Burt Reynolds, com Câncer na casa 2 e a Lua em Libra na casa 5, ganha a vida por intermédio de sua atividade criativa, como ator. A Lua forma trígono aproximado com o Ascendente, Mercúrio e o Meio do Céu, o que é promessa de sucesso e acesso fácil ao dinheiro, se ele usar bem esses aspectos e aprender a trabalhar com o quincunce entre a Lua e Saturno, aceitando a si mesmo e encontrando a segurança emocional em outras áreas que não sejam os aspectos materiais da casa 2.

Regente da casa 2 na casa 6: É provável que você ganhe a vida trabalhando em algo que não precisa ser, necessariamente, sua carreira final. Uma de nossas clientes, por exemplo, ganha a vida vendendo imóveis. Ela é escritora, mas realista o suficiente para saber que, por causa da flutuação das vendas de seus livros, é melhor ter outra fonte de renda para comer e pagar o aluguel.

Pode ser que muitos de seus valores dependam de algum tipo de serviço que você queira prestar; você pode ganhar dinheiro nas áreas de saúde, higiene ou nutrição. Como muitos políticos acreditam que prestam serviço à nação ou aos eleitores, você vai encontrar inúmeros senadores e deputados com esse posicionamento. O ex-presidente Nixon tem Vênus em Peixes na casa 6 regendo a casa 2 em Libra. O Senador por Illinois, Charles Percy, tem Gêmeos na cúspide da casa 2 e Mercúrio em Libra na casa 6.

O senador Eugene McCarthy, por exemplo, tem Peixes na casa 2 e Netuno em Câncer na casa 6. Sua necessidade de servir ao público (Câncer) era tão forte que ele entrou numa disputa perdida pela presidência, para dar ao povo uma alternativa além de George McGovern e Richard Nixon. Netuno faz trígono com seu Meio do Céu e Mercúrio (na casa 2), formando um grande trígono, permitindo-lhe ter boa renda e tornando seus valores muito idealistas e patrióticos. Algumas pessoas que têm o regente da casa 2 na 6 às vezes gastam muito dinheiro com animais de estimação, que podem ser uma das coisas que valorizam.

Regente da casa 2 na casa 7: Sua capacidade de ganhar dinheiro pode ser aumentada ou prejudicada por um parceiro. O público pode desempenhar papel importante na sua capacidade de ganho, e, portanto, o campo das vendas pode ser bom para você. A autovalorização depende muito do seu relacionamento com o parceiro. Elizabeth Taylor, com sete maridos a seu crédito, é um bom exemplo. A cúspide de sua casa 2 está em Libra, e o regente, Vênus, em Áries, confirmando a interpretação.

À medida que aprende a estabelecer um relacionamento a dois ou a compreender as necessidades dos outros, você vai entender melhor a própria necessidade de segurança e descobrir os próprios valores e prioridades. A forma como ganha a vida pode envolver questões legais, como contratos e acordos.

Edgar Cayce, o "Profeta Adormecido", tinha Virgem na casa 2 e Mercúrio em Peixes na casa 7, em conjunção próxima com o nodo norte, Saturno e Vênus. Cayce estabeleceu seu sistema de valores através da relação com o público; o próprio valor e a compreensão de si mesmo foram estimulados pelos parceiros (tanto a esposa quanto o médico que o ajudou a descobrir seu talento especial, o qual, depois, foi seu sócio por muitos anos). Quando se considera o *stellium* em Peixes, que inclui o Sol, pode-se compreender por que essa configuração se expressou de maneira psíquica e espiritual, não da maneira prática ou material geralmente associada à casa 2.

Regente da casa 2 na casa 8: A fonte de seus rendimentos podem ser bancos, ações, seguros ou política – áreas nas quais você lida com os recursos dos outros e onde precisa do apoio deles para atingir seus objetivos de segurança. O sexo também pode ser um dos meios usados para ganhar a vida, como é o caso de Farrah Fawcett (Leão na casa 2, regente Sol em Aquário na casa 8 – seu mapa está no Volume II); ou, ainda, pode se tornar fator importante na conquista da segurança ou no estabelecimento de valores.

É possível que você receba uma herança, principalmente no caso de o planeta ser Vênus ou Júpiter. Porém, se o regente receber muitos aspectos desafiadores, é possível que você não receba herança. Pode ser que descubra que seu sistema de valores muda quando você utiliza o regente da casa 8 para a transformação, não para o ganho material. A própria visão de seus recursos se torna mais clara, e suas prioridades mudam à medida que você adquire compreensão da vida em relação à morte e do valor de se manter por si mesmo em vez de deixar que um parceiro tome conta de você.

Bette Midler tem Touro na casa 2 e o regente Vênus em Escorpião na casa 8. Obtém rendimento, em grande parte, vendendo sua imagem e suas canções através de insinuações sexuais e outras manifestações escorpiônicas mais ou menos ostensivas. Sabe tirar muito bom proveito de seus talentos e recursos, não só por causa do signo de terra – Touro – na cúspide, mas também por causa do trígono exato entre Vênus e Saturno, que acrescenta o fator disciplina.

Regente da casa 2 na casa 9: Filosofia, religião, ideias e ideais fazem parte de seus valores. A educação superior pode ser uma necessidade, caso você queira aproveitar ao máximo seus talentos e recursos. Você pode ganhar a vida em áreas como publicações, ensino universitário, trabalho em bibliotecas ou difusão religiosa, como foi o caso de Kathryn Kuhlman, que fazia curas pela fé. Seu Plutão, regente da 2, na casa 9, ajudou-a a atingir grandes massas de pessoas – e ela não apenas as convertia, mas também ganhava dinheiro com isso.

É possível que as viagens a lugares distantes desempenhem papel importante em sua forma de ganhar dinheiro ou transformem seus valores. O comércio exterior também pode ser uma das áreas que lhe possibilitem aumentar a renda. A família do cônjuge pode estimular sua autovalorização ou prejudicá-lo, se os aspectos ao regente forem muito desfavoráveis e geradores de tensão.

O escritor alemão Thomas Mann tinha Libra na cúspide da casa 2 e Vênus em Touro na casa 9. Ganhou muito dinheiro com seus livros, que eram não só sua expressão artística (Vênus/Touro/Libra) como também retratavam sua atitude filosófica em relação à vida e à morte. A intensidade encontrada em suas obras é mostrada pela conjunção de Vênus e Plutão na casa 9. Vênus na 9 também indica que Mann teve de deixar a Alemanha natal e viajar até a distante América, à procura da liberdade para continuar sua obra.

Regente da casa 2 na casa 10: O sucesso na profissão, a descoberta da própria identidade e a satisfação das necessidades do ego são da máxima importância para que você estabeleça seu sistema de valores. Sem sentir que está realizando alguma coisa, você logo se sente perdido e duvida de seu valor. Pode ser que os esforços de um dos genitores contribuam para aumentar sua renda; em geral, trata-se do pai, como no caso da princesa Caroline de Mônaco. É possível que você ganhe a vida através de algum cargo governamental ou de uma carreira ou profissão; o *status* que atinge determina até que ponto se sente ou não livre.

O ex-vice-presidente Walter (Fritz) Mondale é um bom exemplo de alguém que ganhou a vida trabalhando para o governo. Tem Áries na casa 2 e Marte em Sagitário na casa 10, numa conjunção próxima ao Meio do Céu. Esforçou-se muito para atingir esse alto cargo e pensou em concorrer à presidência em 1984, numa expressão bem típica do impulso e da energia de Marte. O sistema de valores de Mondale também é influenciado pelo Marte sagitariano e pelo Ascendente pisciano, que o tornam bastante idealista e filosófico. (Veja o mapa na p. 103.)

Regente da casa 2 na casa 11: Muitas vezes, seus valores estão intimamente associados aos dos amigos ou ao seu sucesso ou fracasso social. A quantidade de amor que você recebe pode influenciar sua autovalorização. Sua renda tanto pode depender da influência de amigos e conhecidos quanto vir de algum negócio próprio. Enquanto não definir seus desejos e suas expectativas, vai ser difícil chegar a um acordo com seus recursos interiores e determinar o uso que quer fazer deles.

Lenny Bruce, com Capricórnio na casa 2, é um exemplo. Se o planeta regente da casa 2 for Netuno ou a Lua, é particularmente importante construir um sistema de valores em bases sólidas. O ator Gregory Peck tem Gêmeos na cúspide da casa 2 e Mercúrio em Áries na casa 11. Como Júpiter e o Sol também estão em Áries na casa 11, sua necessidade de se expressar de forma ariana é muito forte. Mercúrio rege a casa 2 de Peck, assim como seu Ascendente; para ganhar a vida, ele usa os próprios recursos, sua personalidade. O trígono de Mercúrio com Marte e o sextil com Vênus lhe dão charme e voz profunda e característica.

Regente da casa 2 na casa 12: É possível que você ganhe a vida agindo nos bastidores ou num ambiente reservado. Sua renda pode vir de uma instituição como um hospital; assim, é possível que você seja enfermeiro ou médico. Seus valores se formam através do verdadeiro e profundo exame do subconsciente ou da solidão prolongada. É possível que você descubra o próprio valor depois de algum tipo de psicanálise ou autoanálise. É preciso que você compreenda suas forças e fraquezas interiores para poder descobrir seus valores reais. Com esse objetivo, um pouco de isolamento pode ser bom. T. E. Lawrence, mais conhecido como "Lawrence da Arábia", é um bom exemplo de alguém que precisou vivenciar a solidão e a separação do ambiente costumeiro para descobrir o verdadeiro eu. Ele tinha Virgem na casa 2 e Mercúrio em Leão na casa 12.

O escritor Erich Maria Remarque tinha Capricórnio na casa 2 e Saturno na casa 12. Mesmo sendo muito extrovertido e amistoso (Sagitário no Ascendente), ganhava a vida escrevendo; escrevia em total isolamento, longe de todos, mesmo da esposa, durante semanas

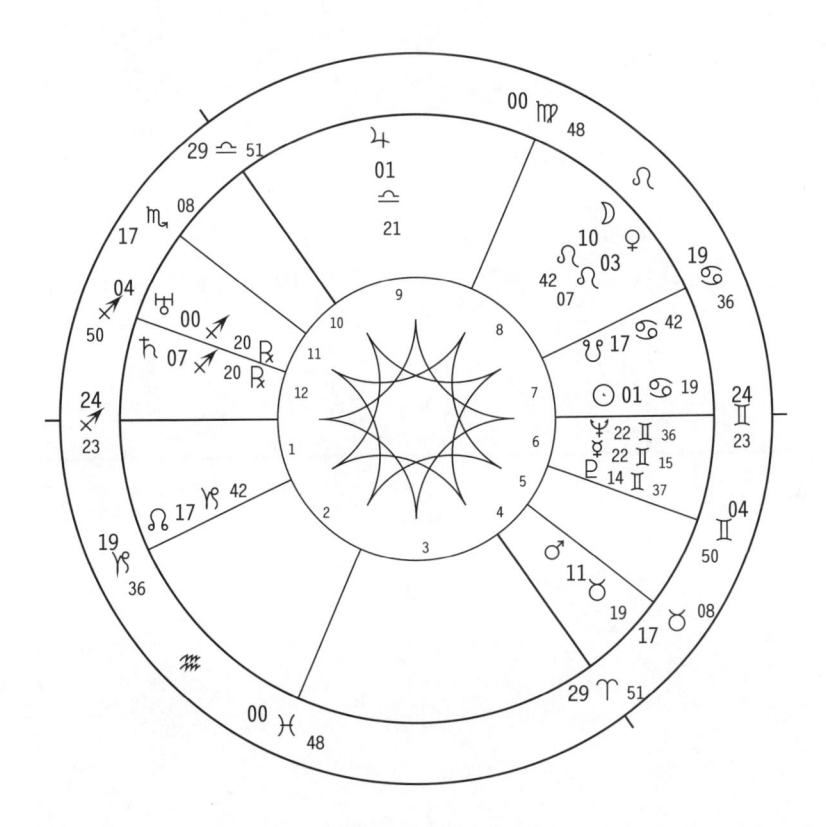

Erich Maria Remarque
22 de junho de 1898
20:15 MET
Osnabruck, Alemanha
52N17 8L03

a fio. Para Remarque, o dinheiro e o luxo que ele pôde comprar eram importantes (regente Vênus em trígono com Vênus e a Lua). A conjunção de Saturno com Urano explica sua necessidade de fazer e dizer coisas singulares e, muitas vezes, inaceitáveis, como sua declaração contra a guerra em *Nada de Novo no Front*, sua vida e seus amores abertamente exuberantes. Sua necessidade de se provar em relação às mulheres é confirmada pelo quincunce de Saturno e Marte. (Veja o mapa na p. 59.)

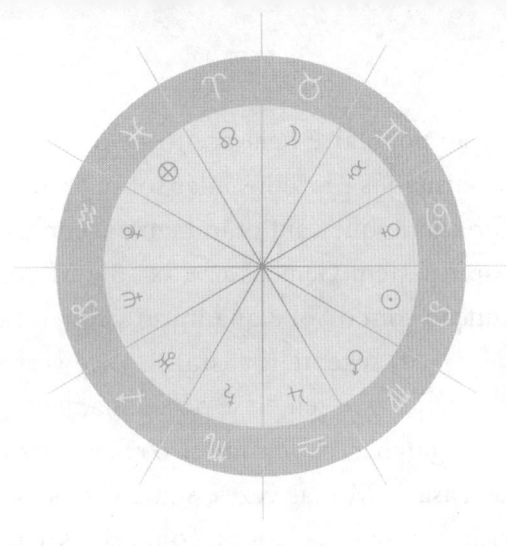

Módulo 3
Regentes da Casa 3

Como a casa 3 é naturalmente regida por Mercúrio, e seu signo natural é Gêmeos, ela é considerada a casa da comunicação, a área onde você precisa expressar suas ideias e pensamentos oralmente ou por escrito. Enquanto a casa 1 é o "eu" ou "meu corpo", a casa 2 é o que é "meu" e "o que me pertence", a casa 3 dá um passo adiante em direção ao "aqui" ou ao meio ambiente imediato. Como casa de relacionamentos, abrange os parentes próximos, principalmente os irmãos e irmãs (se houver), e descreve como nos relacionamos com eles e com as pessoas próximas. Nos últimos tempos, a inquietação de Gêmeos assumiu novas formas de expressão nos meios de transporte e deslocamento a curta distância, como carros, trens, ônibus ou bicicletas. A casa 3 é cadente e indica a adaptabilidade da mente (Mercúrio) ao aprendizado de novas ideias; na prática, mostra os primeiros anos de estudo.

Regente da casa 3 na casa 1: Você é o tipo de pessoa que *precisa* expressar opiniões, atitudes e ideias. Se o planeta regente da cúspide for o Sol, Mercúrio ou a Lua e estiver bem integrado no mapa, você nunca se atrapalhará com as palavras, como o apresentador de TV Merv Griffin, cujo Sol em Câncer está na casa 1 e é regente da casa 3. Seu apelo popular é bem-aceito pelos convidados, e ele tem um jeito de desarmá-los e fazê-los falar sobre praticamente qualquer coisa. Barbra Streisand, que canta tão bem e é conhecida pela língua afiada e pelo espírito, tem Gêmeos na casa 3 e Mercúrio na 1 em Touro, em conjunção com o Sol e quadratura com a Lua. (Veja o mapa na p. 292.)

Se o regente for Urano, você verbalizará suas ideias e opiniões de um jeito só seu. Esse posicionamento, às vezes, pode levar à fofoca e à tagarelice, sobretudo se o regente fizer quadratura com um planeta na casa 3. Muitas vezes, sua conversa se centraliza em torno da política local, dos irmãos ou conhecidos, e raramente se embaraça quanto ao seu modo de se expressar. Em outro nível, você pode gostar de viagens ou de trabalhos artesanais. Acima de tudo, precisa falar sobre si mesmo e cria oportunidades para isso.

Regente da casa 3 na casa 2: Você pode ter necessidade de verbalizar seu sistema de valores e, em geral, é bastante intransigente a respeito de suas teorias e crenças. Muitas vezes, sente necessidade de falar sobre dinheiro e posses, não para se gabar, mas como autoridade. Pode ser que seja muito prático; esse posicionamento pode proporcionar voz agradável e capacidade de projetá-la, como os cantores Bobby Darin e David Bowie, com Mercúrio e Júpiter, respectivamente, regentes da casa 3 e posicionados na 2.

O ator Clint Eastwood (veja mapa no Volume II) tem Capricórnio na cúspide da casa 3 e Saturno em Capricórnio na casa 2. Ele ganha a vida, e muito bem, comunicando seus valores através do cinema. Como Saturno está retrógrado e dignificado, Eastwood passa uma imagem taciturna, às vezes quase temível. Saturno está em quadratura com Urano na casa 5, dando-lhe personalidade carismática e forma criativa de autoexpressão. A oposição de Saturno a Vênus na casa 8 mostra sua aparente sexualidade na tela, mas pode acarretar problemas pessoais nos relacionamentos amorosos.

Regente da casa 3 na casa 3: Muitos escritores de destaque têm esse posicionamento, que, sem dúvida, proporciona facilidade com as palavras, tanto escritas como faladas. Você precisa exprimir suas ideias e tem opiniões e crenças bastante assertivas; dependendo dos aspectos ao planeta, pode ser que precise aprender a controlar a tendência a ser muito franco ou dogmático. Geralmente, seu senso de direção é bom, e você é muito sintonizado com o aqui e agora.

Se o regente for Marte ou Urano, pode ser que o início de sua vida tenha sido caótico, com muitas mudanças de residência e de escola. Entre os inúmeros escritores que têm esse posicionamento, estão Lewis Carroll (Urano), Truman Capote (Mercúrio) e Erskine Caldwell (Vênus). Caldwell, com Libra na cúspide da casa 3 e Vênus em Escorpião em quadratura com Saturno e Marte, teve pouca educação formal, mas, com a intensidade de Escorpião, desenvolveu o próprio estilo e conseguiu enorme sucesso com *Tobacco Road* e outros romances posteriores. (Veja seu mapa na p. 64.)

Regente da casa 3 na casa 4: Indica, com frequência, um irmão que faz as vezes de pai ou vice-versa – você pode ter se tornado uma figura paterna para algum de seus irmãos. O lar é onde você se sente mais à vontade, pois precisa de certa privacidade. Haverá um bom canal de comunicação com um dos genitores, se o planeta estiver bem aspectado; mas, se não estiver, poderá indicar falta de entendimento com um dos genitores ou os dois. Muitas pessoas que lidam com vendas de imóveis têm esse posicionamento, e para elas é fácil falar a respeito de terras e imóveis, pois têm interesse verdadeiro em colocar os clientes certos nas moradias certas.

Pessoas que têm necessidade de trabalhar em casa, como os escritores James Clavell, com Aquário na casa 3 e Urano na 4, e Stephen King, com Mercúrio, regente da 3, na casa 4, são bons exemplos. Os dois alentados livros de Clavell, *Xógum* e *Tai Pan*, contam a história

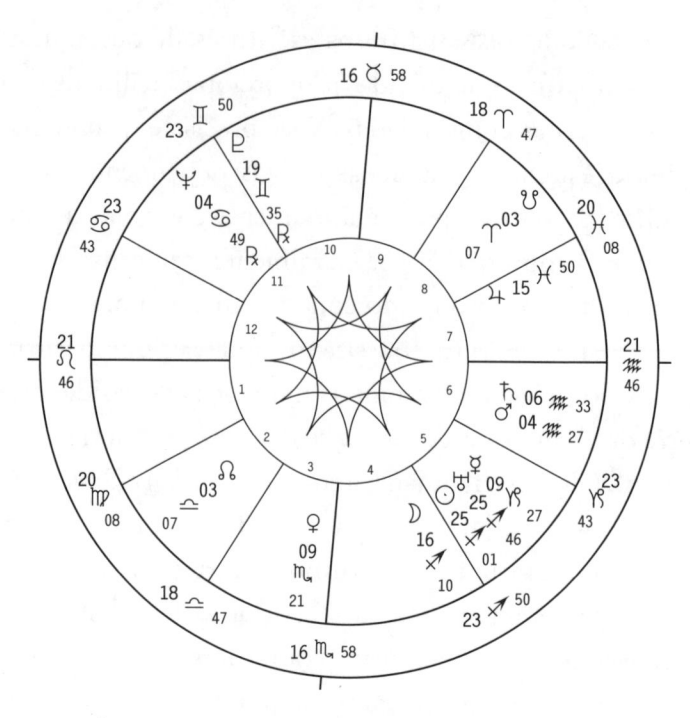

Erskine Caldwell
17 de dezembro de 1903
20:55 CST
Coweta City, Geórgia, EUA
33N23 84O48

de alguém que encontra um lar num país estrangeiro. Urano na casa 4 indica que ele escreveria sobre um "lar" diferente do seu, e Urano em quadratura com Júpiter pode ajudar a explicar o tamanho de seus livros. (Veja seu mapa na p. 65.)

Regente da casa 3 na casa 5: Você poderá ser a pessoa mais romântica do mundo ao se expressar, se usar bem o regente. Se não, pode ser que tenha que vencer certa tendência ao exagero e necessidade de chamar a atenção através de uma conduta bizarra, como o explorador Richard Byrd.

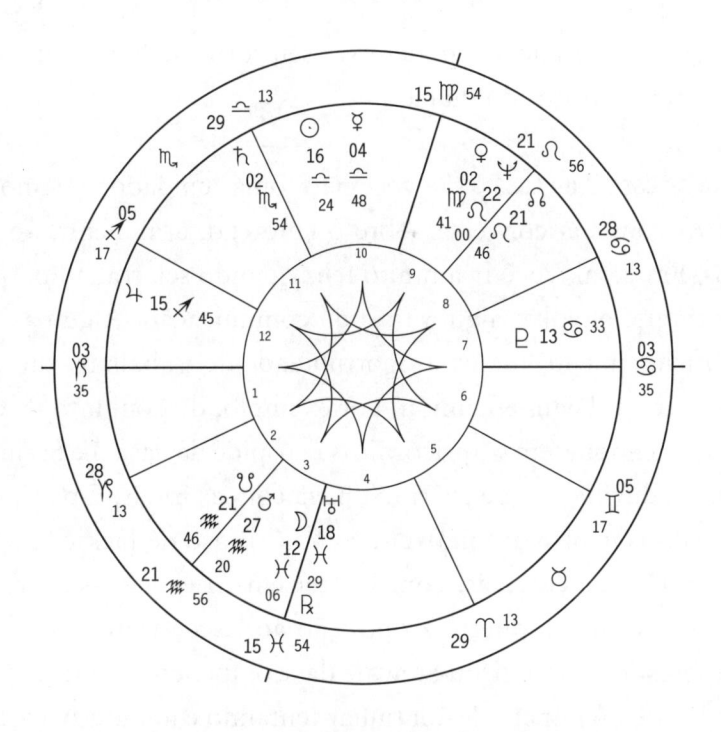

James Clavell
10 de outubro de 1924
9:50 EST
Sydney, Austrália
33S55 151L10

    Pode ser que seja muito criativo, como a cantora e compositora Peggy Lee, que tem Câncer na cúspide da casa 3 e a Lua em Virgem na casa 5, em trígono com Vênus. Ela não só canta maravilhosamente, mas também escreve a maioria de suas canções, inclusive "Fever" e "Is That All There Is?", dois de seus grandes sucessos. A dançarina Margot Fonteyn tem Touro na cúspide da casa 3 e Vênus em Câncer na casa 5. Qualquer um que tenha assistido às suas apresentações se impressiona com sua interpretação graciosa e romântica. Geralmente há interesse por algum tipo de esporte, sobretudo se o planeta envolvido for Marte ou Urano. E, claro, ensinar –

principalmente crianças – poderá ser seu forte, se houver confirmação de outros fatores do mapa.

Regente da casa 3 na casa 6: Se você não tomar cuidado, vai aborrecer os outros com sua conversa sobre o emprego, a alimentação ou os hábitos. Em geral, você fica muito feliz quando seu trabalho, que lhe é importante, envolve algum tipo de comunicação. Algumas vezes, esse posicionamento indica a oportunidade de trabalhar com algum irmão ou irmã. Dianne Lennon, por exemplo, do conjunto de cantoras Irmãs Lennon, tem Capricórnio na cúspide da casa 3 e Saturno na 6 – não há dúvida de que ela trabalhava com as irmãs. É possível que seu trabalho envolva automóveis, como é o caso de Jackie Stewart, o famoso piloto de corridas, com Júpiter em Áries na casa 6 regendo sua casa 3. Como Júpiter faz oposição ao Ascendente, um acidente automobilístico quase tirou Stewart das competições. O trígono com Plutão lhe deu o ímpeto de continuar tentando e ajudou-o a alcançar posição de destaque em sua área.

Um emprego que requeira viagens, como caixeiro-viajante ou vendedor com entrega pelo correio, pode ser atraente para você, porque lhe permite se movimentar. Se houver aspectos muito desafiadores ou mau emprego das energias, a saúde poderá ser afetada, ou você poderá pular de um serviço para outro, não conseguindo a satisfação de que necessita.

Regente da casa 3 na casa 7: Se o planeta tiver aspectos desafiadores, você precisará tomar cuidado para não deixar que os outros influenciem indevidamente suas opiniões. Em geral, tem facilidade de conversar e trocar ideias e opiniões. Isso é bom para a política; com aspectos fluentes, é possível que você seja um orador muito persuasivo, como é o caso de Joseph McCarthy, Gerald Ford ou Benito Mussolini.

Você tem necessidade de um parceiro que o estimule intelectualmente, alguém com quem possa discutir e debater ideias, conceitos e teorias. Sua postura descontraída em público muitas vezes cria oportunidades para que lide com os outros. O apresentador de TV Mike Douglas tem Peixes na cúspide da casa 3 e Netuno na 7, em conjunção com o Sol em Leão. Ele tem um jeito de fazer com que apareça o melhor dos convidados; seu poderoso *stellium* na casa 7 mais que compensa a falta de planetas em signos de Ar.

Regente da casa 3 na casa 8: Com aspectos desafiadores, esta pode ser uma indicação da morte prematura de um dos irmãos, como é o caso de Ted Kennedy, que tem Netuno, regente da terceira, na casa 8 em Virgem, em oposição ao Sol e a Mercúrio e em quincunce com Vênus. (Veja o mapa no Volume II.) Em geral, você tem curiosidade a respeito das questões da vida e da morte e muitas vezes se engaja em pesquisas bastante profundas, como fez o cientista Louis Pasteur, cujo Júpiter, regente da casa 3 e posicionado na casa 8, forma trígono com o vigoroso Marte em Capricórnio e sextil com o investigativo Plutão em Peixes.

É possível que você se interesse por ocultismo; se não, pode ser capaz de contar uma piada suja no melhor estilo de vestiário. No dia a dia, pode ser um pouco lacônico, pois não gosta de conversas vazias e prefere discussões profundas e significativas, principalmente se estiverem envolvidos Mercúrio, Saturno ou Plutão. Às vezes, prefere um jogo desafiador, como xadrez ou gamão, a participar do que considera uma conversa maçante.

Regente da casa 3 na casa 9: Sua imaginação não tem fronteiras, e você tem a mente aberta a novas ideias e impressões; em geral, é capaz de dar expressão prática a seus sonhos. Essa é, mais uma vez, uma indicação da capacidade de escrever, principalmente ficção, como é o caso do autor de contos de fada Hans Christian Andersen, que tinha

Aquário na cúspide da casa 3 e o inventivo e imaginativo Urano na casa 9. Com Urano em conjunção com Saturno, foi educado por protetores generosos e mais velhos, tendo, em seguida, a oportunidade de expressar suas fantasias em histórias como "Branca de Neve" e "O Patinho Feio".

As viagens o fascinam, assim como a filosofia e a religião, assuntos com os quais você se sente muito à vontade. É quase certo que tenha facilidade em aprender línguas. É possível que você e algum parente próximo se separem, principalmente por causa de sua dificuldade em ficar preso a algum lugar por muito tempo. Provavelmente a religião foi um fator importante de sua educação quando criança. A aplicação inadequada de sua energia pode causar inércia e impedir a realização de suas ideias e sonhos.

Regente da casa 3 na casa 10: Como é o caso dos que têm o regente da casa 3 na 1, você tem grande necessidade de ser ouvido e de verbalizar seus pensamentos e ideias; mas é possível que se sinta melhor fazendo isso num palco, como John Barrymore e Enrico Caruso, que tinham Leão na cúspide da casa 3 e o Sol na casa 10. Essa necessidade de autoexpressão torna-se uma projeção do seu ego e geralmente o lança, de alguma forma, sob a luz dos refletores. Você é notado pelo público mais pelo que diz ou escreve que pelo que faz.

Se o planeta regente receber aspectos desafiadores, você poderá estar à procura de notoriedade, como o gângster Mickey Cohen, cujo Plutão, regente da casa 3, estava na casa 10 em Câncer. (Veja o mapa na p. 69.) É possível que você tenha muito a dizer, mas fique paralisado quando tem que fazê-lo diante de uma plateia. Se Júpiter ou Sagitário estiverem envolvidos, você será o supervendedor do zodíaco.

Adolf Hitler, com Capricórnio interceptado na casa 3 e o regente Saturno elevado na 10, é um exemplo perfeito da capacidade de persuasão associada a esse posicionamento. Seus discursos fascinantes convenceram grande parte do povo alemão de que suas ideias

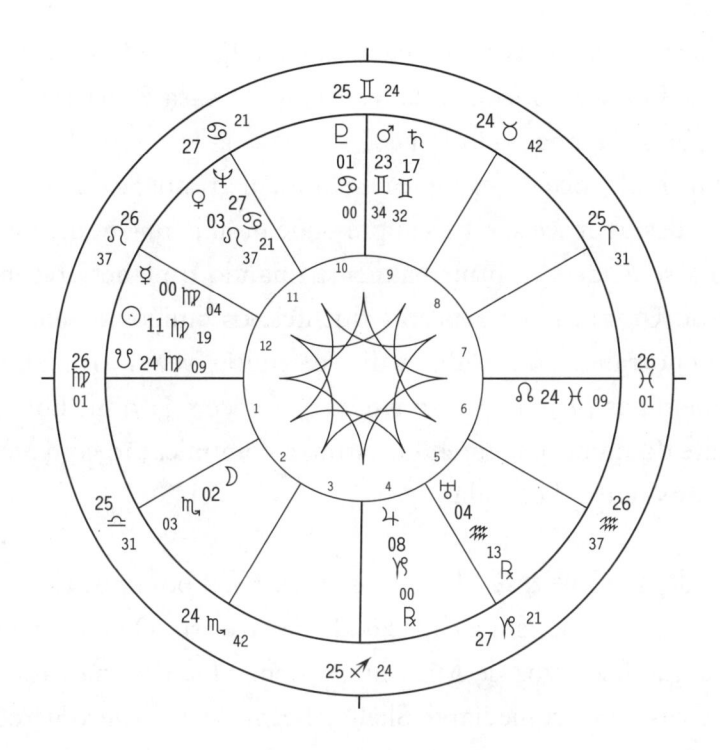

Mickey Cohen
4 de setembro de 1913
6:44 EST
Nova York, Nova York, EUA
40N45 73O58

eram válidas e aceitáveis; mas Saturno fazia quadratura com Vênus e Marte, e sua incapacidade de usar adequadamente essas quadraturas contribuiu, mais tarde, para seu aniquilamento. (Veja o mapa no Volume II.)

Regente da casa 3 na casa 11: Você pode usar sua capacidade de comunicação em benefício da humanidade, como Carol MacEvoy, que tem Escorpião na cúspide da casa 3 e Plutão na casa 11. Ela trabalha para a televisão, fazendo interpretações em linguagem de sinais aos surdos. Ou pode ser que você use a eloquência para arrebatar seus eleitores ou abalar todo um país com uma falsa mensagem de Marte, como fez o ator Orson Welles, com o Sol, regente da casa 3, na casa 11 em Touro. (Veja o mapa no Volume II.)

Em geral, você se comunica melhor em grupo. Se o regente tiver aspectos desfavoráveis, olhe sempre onde pisa, já que poderá ter propensão a se acidentar, principalmente quando o planeta regente for Marte ou Urano. Com aspectos fluentes, os amigos desempenham papel importante no seu dia a dia, e, muitas vezes, os vizinhos se tornam amigos próximos. É possível que você seja o melhor correspondente do mundo, mantendo, assim, a comunicação com amigos e conhecidos por toda a vida.

Regente da casa 3 na casa 12: Este parece ser um bom posicionamento para as pessoas que têm a capacidade de fazer rir. O comediante Jim Backus, que faz a voz de Mr. Magoo, tem Mercúrio na casa 12 regendo a casa 3; a comediante Shelley Berman tem Touro na cúspide da casa 3 e Vênus na 12. O Mercúrio de Backus faz trígono com Netuno, planeta dos palhaços e comediantes, o que pode facilmente explicar seu sucesso como a voz dos bastidores. Ele também se deu muito bem como Mr. Howell, da série de TV (regida por Netuno) *Gilligan's Island*, de grande sucesso. Quem tem esse posicionamento é capaz de ver o lado engraçado da vida, mas pode vivenciar uma tragédia, talvez envolvendo um dos irmãos, sobretudo se houver problemas na integração do planeta e de seus aspectos.

Você é capaz de se comunicar nos bastidores, por intermédio de um parceiro bem-sucedido, como "eminência parda" ou *ghost writer*. Atuar e dirigir podem proporcionar canais de autoexpressão, assim como a profissão de coreógrafo. Aspectos fluentes, tato e diplomacia são naturais em você. Três de nossos clientes com esse posicionamento se envolveram em trabalho hospitalar ligado a assuntos de casa 3. Dois são fisioterapeutas do sistema respiratório e um trabalha com fonoaudiologia.

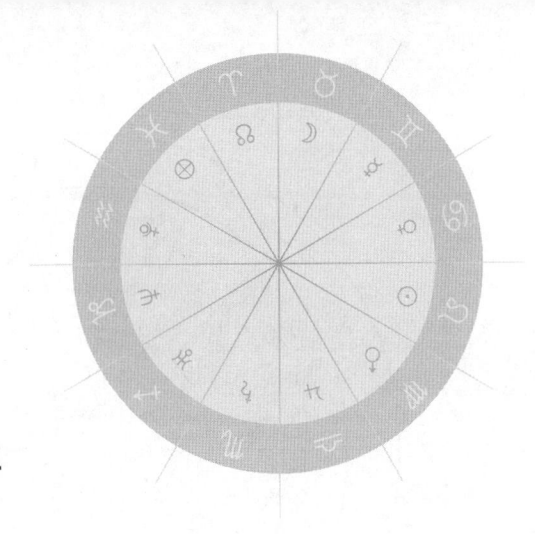

Módulo 4
Regentes da Casa 4

Aqui estão o começo e o fim – as raízes, os traços herdados e a base psicológica. Na realidade, alguns astrólogos, incluindo Robert Hand, acham que a casa 4 deveria ser o começo do mapa, não a casa 1, como ensina a tradição. Você pode descobrir bons argumentos para defender essa teoria, mas preferimos achar que o signo natural da casa 4, o protetor e maternal Câncer, assim como a instintiva Lua, representando a mãe e regente natural da 4, descrevem a gestação do nativo, o verdadeiro começo do que mais tarde emerge como "corpo" na casa 1. A 4 é uma casa de conclusões e mostra uma forma de transmutação, como o fazem todas as casas relacionadas aos signos de Água. A casa 4 mostra os anos finais da vida, assim como o fim do corpo físico. A 8 geralmente é considerada a liberação da alma; a 12 representa a morte filosófica.

Na aplicação prática, a casa 4 indica a vida particular, o tipo de lar que você constrói, assim como os antecedentes familiares e um dos genitores, em geral aquele que você considera maternal ou protetor. Também descreve as propriedades, como imóveis.

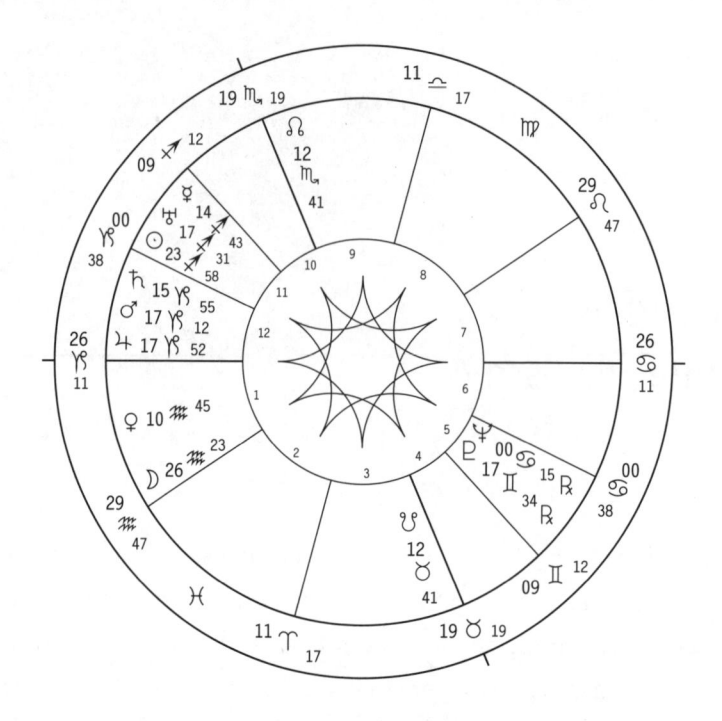

Margaret Mead
16 de dezembro de 1901
9:30 EST
Filadélfia, Pensilvânia, EUA
39N57 75O10

Regente da casa 4 na casa 1: Um dos genitores pode ter profundo impacto ou influência sobre você; também pode ser que você herde algum imóvel da família. Faça o que fizer na vida, os antecedentes familiares são importantes; se houver aspectos fluentes ao regente, constituirão um apoio nas épocas boas e más. O ex-presidente Carter tem Câncer na cúspide da casa 4 e a Lua em Escorpião na casa 1, mostrando bem como o amor pelo país e por sua herança se tornaram parte tão forte de sua personalidade, a ponto de desejar ser presidente. Isso também foi possível graças ao grande trígono envolvendo a Lua, Urano e Plutão.

A antropóloga Margaret Mead é outro exemplo. Ela tem Touro na cúspide da casa 4, e o regente, Vênus, na casa 1 em Aquário. A Lua também está na casa 1, mas não em conjunção. Como tanto a Lua como Vênus representam o princípio feminino na Astrologia, e, em geral, a mãe, podemos ver que a mãe exerceu grande influência sobre ela e desempenhou papel importante para que a dra. Mead adquirisse a independência que adquiriu. A mãe era uma sufragista, e a dra. Mead se recorda de ter distribuído folhetos sobre os direitos das mulheres quando tinha 10 anos. Vênus, regente da casa 4 e também da casa 9, forma trígono com Plutão em Gêmeos; a dra. Mead viajou durante a maior parte da vida e fala sete línguas dos povos do Pacífico que estudou.

Regente da casa 4 na casa 2: As pessoas com este posicionamento podem desenvolver um sistema de valores bastante diferenciado, mas é claro que o planeta e seus aspectos vão determinar os resultados. Temos muitos clientes com essa configuração que são extremamente preocupados com dinheiro e sofrem forte influência saturnina, ou com Capricórnio na casa 4 ou com Saturno em aspecto desfavorável com o regente desta casa. Esse posicionamento também pode significar que você ganha a vida trabalhando em casa ou lidando com imóveis, agricultura, geologia e campos correlatos.

A rainha Elizabeth II da Inglaterra sem dúvida é um caso que prova que a hereditariedade e a família são os fatores preponderantes no estabelecimento de seus valores e na descoberta dos próprios recursos. Ela tem Touro na casa 4 e Vênus em Peixes na casa 2. Vênus forma trígono com Plutão, permitindo-lhe um padrão de vida muito bom, trabalhando em suas residências – o castelo de Windsor e o palácio de Buckingham, para citar duas. Vênus, entretanto, forma quincunce com a Lua, mostrando que na infância houve problemas com a mãe que precisaram ser solucionados. Como a Lua também representa o público e está na casa 7, do público, pode-se deduzir que, no decorrer da vida, a rainha faça muitos ajustes entre seus valores e suas preferências e seu papel público ou o que acha que o público espera dela.

Regente da casa 4 na casa 3: Sua forma de comunicação depende muito dos antecedentes e do que sente ao próprio respeito. É provável que o ambiente do lar, na sua infância, fosse formado por pessoas que trocavam ideias com frequência. Os parentes, em especial irmãos e irmãs, podem ter desempenhado papel muito importante no seu lar; os aspectos formados com o regente revelam se esse fato lhe agradava ou não.

No caso de Ted Kennedy (veja o mapa no Volume II), irmãos e irmãs desempenharam, sem dúvida, papel muito importante no seu desenvolvimento e em suas raízes. Vênus em Áries na casa 3 rege a cúspide de sua casa 4 em Touro e está em quincunce com a Lua; foi preciso que ele se adaptasse ao fato de não ser a única pessoa amada pela mãe, pois era um entre nove filhos. Vênus é o dedo num *yod* envolvendo a Lua, Netuno e o Meio do Céu; Ted Kennedy usou os antecedentes e o nome da família para tornar-se senador e candidato à presidência. O magnetismo e o carisma que o envolviam – a chamada síndrome de Camelot – é, na verdade, uma característica familiar dos Kennedy. O pai desempenhou papel importante em sua vida, servindo de modelo sob muitos aspectos, inclusive na inclinação pelas mulheres – o que é mostrado, entre muitos outros fatores, pela conjunção de Vênus com Urano.

Muitas vezes, quando o regente da casa 4 está na 3, você é criado por um parente ou um parente mora com você e se torna parte integrante da família.

Regente da casa 4 na casa 4: O lar sempre desempenha papel importante em sua vida. Mesmo que você more num quarto de hotel, este é um lar, com seu toque pessoal. Você sempre volta para casa, seja ela qual for, para recarregar as baterias. Sua atitude em relação ao lar e à infância varia, dependendo do planeta envolvido. Se for Saturno, isso pode ser indicação de uma infância relativamente difícil, com muitas responsabilidades, ou um genitor muito severo exercendo bastante domínio sobre você quando jovem. Marte mostra uma casa muito movimentada ou muitas brigas entre os pais. A maioria das pessoas com esse posicionamento sente necessidade de possuir algum imóvel, de preferência uma casa para morar. O ex-presidente Richard Nixon tem Júpiter, regente da casa 4, na casa 4; gostava de casas grandes, sempre que possível com bela vista, numa típica expressão do expansionismo jupteriano.

Jawaharlal Nehru, ex-primeiro ministro da Índia, tinha Libra na cúspide da casa 4 e Vênus na mesma casa. Esse é um posicionamento mais ou menos comum em patriotas ou governantes, porque eles realmente acreditam no que podem fazer por seu país ou, no caso de aspectos muitos desafiadores, no que o país pode fazer por eles. Numa típica expressão da necessidade libriana de equilíbrio, Nehru tentou encontrar a abordagem certa para uma época difícil, da luta da Índia pela independência e do assassinato de Gandhi. (O mapa de Nehru está no Volume II.)

Geralmente um dos genitores desempenha papel importante em sua vida. Se o regente tiver aspectos fluentes, é possível que você tenha muito sucesso no lugar de origem. Esse posicionamento também pode significar gosto pelas antiguidades, principalmente se estiverem envolvidos o eixo Câncer/Capricórnio ou Lua e Saturno.

Regente da casa 4 na casa 5: Amor e romance fazem parte integrante de sua vida privada. Quando o regente é Urano, não é sempre que o namoro é com o parceiro habitual. Os filhos desempenham papel importante no lar; se não houver filhos, é possível que você convide outras crianças para trazer alegria para casa. Quando o planeta regente é Saturno, os filhos podem ser antes uma responsabilidade que a diversão que você previa. Uma das coisas que você faz com prazer na vida é especular, seja particularmente ou como parte do trabalho normal, como o consultor e mago das finanças Bernard Baruch, com Peixes na casa 4 e Netuno em Áries na 5.

O lar significa, para você, descontração e lazer. É possível que você tenha em casa uma sauna, uma banheira hidromassagem ou um equipamento de ginástica; provavelmente tem uma bicicleta ergométrica, em especial se Marte estiver envolvido com destaque. A ex-rainha da beleza Marlene Dietrich (veja o mapa na p. 41) tem Sagitário na casa 4 e Júpiter em Capricórnio na 5. Levou para dentro de casa muitos de seus *hobbies* – entre eles, sexo e homens. Mas também gosta de cozinhar, e, como Júpiter está ladeado por Saturno e Marte, todos em Capricórnio, o que faz na cozinha é mais que o trivial. É um *hobby* muito sério, e quem vai à sua casa prova iguarias incomparáveis.

Regente da casa 4 na casa 6: Você não é necessariamente um trabalhador incansável no emprego, mas com certeza adora trabalhar em casa, nem que seja apenas consertando aqui e ali. É possível que tenha sido criado com ideias muito definidas a respeito de prestação de serviços, de modo que, mais tarde, terá dificuldade de aceitar pagamento por seus serviços. Há muitos casos em que, na infância, a pessoa se vê rodeada de empregados, e sua expectativa é de que as coisas continuem assim na idade adulta. O duque de Windsor, por exemplo, tinha Gêmeos na casa 4 e Mercúrio na 6. Foi criado em uma ética rígida em relação à prestação de serviços ao público (Mercúrio em Câncer) e esteve rodeado de empregados durante toda a vida.

Nelson Rockefeller também tinha o regente da casa 4, Saturno, em Áries na casa 6. Mas Saturno raramente se satisfaz com o *status quo*, e ele tinha que provar não só que podia servir ao povo, mas também que podia ser eleito para tanto. Nem sempre foi fácil. Saturno é o planeta focal de uma enorme cruz T envolvendo Mercúrio, Vênus, Netuno e o Sol em Câncer e Urano em Capricórnio, todos pressionando Saturno em direção ao sucesso, a despeito dos obstáculos. Rockefeller também teve empregados durante a vida toda, e trabalhou em suas casas – a casa governamental em Albany, Nova York, e a do vice-presidente em Washington, D.C. Seu Saturno em trígono com Júpiter e em sextil com o Ascendente ajudou-o parcialmente a vencer, embora nunca tenha conseguido a presidência almejada.

Regente da casa 4 na casa 7: Um parceiro, conjugal ou de negócios, pode ser importante para sua segurança; mas, se o regente da casa 4 estiver fortemente aspectado, poderá acontecer exatamente o contrário, e você poderá ser o tipo de pessoa que faz tudo sozinha. Pode ser alguém que aparece muito em público, por opção ou por alguma situação familiar, mas sempre sente enorme necessidade de privacidade, e poucas pessoas sabem realmente o que se passa a trás das portas de sua casa.

O ator Charles Boyer foi um galã romântico para milhões de fãs do cinema, mas poucos sabiam que ele foi casado com uma única mulher a vida toda, façanha quase desconhecida em Hollywood, e se suicidou quando ela morreu, depois de 44 anos de casamento. A casa 4 de Boyer era regida por Vênus na casa 7, em conjunção com o Sol.

O compositor George Gershwin tinha Peixes na casa 4 e Netuno em Gêmeos na casa 7, em conjunção com Plutão. Durante a maior parte de sua curta vida, porém produtiva, trabalhou com o irmão Ira. Netuno e Plutão formavam um grande trígono em Ar, com Júpiter em Libra na casa 10 e a Lua em Aquário na casa 3. O Sol também estava em Libra na casa 10, mas fora de órbita. Essa é uma configuração clássica de sucesso, principalmente na comunicação com o público, de alguma maneira artística, como a música. Gershwin, entretanto, precisava de um parceiro para motivá-lo, pois o único desafio para colocar esse Netuno em ação era uma quadratura muito ampla com Mercúrio. Os dois irmãos trabalhavam em casa e viveram juntos durante muito tempo.

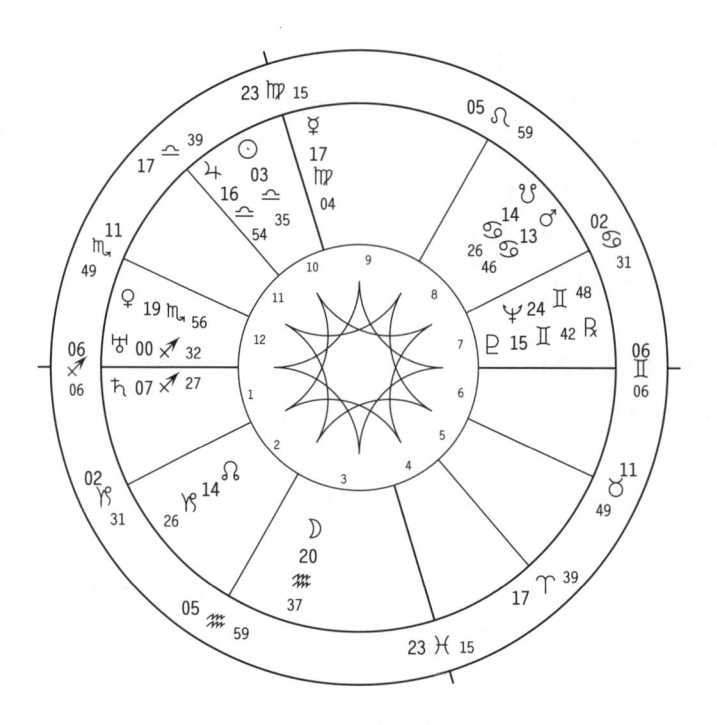

George Gershwin
26 de setembro de 1898
11:09 EST
Brooklyn, Nova York, EUA
40N38 73O50

Regente da casa 4 na casa 8: Provavelmente você é muito reservado. Por mais amistoso e direto que pareça (dependendo do Ascendente), poucas pessoas sabem realmente o que você sente ou faz. É possível que, quando jovem, tenha ficado muito impressionado com a morte de alguém, o que pode tê-lo levado a encarar a vida, a morte e a busca pela felicidade de forma mais profunda que a maioria das pessoas e numa idade mais tenra. Pode ser que seja muito persuasivo; quando ficar mais velho, é possível que investigue as questões do ocultismo. O pastor Jim Jones, que convenceu 900 pessoas a se suicidar na Guiana, tinha Áries na casa 4 e o regente Marte no signo ígneo de Leão na casa 8.

Para se sentir realmente seguro, ou corresponder ao que acredita ser as expectativas dos pais, é possível que você tenha que passar por grande transformação. Havendo confirmação de outros fatores do mapa, pode ser que lidar com os recursos dos outros, ou obter seu apoio, seja parte importante do seu sistema de raízes. Muitos políticos têm esse posicionamento.

O evangelizador Billy Sunday também tinha esse posicionamento. Tinha Aquário na casa 4, e o regente Urano, na casa 8. Era órfão e se tornou jogador de beisebol; mas, depois de se apaixonar por uma moça muito religiosa, tomou decididamente um novo rumo (Lua na casa 4 em Peixes). Usando o *slogan* "Fique de bem com Deus", Sunday ficou mais famoso que muitos astros do cinema. O astronauta Buzz Aldrin, que tentou se comunicar com o espaço sideral por meio da percepção extrassensorial, tem Virgem na casa 4, com Netuno em conjunção com o IC, e o regente Mercúrio em Aquário na casa 8, em conjunção com o Sol.

Regente da casa 4 na casa 9: É possível que os pais tenham lhe dado sólida formação religiosa e filosófica. A educação universitária pode ser importante para você. Pode ser que os pais tenham nascido no exterior, ou que, na juventude, você tenha sido muito exposto a influências culturais diferentes ou estrangeiras. É possível que você more longe do lugar onde nasceu ou tenha muita curiosidade a respeito de lugares longínquos e goste de colecionar objetos de arte de outros países. Também pode ser que você tenha um terreno ou imóvel num lugar bem distante da residência.

Desi Arnaz foi de Cuba para os Estados Unidos com 17 anos. Sua casa 4 com Virgem na cúspide é regida por Mercúrio em Aquário na casa 9, em conjunção com Urano e Vênus, dando muita ênfase à casa 9, principalmente porque o Sol e Marte também estão aí posicionados. O quincunce entre Mercúrio e Saturno mostra o grande número de ajustes que Arnaz precisou fazer, não só quando a família fugiu de Cuba, mas muitos anos antes, quando tentava corresponder às expectativas da família (sobretudo do pai). Se o regente tem muitos aspectos geradores de tensão, você pode achar muito difícil corresponder aos elevados objetivos inspirados por um dos pais, ou por ambos, na juventude.

Regente da casa 4 na casa 10: Os pais têm importância fundamental em sua vida, pois a casas 4 e 10 representam o eixo parental. Se seu lar foi do tipo tradicional, onde o pai era a figura de autoridade, é possível que ele tenha sido bastante severo; em consequência, se o regente tiver muitos aspectos desafiadores, pode ser que você venha a se rebelar contra qualquer forma de autoridade. Angela Davis, a bela revolucionária negra, tem Câncer na casa 4 e a Lua em Aquário na casa 10.

Os pais de Patricia (ou Patty) Hearst (veja seu mapa no Volume II), em especial o pai e a fortuna familiar que ela veio a herdar, desempenharam papel fundamental em sua formação e no episódio de seu sequestro. Ela tem Sagitário na cúspide da casa 4, e o regente Júpiter, em Gêmeos, na casa 10, em quadratura exata com Mercúrio em Peixes. Quando o regente da casa 4 está na 10, quase sempre a segurança vem por intermédio de um dos pais, ou dos dois. No caso de Patty, a segurança pode estar no dinheiro que ela viera a herdar; entretanto, com Marte na casa 4 envolvido numa cruz T, pode-se perguntar até que ponto ela conseguiu a paz interior.

Tanto Robert como John Kennedy (veja mapa no Volume II) têm essa colocação do regente; o pai exerceu muita influência na vida dos dois. Temos visto muitos casos de pessoas que, apesar de forte influência da casa 10, preferem ficar em casa a ter uma carreira. De vez em quando, trabalham para ganhar a vida, mas, na realidade, preferem não estar no mundo lá fora competindo e enfrentando a crítica aberta. Entretanto, na privacidade de quatro paredes, são diretas, bem integradas e assertivas.

Regente da casa 4 na casa 11: Com este posicionamento, é possível que você tenha crescido num lar onde os amigos eram sempre bem-vindos e podiam passar a noite; talvez tenham até morado com você durante alguns períodos. Sua criação pode tê-lo estimulado a se empenhar em atingir seus objetivos – é possível que você tenha estabelecido suas prioridades enquanto ainda morava com os pais. Indira Gandhi, eleita duas vezes primeira-ministra da Índia, sabia, desde jovem, que queria seguir os passos do pai, Jawaharlal Nehru; ela tem Escorpião na casa 4 e Plutão em Câncer na casa 11. (Veja seu mapa a seguir.) Com esse posicionamento, algumas vezes um dos pais não está presente (por morte ou divórcio), e um amigo da família o substitui.

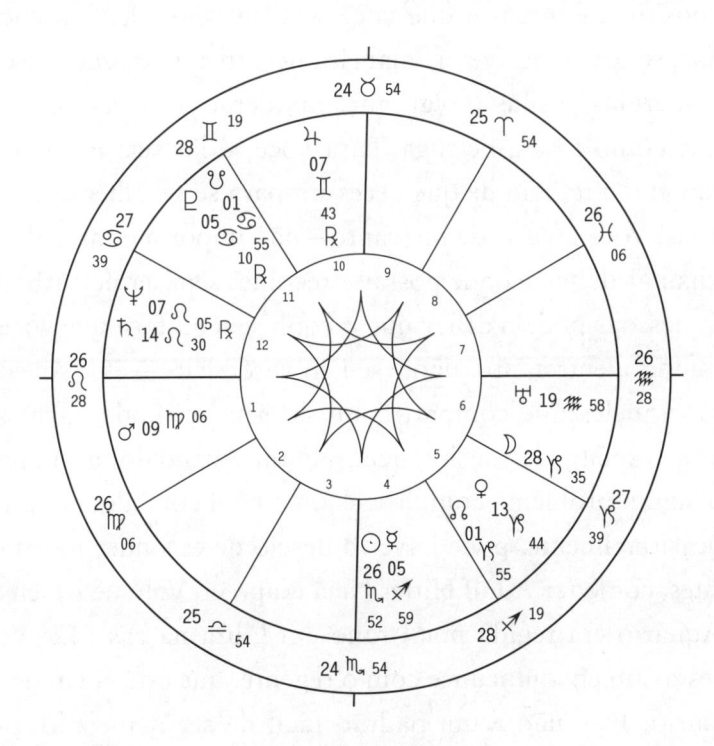

Indira Gandhi
19 de novembro de 1917
23:40 IST
Allahabad, Índia
25N30 81L58

Existe a possibilidade de você adotar uma criança; se não usar o regente de forma positiva, seu dia a dia poderá ter ritmo febril. Sally Struthers, por exemplo, tem Capricórnio na casa 4, e o regente Saturno, em Leão, na casa 11, em conjunção com Plutão. Ela participa ativamente de uma organização mundial para a adoção de crianças abandonadas. Suas fotos saíram em muitas revistas, por intermédio das quais pedia que as pessoas se juntassem a ela nessa obra meritória.

Regente da casa 4 na casa 12: Você tem dentro de si uma tremenda força oculta, da qual lança mão quando precisa, e surpreende os que não o conhecem intimamente. Se os aspectos planetários forem usados de forma positiva, é possível que você seja um verdadeiro rochedo de Gibraltar; se forem usados de maneira negativa, pode ser que desperdice as energias, e suas inseguranças poderão acarretar uma saúde deficiente como forma de fuga. Para você, o lar sempre será muito importante; é o refúgio de que necessita para se recolher e recarregar as baterias. Você precisa de um canto – não importa o tamanho – que possa chamar de seu e onde possa se recolher sem ser perturbado.

As pessoas podem achar que o conhecem; a face que você mostra ao mundo, entretanto, não é seu eu verdadeiro – esse só é conhecido por aqueles que compartilham do seu lar. Pode haver algum segredo a respeito de sua infância, algum escândalo em família ou mesmo algum problema com drogas ou álcool com algum familiar.

Ocasionalmente, pode haver o desejo de esconder todos os antecedentes, como fez Adolf Hitler (veja mapa no Volume II), cuja casa 4 em Aquário era regida por Urano em Libra na casa 12. Vênus e Marte estavam em quincunce com o regente, que estava em oposição a Mercúrio. Esse não é um padrão fácil de ser manejado, pois os ajustes necessários para chegar a um sentimento positivo a respeito de si mesmo ou da vida doméstica teriam que vir através de algum outro planeta. No caso dele, Urano não tinha respostas favoráveis.

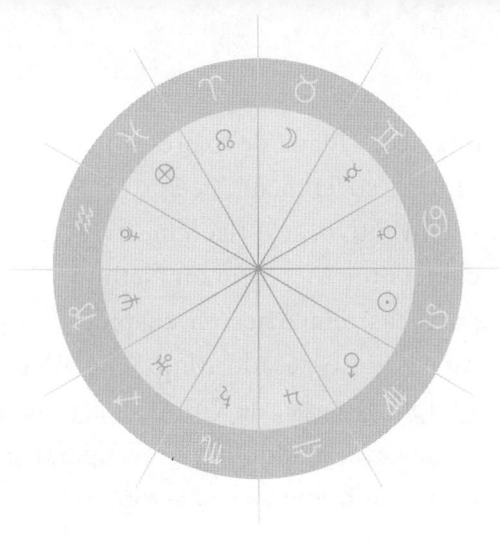

Módulo 5
Regentes da Casa 5

Esta casa fica ainda no lado pessoal e subjetivo do horóscopo. "Eu" e "meu" (casas 1 e 2) e minha vizinhança e meu lar (casas 3 e 4) levam à "minha" forma de crescer ou de me expandir, para provar alguns dos prazeres e das alegrias que o mundo tem à "minha" disposição. A casa 5 é representada por Leão, e seu regente natural é o Sol; portanto, é onde você quer brilhar. É uma casa de vida que traz consigo a energia, o entusiasmo e o poder motivador do Fogo. O calor do Fogo vai em busca dos outros, e é por isso que essa é a casa do amor oferecido. O amor que você oferece aqui não é nem o afeto de Vênus nem o impulso sexual de Marte; é o amor do coração, o princípio de Leão.

Como cada casa é sempre condicionada pelo que vem antes, a casa 5, sucedente, é, em parte, resultado da 4. Seus antecedentes, sua criação e a proteção dada por seus pais preparam-no para sua primeira dádiva ou esforço criativo. Quer essa criatividade seja o amor oferecido, a expressão de um talento artístico ou os filhos gerados, ela é sempre parte de um passo alegre que você dá em direção ao futuro.

Regente da casa 5 na casa 1: Ser criativo em alguma área é a tônica de sua vida. Se o regente for Vênus, a Lua ou o Sol, pode ser que você tenha necessidade de expressão completa de sua postura emocional, de forma socialmente aceitável. Sua criatividade pode ocorrer num nível inventivo, se estiverem envolvidos Urano ou Plutão; literário, se o planeta for Mercúrio ou Netuno; e musical, se for Saturno. Muitos esportistas têm Áries na cúspide da casa 5 e Marte na 1, como o campeão peso-pesado Max Schmeling e a grande corredora Wilma Rudolph. No caso de Wilma, a energia de Marte, dignificado em sua própria casa, ajudou-a a se recuperar da pólio que teve aos 4 anos e a seguir em frente até vencer importantes corridas nas Olimpíadas de 1960. (Veja o mapa na p. 85.)

As pessoas que têm esse posicionamento são muito ligadas aos filhos (quando os têm) e se esforçam ao máximo para ter bom relacionamento com eles. O uso incorreto da energia pode causar um pouco de indulgência em relação aos filhos; mas, quando o planeta é positivamente integrado no mapa, o relacionamento com eles pode ser muito gratificante.

Regente da casa 5 na casa 2: Parece que este é o posicionamento de pessoas que ganham dinheiro por intermédio da criatividade, quer compondo, como Ferde Grofe (veja mapa na p. 87), regendo, como Arturo Toscanini, ou representando, como Marlon Brando, Farrah Fawcett ou Jack Benny. (Os mapas de Marlon Brando e Farrah Fawcett estão no Volume II.)

Seu sistema de valores se relaciona diretamente com sua capacidade de expressar sentimentos de amor, afeto e romance. Em outro nível, pode ser que sua renda venha de investimentos em imóveis ou ações, e, se o planeta regente estiver bem aspectado, é possível que você tenha incrível capacidade de jogar e ganhar. As crianças e os produtos a elas relacionados podem constituir uma forma de ganhar dinheiro. Entretanto, no caso de aspectos muito desafiadores, é recomendável tomar cuidado com investimentos e jogos de azar, principalmente se o planeta for Marte, Urano ou Netuno. Também é bom

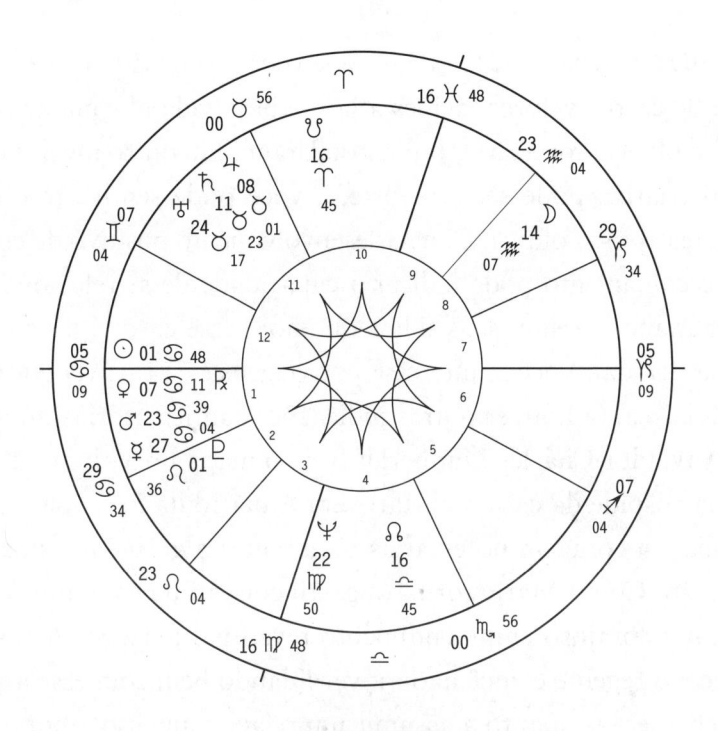

Wilma Rudolph
23 de junho de 1940
5:00 CST
Bethal Springs, Tennessee, EUA
35N14 88O36

evitar ser muito permissivo com os filhos. Pode haver a tendência a considerá-los sua propriedade.

Farrah Fawcett tem Escorpião na cúspide da casa 5 e Plutão na casa 2 em Leão, mostrando muito claramente sua ascensão meteórica rumo à fama e ao reconhecimento, seguida da recompensa financeira. Ela pode achar que o que ganha através da representação da casa 5 nunca é o bastante, porque Plutão faz conjunção com Saturno e se opõe tanto a Marte quanto ao Sol. Até aprender a lidar com toda essa energia de modo positivo, é provável que haja problemas na avaliação que Farrah faz do próprio valor.

Regente da casa 5 na casa 3: Pode ser que você seja ousado e aventureiro e goste de carros velozes, aviões a jato e uma vida alucinante, sobretudo se o planeta for Marte, Júpiter ou Urano. Em outro nível, a comunicação criativa pode ser seu forte, e você pode sentir atração por direito, teatro ou política. Com o desenvolvimento positivo da energia, esse posicionamento pode indicar a capacidade de se relacionar bem com as crianças, sejam seus filhos ou não; nesse caso, é possível que goste de lecionar. Você se interessa por viagens e é provável que trabalhe nessa área, se houver outras indicações confirmatórias no mapa.

O aviador Charles Lindbergh (veja o mapa no Volume II) tinha Áries na cúspide da casa 5 e Marte em Aquário na 3, o que lhe dava a energia e a coragem necessárias para tentar algo inédito nos anais da aviação. Como Marte formava sextil com a Lua e conjunção com Vênus, seu corajoso empreendimento teve final feliz. Se Vênus ou o Sol forem o regente e você não estiver lidando bem com esse aspecto, pode ter reservas quanto a assumir um relacionamento amoroso.

Regente da casa 5 na casa 4: A casa 5 mostra como expressamos o amor. Se o regente estiver na casa 4, geralmente é indicação de que existe amor pelo lar e pela família, a não ser que o planeta receba aspectos muito desafiadores. Esse posicionamento também dá oportunidades de descobrir canais de expressão da criatividade em casa, possivelmente como escritor (Eugene O'Neill) ou compositor (Frederic Chopin, cujo mapa está no Volume II). Você ainda pode ter êxito investindo seu capital em imóveis de qualquer tipo; ou pode ser uma pessoa cuja casa está aberta aos mais jovens que precisam de orientação e proteção, como é o caso de uma de nossas clientes, que tem Câncer na cúspide da casa 5 e a Lua em Gêmeos na 4, em conjunção com o Sol em Câncer.

Walt Disney, com Capricórnio na cúspide da casa 5 e Saturno em Capricórnio na casa 4 em conjunção com Júpiter e Marte e em quadratura com a Lua, é um bom exemplo do uso de energia criativa num empreendimento de raízes populares e repleto de atrativos que acabou envolvendo adultos e crianças (casa 5) do mundo inteiro.

Regente da casa 5 na casa 5: Dependendo dos aspectos, é claro, pode ser que você seja um gênio criativo, principalmente no campo da arte, da composição ou da execução musical. É possível que tenha dificuldade em definir uma especialidade, caso Mercúrio, Marte, Áries ou Gêmeos estejam envolvidos. Sociável, gosta de aprovação e precisa dela; assim, muitas vezes acaba num "palco", em sentido literal ou figurado.

Os filhos vão ser ou muito importantes ou não vão ter nenhum papel de monta em sua vida. Com aspectos desafiadores, você se

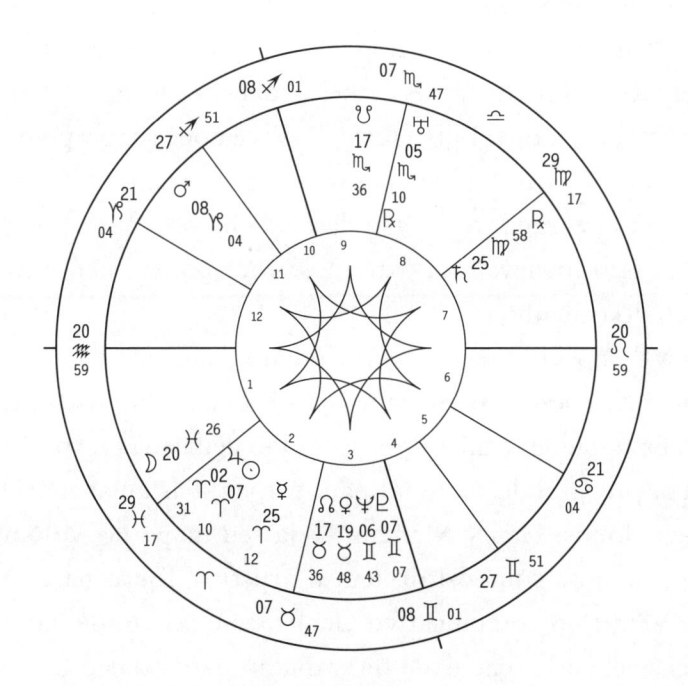

Ferde Grofe
27 de março de 1892
4:00 EST
Nova York, Nova York, EUA
40N45 73O57

aventura, ousa e pode se sentir atraído por empreendimentos arriscados. Esse posicionamento geralmente proporciona amor incomum pelo jogo, sobretudo se a energia não for integrada de maneira adequada no mapa.

Barbra Streisand (mapa na p. 62), com Câncer na cúspide da casa 5 e a Lua em Leão também na casa 5, simboliza a criatividade e a capacidade de desempenho desse posicionamento. A conjunção com Plutão indica a intensidade com a qual ela persegue seus objetivos, e a quadratura com o Sol e Mercúrio indica os obstáculos que precisou superar antes de conseguir êxito financeiro e aceitação profissional.

Regente da casa 5 na casa 6: Sua área de atuação pode envolver crianças, autoexpressão criativa, como o jornalista Ernie Pyle (veja seu mapa no Volume II), ou esportes, como os pugilistas Jack Dempsey e Sugar Ray Robinson, os astros do beisebol e do basquete Hank Aaron e Jerry Lucas, e o jóquei Billy Hartack. Você pode ser o tipo de pessoa que gosta tanto de trabalhar que se torna *workaholic*. Se o regente não for bem integrado, o reverso da medalha será que você gosta de brincar; se isso for levado a extremos, você poderá não gostar nem um pouco do trabalho.

Uma de nossas clientes tem Virgem na cúspide da casa 5, com Mercúrio em Libra na 6, em oposição à Lua e em quadratura com Saturno. Essa mulher é uma professora tão dedicada que passa os fins de semana preparando material para tornar suas aulas mais estimulantes aos alunos. Henry Mancini (veja seu mapa no Volume II), o famoso maestro e compositor, tem o artístico Touro na cúspide da casa 5 e Vênus no comunicativo Gêmeos na casa 6, de modo que é compreensível sua capacidade de trabalho para criar o belo som de "Moon River".

Regente da casa 5 na casa 7: Este posicionamento é uma promessa ou de grande harmonia ou de tremenda desarmonia com o parceiro ou o público. Muitos atores e atrizes famosos, pessoas que precisam estar sob a luz dos refletores, o têm. Parece que você exerce bastante influência sobre os outros, mas é sumamente vulnerável porque sente enorme necessidade de aprovação alheia. Procura um parceiro que vê como romântico e divertido, mas até integrar corretamente a energia planetária você pode ser inconstante e exigente nos relacionamentos e mesmo no trato com o público em geral.

Marilyn Monroe tinha Sagitário na cúspide da casa 5 e o regente Júpiter em Aquário na casa 7, com fortes aspectos desafiadores: em quadratura com Saturno, em oposição com Netuno e em conjunção com a Lua. Ela tinha muito a aprender sobre parceria amorosa, como demonstraram três casamentos fracassados, mas também projetava uma imagem de atração romântica, talvez devido, em parte, ao sextil entre Júpiter e Vênus. (Seu mapa está na p. 178.) Algumas vezes, esse posicionamento indica pessoas um tanto antiquadas, que só conseguem desfrutar do amor e do romance com um noivo ou cônjuge.

Regente da casa 5 na casa 8: Este posicionamento pode promover grande sucesso financeiro. Parece que você tem compreensão inata do dinheiro e de seu uso. Quando há aspectos fluentes, você se sai bem nos investimentos e na administração financeira, mesmo que seja especulador ou jogador de sorte. Gosta de se divertir e tem perspectiva um tanto ousada em relação à vida e à morte. Se houver aspectos desafiadores, pode ser que se depare com problemas financeiros ou sexuais, talvez mesmo a ponto de precisar de terapia psiquiátrica em alguma época da vida. Pode sofrer a perda prematura de um filho, se houver confirmação de outros fatores do mapa.

O assassino condenado Richard Speck tem Aquário na cúspide da casa 5, indicando uma maneira pouco convencional de abordar as ligações amorosas. Urano está no sensual signo de Touro na casa 8, em conjunção com o restritivo Saturno e em oposição a Mercúrio. Essa combinação estressante fez com que ele se sentisse inadequado nas áreas sexual e romântica e provavelmente contribuiu para o desequilíbrio mental que o levou ao assassinato de sete enfermeiras.

Regente da casa 5 na casa 9: As viagens de lazer a lugares distantes caracterizam este posicionamento, assim como a capacidade de criação na literatura e em campos correlatos. Com o regente da casa das crianças na casa do ensino, é claro que você consegue tornar o aprendizado algo divertido e, portanto, torna-se excelente professor quando usa a energia planetária de maneira positiva. Essa parece ser, mais uma vez,

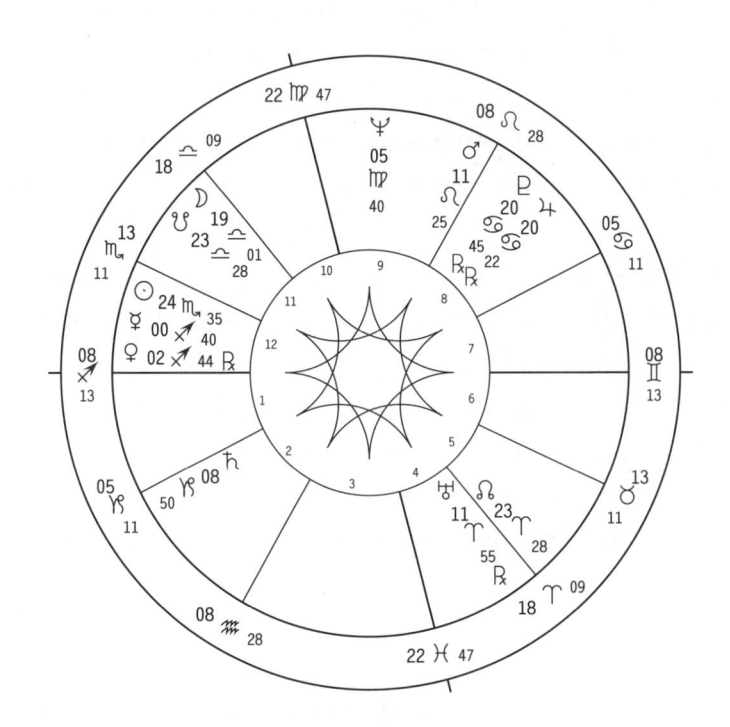

Bob Mathias
17 de novembro de 1930
7:47 PST
Tulare, Califórnia, EUA
36N13 119O21

uma indicação potencial para esportes, em especial do tipo que exige viagens, provavelmente devido à subjacente influência de Júpiter.

O jogador de golfe Cary Middlecoff, que tem Câncer na casa 5 e a Lua em Sagitário na 9, viaja no circuito do golfe. Bob Mathias, campeão olímpico do decatlo e deputado por Bakersfield, Califórnia, tem Áries na casa 5 e Marte em Leão na 9, em trígono com Urano e o Ascendente. O grande trígono em Fogo indica entusiasmo e necessidade de realização; com o regente da casa 5 na 9, tanto os esportes como a política são canais adequados. Mathias também dirige um bem-sucedido acampamento para garotos nas montanhas.

Regente da casa 5 na casa 10: Com o uso correto das energias planetárias, este posicionamento o caracteriza como alguém que obtém reconhecimento pela capacidade criativa, artística, musical ou teatral. Você tem acentuada necessidade de estar sob os refletores e ser notado pelo talento, qualquer que seja sua área. A lista de pessoas famosas com esse posicionamento é interminável. Nas artes, temos Pablo Picasso, com Júpiter, regente da casa 5, em Touro na casa 10; Vincent van Gogh tem Escorpião na casa 5 e Plutão na 10, em conjunção com Urano e Mercúrio. O gênio universal Albert Schweitzer tem Aquário na casa 5 e Urano em Leão envolvido numa grande cruz. (Veja os mapas no Volume II.) A dançarina Mitzi Gaynor tem Netuno na casa 10 regendo Peixes na cúspide da casa 5.

Algumas vezes, um dos filhos se torna famoso por méritos próprios, como é o caso da atriz Ann Sothern, que tem Capricórnio na casa 5 e Saturno bem aspectado na casa 10. A filha Tish Sterling também é atriz realizada. Com aspectos desfavoráveis, é possível que você seja inconstante nos amores e atraia atenção indesejada ou tenha que lutar muito para atingir o sucesso e a fama.

Regente da casa 5 na casa 11: Você é amoroso e generoso com os amigos, que são inúmeros. Seu campo é a política e áreas afins. Você se sai bem como anfitrião, pois entretém os outros naturalmente e se sente à vontade em quase todas as situações sociais. A menos que esteja usando a energia negativamente, é amigo dos filhos e dos companheiros deles.

Algumas vezes, este posicionamento indica o diletante que vive em festas borboleteando de uma noitada para outra, como a herdeira Barbara Hutton (mapa no Volume II), que tinha Câncer na casa 5 e a Lua em Capricórnio na casa 11, em conjunção com Urano e em oposição com Netuno. Sua falta de perspectiva fez com que sentisse que nunca poderia ser amada por si mesma; a insegurança emocional e a solidão causaram seus sete fracassos matrimoniais. Se houver aspectos desfavoráveis com o regente, pode ser que você decida se isolar. Você pode achar que, para receber amor, é preciso dar – e, se Capricórnio ou Saturno estiverem envolvidos, é possível que se esforce demais nesse sentido.

Regente da casa 5 na casa 12: Muitas vezes, você encontra prazer na solidão ou na pesquisa profunda de assuntos relacionados ao passado. Com aspectos extremamente desfavoráveis ou o uso inadequado da energia planetária, é possível que sofra por causa do relacionamento com os filhos. Existe a possibilidade de confinamento, em virtude da premente necessidade de jogar – não só com dinheiro, mas também com a vida. Se o planeta for Mercúrio, Saturno ou Netuno, esse posicionamento pode indicar criatividade literária.

A poeta Emily Dickinson, que levou uma vida reclusa e sem acontecimentos, tinha Capricórnio na cúspide da casa 5 e Saturno em Virgem na casa 12. Ela lançava mão dos mais recônditos recursos interiores (casa 12) para escrever poesia, combinando lirismo sóbrio (Saturno) e especulação metafísica com métrica e expressões não ortodoxas. (Seu mapa está no Volume II.) Uma de nossas alunas com esse posicionamento num mapa desfavorável tem um filho com síndrome de Down que está internado.

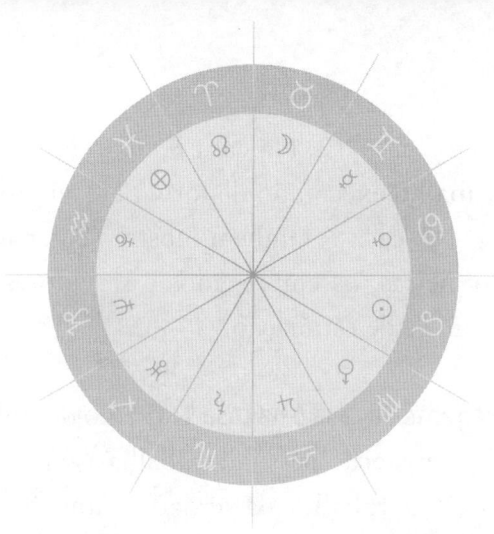

Módulo 6
Regentes da Casa 6

Cadente, uma das casas de bens materiais representada por Virgem e regida por Mercúrio no mapa plano, a casa 6, por tradição, é a do trabalho, da saúde e do serviço. É também uma casa pessoal, orientada ao "eu". Representa "minha" atitude em relação à prestação de serviços. Vou fazer isso de boa vontade ou achar que é uma obrigação? Vou analisar e dissecar ou me divertir? É um caminho para minha futura carreira (a 10 é a próxima casa de bens materiais) ou pelo menos vai garantir meu sustento, o que deveria acontecer, sendo a casa 2 (a renda) a partir da 5 (a criatividade)? Se essas necessidades não forem atendidas, se a casa 5 não deixar que o "eu" se expresse, podem surgir problemas de saúde.

Aqui estão envolvidas algumas questões controvertidas que gostaríamos de debater. Primeiro, a SAÚDE: a maioria dos astrólogos não é composta de médicos; a menos que você tenha formação médica ou afim, gostaríamos de recomendar encarecidamente que se abstivesse de dar conselhos médicos ou de nutrição, exceto no que diz respeito aos princípios astrológicos básicos. (Áries representa a cabeça; Peixes, os pés etc.) Segundo, a palavra SERVIÇO: achamos que ela não tem, necessariamente, o significado de autossacrifício ou autoanulação que tantas vezes lhe é atribuído e está mais relacionado com a casa 12. Na casa 6, aparentemente, o serviço diz respeito ao trabalho executado de forma gratuita ou não.

A casa 6 também mostra seus padrões de hábitos, as questões rotineiras, os empregados e servidores, a alimentação, a dieta e os animais de estimação.

Regente da casa 6 na casa 1: O tipo de trabalho que você faz precisa lhe dar satisfação pessoal; trabalhar só por dinheiro não é suficiente para você. O trabalho, na verdade, é uma forma de realização, e é provável que você tenha atividades como voluntário, se a situação financeira permitir, desde que sinta estar prestando uma contribuição significativa. Mesmo com os aspectos mais desfavoráveis com o regente, que muitos astrólogos acham que prejudicam a saúde (casa 6 – saúde/casa 1 – corpo), achamos que, se as energias forem usadas positivamente, há pouca ou nenhuma tendência às doenças.

Vários servidores públicos, como os políticos gostam de ser chamados, têm esse posicionamento. Temos duas alunas com Virgem na cúspide da casa 6 e Mercúrio em Touro na casa 1. Uma é dona de um restaurante (ela também tem o Sol em Touro); a outra (Sol em Áries) trabalha como garçonete, porém, provavelmente, não por muito tempo.

O repórter esportivo Howard Cosell tem Saturno em Virgem na casa 1. Ele é o regente de sua casa 6 e forma oposição desfavorável com Vênus e Urano, além de participar de um *yod* com seu Sol em Áries. Esses aspectos, muitas vezes, são mal utilizados e podem ocasionar saúde delicada e sistema nervoso altamente tensionado; entretanto, se forem positivamente integrados no mapa, como é o caso de Cosell, produzem um indivíduo trabalhador, capaz de superar muitos dos concorrentes.

Regente da casa 6 na casa 2: Você precisa ser remunerado pelo trabalho ou serviço que presta, principalmente se Júpiter ou Saturno forem os regentes. Joe Namath, por exemplo, tem Júpiter em Câncer na casa 2 regendo sua casa 6 e admite que procura ganhar tanto com seu talento quanto o mercado possa pagar. Seu trabalho, em grande medida, se vincula ao seu sistema inato de valores; quanto mais definido for esse sistema, maior será sua necessidade de expressá-lo através do tipo de trabalho que executa. Um exemplo disso é Ralph Nader, o advogado dos consumidores, que tem Gêmeos na casa 6 e Mercúrio em Peixes na casa 2, em conjunção com Marte. O Sol também está na casa 2 em Peixes. Nader tem sido, muitas vezes, comparado a "Davi lutando contra Golias" e encarado como um sujeito anômalo num país de lucro e prazer. Seus valores, desde a primeira infância, estão imbuídos do idealismo de Peixes; a conjunção próxima entre o regente e Marte lhe dá coragem e ímpeto para enfrentar gigantescas corporações.

Muitas pessoas com esse posicionamento trabalham na área da nutrição ou ganham a vida com enfermagem, trabalhando em órgãos de saúde pública ou afins.

Regente da casa 6 na casa 3: Na maioria das vezes, seu trabalho está relacionado aos meios de difusão ou a algum tipo de comunicação. Os escritores Philip Roth e Scott Fitzgerald, o editor Bennett Cerf e os cineastas Vittorio de Sica e Walt Disney são exemplos de pessoas que usaram diferentes formas de comunicação através do trabalho.

É possível que você receba ajuda dos irmãos ou trabalhe com algum deles. Billy Carter tem Gêmeos na casa 6 e Mercúrio em Áries na 3. Ele e o irmão Jimmy eram sócios numa fazenda de amendoim. O possível surgimento de problemas entre os irmãos pode ser deduzido do quincunce entre Mercúrio e Netuno, regente da casa 3. Billy teve de aprender a se adaptar ao fato de o irmão ter-se tornado presidente dos Estados Unidos e à consequente mudança na administração da fazenda de amendoim, que passou para a custódia do governo.

Temos um cliente que é motorista de ônibus e cuja maior ambição é comprar e dirigir um táxi. O transporte e o deslocamento até o local de trabalho são assuntos da casa 3. Júpiter, que rege sua casa 6, está na 3, num trígono exato com Saturno. Achamos que ele poderá realizar seu sonho.

As crianças que têm o regente da casa 6 na casa 3 bem aspectado geralmente falam cedo. Se o regente não for bem integrado, ou tiver aspectos muito desafiadores, você poderá se tornar desleixado ou ter dificuldade de estabelecer boa rotina. Se você ocupa cargo de chefia, adora se comunicar com os empregados e provavelmente se mantém em contato com eles mandando-lhes todo tipo de memorando.

Regente da casa 6 na casa 4: Algumas pessoas com este posicionamento adoram fazer reparos em casa, não descansando até que todas as janelas estejam brilhando, não sobre nenhum matinho no gramado e todas as torneiras estejam consertadas. Se o regente tiver aspectos geradores de tensão, você detestará ser o "conserta-tudo" e fará o possível para evitar essas tarefas, preferindo contratar alguém que se ocupe disso em seu lugar. Na realidade, temos vários alunos com o regente da casa 6 na 4 que detestam o trabalho doméstico a ponto de arrumar um emprego para poder pagar uma empregada para fazer "a droga da limpeza".

É possível que seu trabalho possa ser feito em casa. Isso pode englobar escrever, como Anne Morrow Lindbergh e Ernest Hemingway (veja seu mapa na p. 219), fazer a contabilidade de pequenas empresas ou trabalhar com imóveis. Constatamos que esse posicionamento indica, com frequência, a presença de animais de estimação em casa ou o trabalho com eles, principalmente se o regente estiver bem integrado no mapa. Uma de nossas alunas tem Áries na casa 6 e o regente Marte na casa 4, fazendo parte de um grande trígono em Água; ela trabalha com os golfinhos do Sea World, parque de diversões aquáticas. Pode ser que um dos genitores empurre você para o trabalho, como no caso da atriz Judy Garland (veja o mapa no Volume II), cuja mãe fez tudo para que ela subisse ao palco quando era uma garotinha. O Júpiter de Garland em Libra, regendo a casa 6, está na 4, em conjunção com Saturno e o Nodo Norte.

Regente da casa 6 na casa 5: Se tem este posicionamento, você realmente gosta de trabalhar e sempre encontra uma ocupação que acha agradável, principalmente se o regente estiver bem integrado ao restante do mapa; caso contrário, ou se o regente for Júpiter ou Vênus, é possível que encontre desculpas para não trabalhar e passe a vida saltando de emprego em emprego. Pode acontecer também de você se empenhar em algum *hobby* ou em executar algum tipo de trabalho voluntário de que de fato goste.

Muitas pessoas que trabalham em empreendimentos criativos têm o regente da casa 6 na casa 5. Uma de nossas clientes é joalheira. Aprendeu a profissão quando jovem e estava disposta a fazer disso uma carreira, mas se casou, teve filhos e nunca mais voltou ao mercado de trabalho – mas jamais parou de desenhar e de fazer joias para si e as suas amigas durante todos esses anos. Ela tem Peixes na casa 6, e o regente Netuno em Leão, na casa 5.

Zsa Zsa Gabor tem Aquário na casa 6 e o regente Urano em Aquário, na casa 5. Ela usou o amor e o romance de forma sumamente criativa e original como parte de seu trabalho, aparecendo em programas de televisão para discutir seus casamentos e suas aventuras amorosas. Como no caso dela o regente da casa 5, Saturno, está na 10, também usou o amor e o romance na carreira e para mudar várias vezes de *status* – nesse caso, uma dupla confirmação.

Regente da casa 6 na casa 6: Você deveria ser o viciado em trabalho do zodíaco, mas constatamos que, para isso, precisaria de quadraturas e oposições que pusessem o regente em movimento. Você precisa de desafio, ou de Saturno como planeta regente, para ter persistência. Quando há trígonos e sextis com o planeta, esse posicionamento parece produzir uma série de pessoas que trabalham meio período ou intermitentemente.

Se houver muitos aspectos geradores de tensão ou a energia não for positivamente usada, você pode ter maus modos, não ser confiável, tornar-se solitário ou deixar-se invadir pelas doenças. Marlon Brando tem Touro na cúspide da casa 6; o regente Vênus em Touro na casa 6 tem apenas dois aspectos, uma oposição com o Ascendente e um quincunce com Saturno. Ele é conhecido como solitário e por não ter bons modos. Errol Flynn tinha a Lua em Câncer regendo a casa 6, em quadratura com Saturno, em quincunce com o Ascendente, e só. Levou uma vida meio decadente e morreu relativamente jovem como resultado de suas extravagâncias. (Os dois mapas podem ser encontrados no Volume II.)

Um regente bem integrado geralmente resulta no típico sujeito que adora bichos de estimação. Lembramos de três clientes com esse posicionamento: um é dono de uma loja de animais; o segundo trabalha com um veterinário; e o outro cria pastores-alemães com *pedigree*. Pode ser que você se preocupe muito com a alimentação e, se Júpiter ou Vênus estiverem envolvidos, goste de todo tipo de comidas gordurosas. Se Netuno ou Peixes forem proeminentes, tome cuidado, pois é possível que você tenha reações alérgicas a várias drogas.

Regente da casa 6 na casa 7: Este posicionamento parece se manifestar de duas formas: ou você gosta de trabalhar diante do público, como é o caso do destemido Evel Kneivel, ou o trabalho só tem significado para você quando é executado em parceria com alguém, como a ex--primeira dama Rosalynn Carter ou a cantora Joan Sutherland (veja o mapa no Volume II). A última hipótese é a mais comum. Alguns vice-presidentes têm esse posicionamento, e alguns homens famosos que se casam muitas vezes também caem nessa categoria. Hermann

Hesse (mapa no Volume II) e Charles Chaplin (Marte em Touro na casa 7 regendo Áries na cúspide da casa 6) são dois exemplos.

É possível que você trabalhe na área jurídica lidando com contratos e acordos ou se especializando em divórcios. Como a casa 7 indica atitude em relação ao casamento, pode ser que você ache que casamento significa trabalho e fuja dele, isso se não aprendeu a lidar inteligentemente com o regente.

Constatamos que muitos dos nossos clientes e alunos que têm o regente da casa 6 na 7 preferem ficar em pé de igualdade com os parceiros, trabalhando e dividindo tarefas e despesas domésticas.

Regente da casa 6 na casa 8: Quando o regente está bem integrado no mapa, você obtém facilmente o apoio dos outros em grande parte do trabalho que executa e em qualquer serviço que decida prestar. Se Plutão ou Escorpião estiverem envolvidos, é possível que você faça algum tipo de pesquisa. O sexo pode desempenhar papel importante em seu tipo de trabalho ou na forma de executá-lo. Hedy Lamarr foi símbolo sexual e exibia a sensualidade mais ou menos ostensivamente; isso se viu no filme *Êxtase*, que a tornou famosa. Ela tinha Júpiter em Aquário na casa 8, em conjunção com Urano e em quadratura com Mercúrio na casa 5. Aqui, a casa 6, do trabalho, está ligada à casa 8, do sexo, e com a casa 5, do romance, do amor, do prazer e do entretenimento.

A herdeira das lojas Woolworth, Barbara Hutton, absolutamente não precisava trabalhar; foi sustentada pelo dinheiro do pai durante toda a vida. Ela tinha Leão na cúspide da casa 6 e o Sol na casa 8 em trígono com Netuno. Nunca conseguiu achar seu lugar certo na vida, nem através do trabalho nem do serviço; infelizmente, uma casa 6 não preenchida pode cobrar seu tributo na saúde, como foi o caso de Hutton. (Veja o mapa no Volume II.)

Pode ser que seu trabalho envolva a administração dos recursos alheios, como aconteceu com o financista Bernard Baruch e com vários de nossos clientes que trabalham em bancos ou com ações e têm esse posicionamento nos mapas.

Regente da casa 6 na casa 9: Não é muito surpreendente que inúmeros de nossos clientes e alunos que correm o mundo tenham este posicionamento. Uma jovem é casada com um oficial da marinha e nunca viveu num lugar por mais de dois anos. Ela é cartógrafa – faz mapas-múndi, é claro! Outra lida com negócios imobiliários nos quais você cede sua casa e aluga uma semelhante em qualquer parte do mundo. Tem Capricórnio na casa 6 e Saturno em Áries na 9. Aliás, ela ganha muito dinheiro desse jeito.

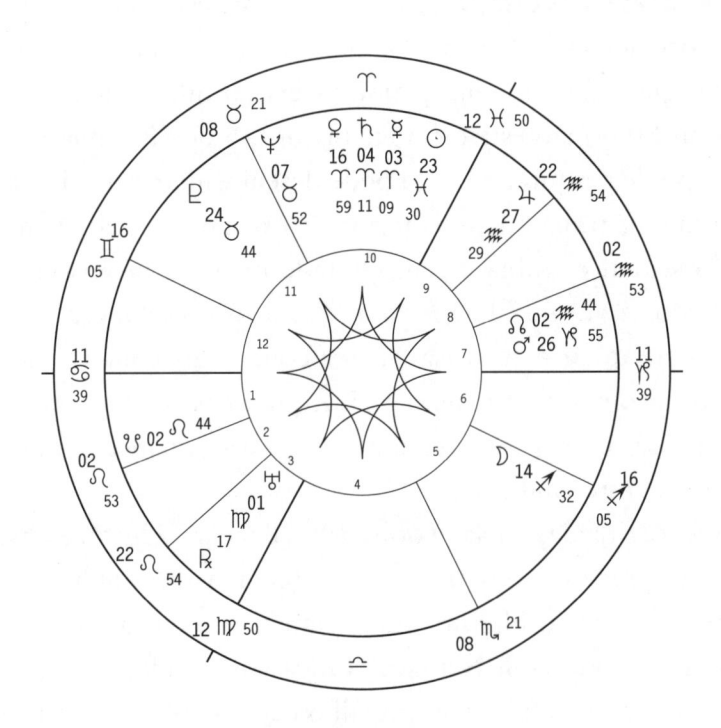

Albert Einstein
14 de março de 1879
11:30 LMT
Ulm, Alemanha
48N24 10L00

O cientista Albert Einstein (veja o mapa na página anterior), que usava a percepção, a mente superior, o idealismo e a intuição no trabalho, tinha Júpiter, regente da casa 6, na casa 9, em Aquário envolvido em uma cruz T com Plutão e Urano. Lecionou em duas universidades, tarefa apropriada para quem tem o regente da casa 6 na 9.

A aplicação menos positiva desse posicionamento é ilustrada por um cliente que tem Virgem na cúspide da casa 6 e Mercúrio em Gêmeos na casa 9, em conjunção com o Sol, e ambos envolvidos em uma cruz T com Netuno em Virgem e a Lua em Peixes. Ele enjoa em viagens de carro, de trem, de navio e de avião e, quando chega ao destino, pega tudo quanto é vírus e, invariavelmente, volta de viagem com a garganta inflamada, gripado ou resfriado. Na sua insegurança, ele se sente melhor em casa, feliz com a rotina, apesar da forte influência na casa 9 ou da inquietação geminiana. Infelizmente, para ele, o trabalho requer muitas viagens.

Regente da casa 6 na casa 10: A interpretação clássica, sobretudo no caso do uso positivo, é que seu trabalho e sua carreira são a mesma coisa e vão lhe trazer a satisfação pessoal que procura. Seus hábitos e sua rotina diária são organizados, e você se orgulha do que consegue fazer em meio dia. Se Saturno ou Marte estiverem envolvidos, seu senso de tempo pode ser excelente, dando-lhe grande destreza atlética ou física, como é o caso do pugilista Muhammad Ali, com Capricórnio na casa 6 e Saturno em Touro na casa 10; ou do jogador de futebol americano Sandy Koufax (mapa na p. 102), com Leão na casa 6 e o Sol em Capricórnio na casa 10.

Se houver aspectos muito desafiadores, você poderá se sentir pressionado por um dos genitores para trabalhar com mais afinco do que realmente deseja ou para executar algum tipo de serviço gratuito pelo qual poderia ser pago. Mesmo as pessoas com mapas bem integrados, tendo esse posicionamento, podem se sentir muito escravizadas

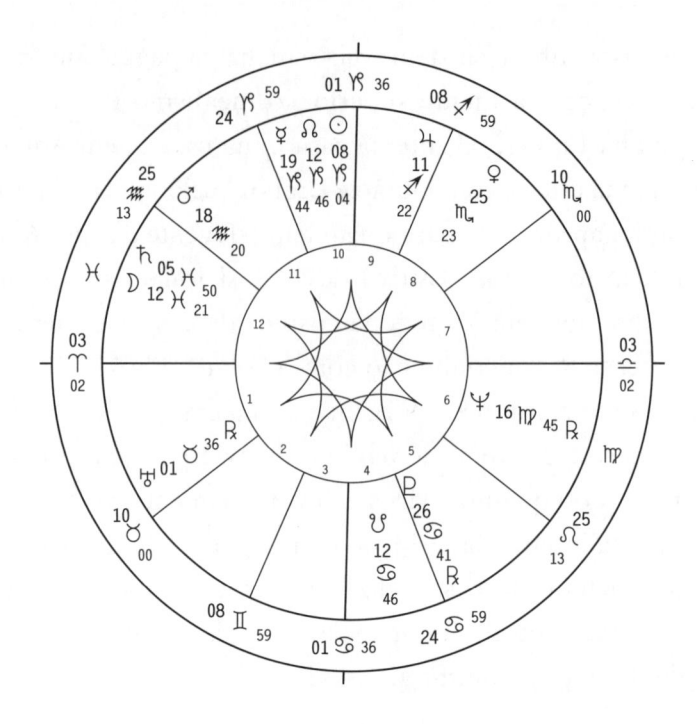

Sandy Koufax
30 de dezembro de 1935
11:30 EST
Brooklyn, Nova York, EUA
40N38 73O56

ao dever, como no caso da rainha Beatriz da Holanda, cujo Mercúrio em Capricórnio na casa 10 rege a casa 6.

Essa posição, muitas vezes, indica potencial de liderança. No mínimo, você é ambicioso e quer vencer, evoluir na profissão e chegar ao topo. Aparentemente, importa-se com mexericos e com o que os outros pensam ou dizem a seu respeito. Às vezes isso produz efeito contrário – você se esforça para ser diferente cuidando da própria vida.

Regente da casa 6 na casa 11: Com o regente da casa do trabalho localizado na casa dos amigos, é lógico que você faz amizades através do trabalho. Também pode ser que trabalhe para amigos ou que eles o

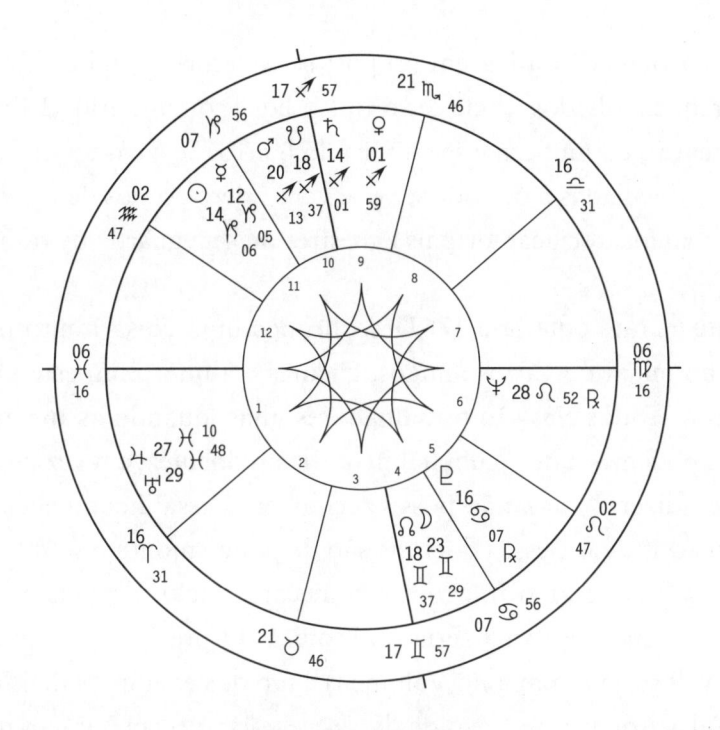

Walter (Fritz) Mondale
5 de janeiro de 1928
10:30 CST
Ceylon, Minnesota, EUA
43N32 94O38

ajudem a encontrar um emprego. O ex-vice-presidente Walter Mondale (mapa acima), segundo dizem, deve o início de sua carreira no senado ao velho amigo e mentor Hubert Humphrey. O Sol de Mondale, em Capricórnio na casa 11, rege a cúspide da casa 6. É interessante notar que, em Astrologia comum ou política, a casa 11 é considerada a do Congresso.

Se o regente da casa 6 tiver muitos aspectos desfavoráveis, você poderá achar que precisa de poucos amigos, ou de nenhum, e se tornar solitário. Nossa experiência mostra que muitas dessas pessoas optam pelo "melhor amigo do homem" – um cão, dois ou três – como substituto da companhia humana. Por outro lado, é possível que você tenha participação ativa em grupos; se Mercúrio, Júpiter ou Vênus estiverem envolvidos, pode ser o típico líder comunitário, dedicado à manutenção da limpeza e segurança do bairro. Se a casa 6 ou a 11 estiverem vinculadas à 5, pode ser que você lidere grupos de jovens, trabalhe com a associação de pais e mestres ou seja guarda de trânsito.

Regente da casa 6 na casa 12: Descobrimos uma coisa muito interessante no mapa de vários amigos, clientes e alunos com este posicionamento. Todos eles são trabalhadores, mas, quando assumem mais do que podem – o que é um hábito –, ficam doentes, em vez de aprenderem a dizer: "Não, não posso aceitar mais essa incumbência". Na maioria dos casos, essas doenças são de pouca monta e só duram até a pessoa recuperar o fôlego e recomeçar o ciclo. Apenas em raros casos a doença se torna séria ou crônica. O presidente Franklin D. Roosevelt (veja o mapa no Volume I) é um dos exemplos mais drásticos; tinha Aquário na cúspide da casa 6 e Urano em Virgem na casa 12, formando um só aspecto: trígono em Netuno.

Muitas pessoas com esse posicionamento gostam de trabalhar em isolamento, retiradamente ou nos bastidores, como escritores, compositores ou artistas. Mas, com a mesma frequência, o significado disso é que a pessoa tem muita força interior ou oculta, capaz de usar no trabalho.

O papa João Paulo II, pontífice da Igreja Católica Romana, instituição tipicamente da casa 12, tem Escorpião na cúspide da casa 6 e Plutão na casa 12. O papa tem um mapa mais ou menos tenso (veja p. 47), e os únicos sextis e trígonos do horóscopo são com Plutão.

Também pode ser que você se interesse muito por pesquisa, trabalhe em áreas como oceanografia ou biologia marinha, seja médico ou enfermeiro ou atue em uma das áreas de aconselhamento.

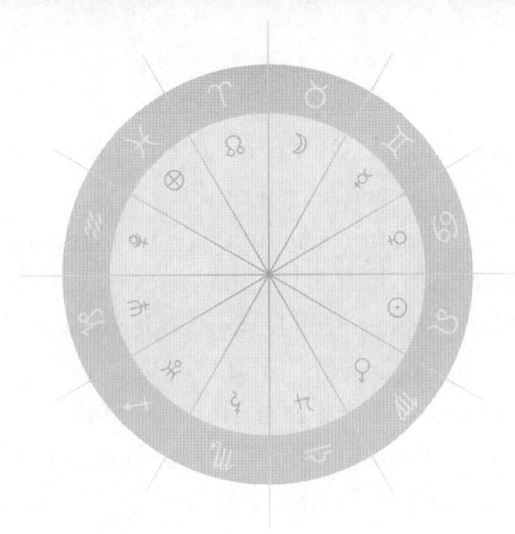

Módulo 7
Regentes da Casa 7

Esta é a primeira das casas não pessoais; o "eu" da casa 1 se torna o "você" na casa 7. Áries olha para fora e vê que não está sozinho no mundo. A casa 7 é angular, uma casa de relacionamentos diretos ou a dois. Libra é seu signo natural, e Vênus, seu regente natural. Tanto Libra como Vênus são sociais; portanto, esta é a casa em que você se relaciona com os outros e que descreve suas atitudes em relação às parcerias conjugais ou de negócios, assim como os advogados ou os indivíduos que agem como seus representantes. Como se trata de uma casa angular, sua ação é aberta e pública; por tradição, é considerada a casa dos inimigos declarados, do público e do trato com este. A referência a "inimigos" vem do fato de que essa casa está em oposição à sua personificação individual, ou seja, o Ascendente. Assim, ela mostra o que você procura nos outros, as qualidades de que necessita para complementar sua força e suas fraquezas.

Regente da casa 7 na casa 1: Você sente necessidade de forte identificação com um parceiro ou com o público para poder funcionar completamente como indivíduo. Em geral é líder, a não ser que o planeta seja Vênus, a Lua ou Netuno; sua confiança vem da capacidade de mostrar aos outros como fazer as coisas. Muitas vezes é um professor excepcional. Outras áreas em que pode se sair bem são o entretenimento, as vendas e a política.

Mohandas Gandhi (veja o mapa no Volume II), o líder espiritual e político da Índia, tinha Áries na casa 7 e Marte na 1 em Escorpião. Marte fazia parte de uma poderosa cruz T em conjunção com Vênus, em oposição com Júpiter e Plutão na casa 7 e em quadratura com a Lua em Leão na casa 10. O trígono com Urano na casa 9 proporcionava a Gandhi o fluxo e a suavidade necessários para que usasse toda energia demonstrada pela cruz T para negociar passiva e pacificamente e atuar como líder amado e respeitado pelo povo.

Algumas fascinantes estrelas de cinema têm esse posicionamento. Elke Sommer tem Peixes na casa 7 e Netuno em Virgem na casa 1 em trígono com a Lua, o que explica a rápida conquista da fama e da aceitação por parte do público. A eternamente jovem Merle Oberon tinha Leão na cúspide da casa 7 e o Sol na casa 1, assim como Kim Novak. Carole Landis, uma *glamour girl* malsucedida da década de 1940, tinha Gêmeos na casa 7 e Mercúrio sem aspectos em Sagitário na casa 1.

Regente da casa 7 na casa 2: Este é um posicionamento frequente no mapa de pessoas que se casam por dinheiro ou por segurança. É imperativo que o parceiro tenha o mesmo sistema de valores que você. Pode indicar o ganho de dinheiro na área jurídica ou em confrontos diretos, como é o caso do campeão peso-pesado Max Baer, que tinha Áries na casa 7 e Marte em Sagitário na casa 2 em oposição a Plutão.

As pessoas com essa colocação muitas vezes ganham altos salários, por serem atraentes ao público. Pode ser que você e seu par ganhem dinheiro juntos, como o ator Paul Newman, que tem Câncer na cúspide da casa 7 e a Lua na casa 2 em Peixes. Ele trabalha com a esposa, Joanne Woodward. Joe Namath, com Sagitário na casa 7 e Júpiter em Câncer na casa 2, é outro bom exemplo.

Se o planeta estiver bem integrado ao mapa, em geral você se casará com alguém que ganha bem ou que administra bem o dinheiro. Sempre existe a possibilidade de que seu parceiro receba uma herança, já que sua casa 2 é a casa 8 dele.

Regente da casa 7 na casa 3: Este pode ser o posicionamento de alguém que se casa com o namorado de infância ou com um parente distante, ou, ainda, com uma pessoa apresentada por um dos irmãos. Você sente necessidade de ter um bom canal de comunicação com o parceiro, e os aspectos ao planeta indicam a compatibilidade intelectual entre os dois.

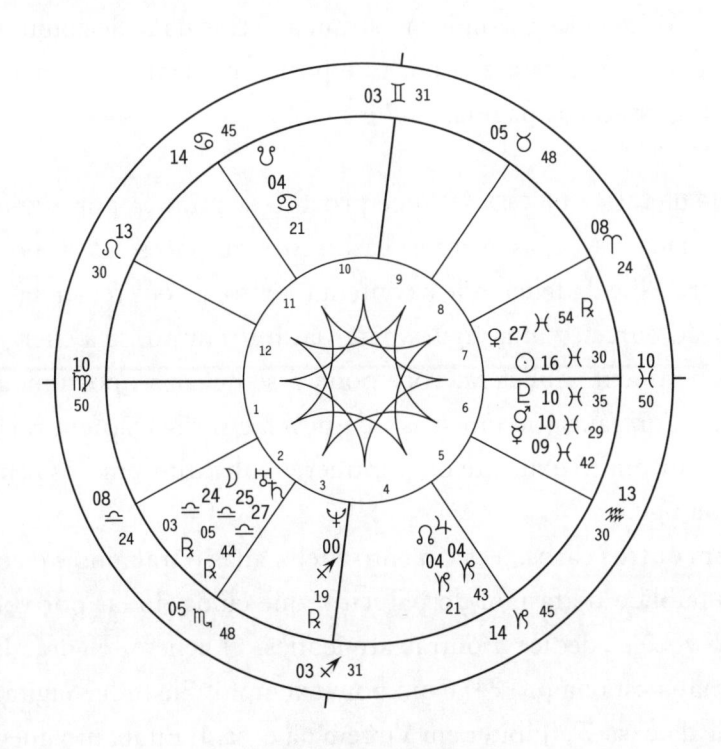

Elizabeth Barrett Browning
6 de março de 1806
19:00 LMT
Carlton Hall, Inglaterra
54N56 1O34

Paul McCartney, que fez tantas músicas belas e inesquecíveis com o parceiro, o *beatle* John Lennon, tem Virgem na cúspide da casa 7 e Mercúrio em Gêmeos na casa 3. Charles Lindbergh (veja seu mapa no Volume II), famoso pelo voo solitário a Paris, voou mais tarde por todo o país com a esposa, tirando fotografias para cartógrafos. Um operava o avião enquanto o outro tirava as fotos. Tinha Mercúrio em Peixes na casa 3 regendo a cúspide da casa 7, e viajar com a mulher era muito gratificante. Sua esposa, Anne Morrow Lindbergh, é escritora (casa 3, da comunicação), assim como Robert Browning, cuja esposa, Elizabeth Barrett Browning, tinha Peixes na casa 7 e Netuno em Sagitário na casa 3. Eles escreviam um para o outro e para o mundo. Todos esses exemplos ilustram a necessidade de comunicação com o parceiro, acarretada por esse posicionamento. (Os mapas dos Browning estão nas páginas 107 e 110.)

Regente da casa 7 na casa 4: Você procura segurança por algum tipo de associação. Muitas vezes se casa tarde ou não se casa, porque o lar paterno lhe dá felicidade e contentamento, e você tem a tendência a fazer do parceiro uma figura paterna. Entretanto, se a energia não for corretamente aplicada, você poderá se negar a oportunidade de se casar, por causa de um senso de dever e obrigação em relação a um genitor muito exigente ou por querer substituir um dos genitores pelo cônjuge.

Em outros casos, o casamento é feliz, mas o trabalho e o contato com o público o afastam do parceiro, que cuida do lar por você enquanto você se dedica a outras atividades. O general George Patton (cujo mapa está na p. 194) é um bom exemplo. Ele tinha Sagitário na cúspide da casa 7 e Júpiter em Virgem na casa 4. Enquanto guerreava no exterior, sua devotada esposa cuidava do lar e criava os filhos.

Muitas vezes, esse posicionamento indica um parceiro que fica nos bastidores e proporciona a estabilidade, o conforto e o abrigo de que precisa a pessoa de vida muito pública.

Regente da casa 7 na casa 5: Muitas pessoas verdadeiramente românticas têm esse posicionamento. Com o regente da casa do casamento na romântica, idealista e criativa casa 5, geralmente você se casa por amor – muitas vezes em meio à adversidade, como no caso de Robert Browning (veja o mapa na p. 110), que tinha Mercúrio em Touro na casa 5 regendo a cúspide da casa 7 em Gêmeos. Apesar das objeções da família de Elizabeth Barrett, ele não desistiu e acabou se casando – e foram muito felizes.

Com esse posicionamento, mais uma vez existe a possibilidade de você ser uma pessoa muito atraente, como Elizabeth Taylor – Áries na cúspide da casa 7 e Marte em Peixes na casa 5. Ela se casou sete vezes por amor. Não é preciso dizer que seu Marte faz oposição com Netuno e quadratura com Júpiter; ela demorou para integrar toda essa energia de forma construtiva. Em outro plano, pode ser que sua energia criativa (casa 5) seja bem-aceita pelo público (casa 7) ou que você seja criativo com um parceiro, em negócios ou nas artes.

Regente da casa 7 na casa 6: É frequente você encontrar o parceiro de vida através do trabalho. Também pode ser que vocês se casem e iniciem um negócio juntos. Este posicionamento pode indicar alguém que gosta de trabalhar em sociedade com uma ou mais pessoas ou de prestar algum tipo de serviço de aconselhamento jurídico ou psicológico. Sigmund Freud, com Touro na cúspide da casa 7 e Vênus em Áries na casa 6, fundou a psicanálise – um meio de ajudar os outros através do aconselhamento pela livre associação de ideias.

Entre nossos clientes, temos um casal jovem, os dois com o regente da casa 7 na 6; conheceram-se num emprego e depois abriram um negócio próprio, muito bem-sucedido, e agora passam dez horas por dia trabalhando juntos. Com aspectos pressionantes, esse posicionamento planetário pode indicar atração por alguém que tenha problemas de saúde, física ou mental, dando-lhe, assim, oportunidade de ser útil e dar apoio aos demais. Alternativamente, sua atitude em relação às associações pode ser do tipo "só trabalho, sem diversão", principalmente se Saturno estiver envolvido.

Regente da casa 7 na casa 7: No melhor dos casos, você se identifica muito com o parceiro e procura um relacionamento significativo e duradouro; mas, se não estiver usando a energia planetária da forma mais positiva, poderá mudar de parceiro a toda hora, procurando gratificar-se pessoalmente através da quantidade, não da qualidade, de seus contatos.

Este posicionamento parece indicar a necessidade de aprovação e adulação pública. Muitas vezes, acarreta uma situação de liderança

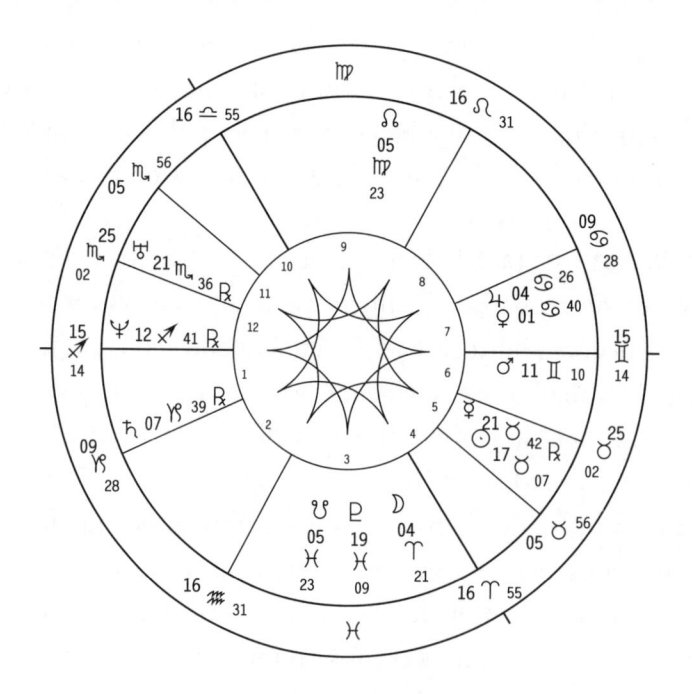

Robert Browning
7 de maio de 1812
22:00 LMT
Londres, Inglaterra
51N31 0006

pública. Tanto Adolf Hitler como John F. Kennedy (mapas no Volume II) tinham Áries na cúspide da casa 7 e Marte em Touro na casa 7. Jacqueline Kennedy Onassis também tem Touro na casa 7 e Vênus em Gêmeos na mesma casa. Como Vênus forma oposição com Saturno, explica-se por que ela não procurava atrair a atenção sobre si, mas se colocava em evidência através do relacionamento com os parceiros.

Quando o regente da casa 7 é o Sol, Urano ou Plutão, a tendência é procurar um parceiro forte e dominador, uma pessoa "tomadora de conta"; se os aspectos ao planeta forem desafiadores, haverá uma disputa interminável entre as personalidades. Quando o regente da casa é a Lua, Netuno ou Vênus, em geral você se sente atraído por uma pessoa mais submissa, com quem se sinta à vontade. Quando o planeta é Saturno, você busca firmeza e geralmente a encontra numa pessoa madura ou em alguém que já conhece há muito tempo. Júpiter ou Mercúrio regendo a casa 7 ou aí colocados tendem a fazer com que você se sinta atraído por pessoas que tenham a mesma filosofia que a sua, com quem seja fácil se comunicar.

Regente da casa 7 na casa 8: Geralmente este posicionamento é muito político, indicando que os outros apoiam suas ideias e seus objetivos, moral ou financeiramente. Josef Stálin tinha Câncer na cúspide da casa 7 e a Lua em Virgem na casa 8, assim como Ted Kennedy (veja o mapa no Volume II). Ambos chegaram a altos cargos através do apoio popular.

Você procura um parceiro que lhe dê ajuda e respaldo financeiro; se consegue ou não, depende dos aspectos ao planeta. Em alguns casos, o casamento é baseado num bom relacionamento sexual, havendo pouca coisa em comum além disso. Esse posicionamento parece dotar as pessoas de grande atratividade sexual ao público. O ator Clint Eastwood tem Vênus em Câncer na casa 8 regendo a casa 7; a cantora Linda Ronstadt tem Mercúrio em Leão na casa 8 regendo a casa 7; ambos têm imagem pública sexual e carismática. (Veja os mapas no Volume II.) Essa colocação também dota a pessoa de capacidade de lidar com o dinheiro de terceiros; é possível que você ocupe algum cargo de administração financeira. Quase sempre é você quem se encarrega de manter em ordem as finanças da família.

Temos um cliente com Gêmeos na cúspide da casa 7 e Mercúrio em Câncer na casa 8, em conjunção com Plutão e em trígono com Urano. Ele é psicólogo e lida com clientes que têm problemas de natureza sexual.

Regente da casa 7 na casa 9: É muito comum você procurar um parceiro de antecedentes sociais, étnicos ou religiosos diferentes dos seus,

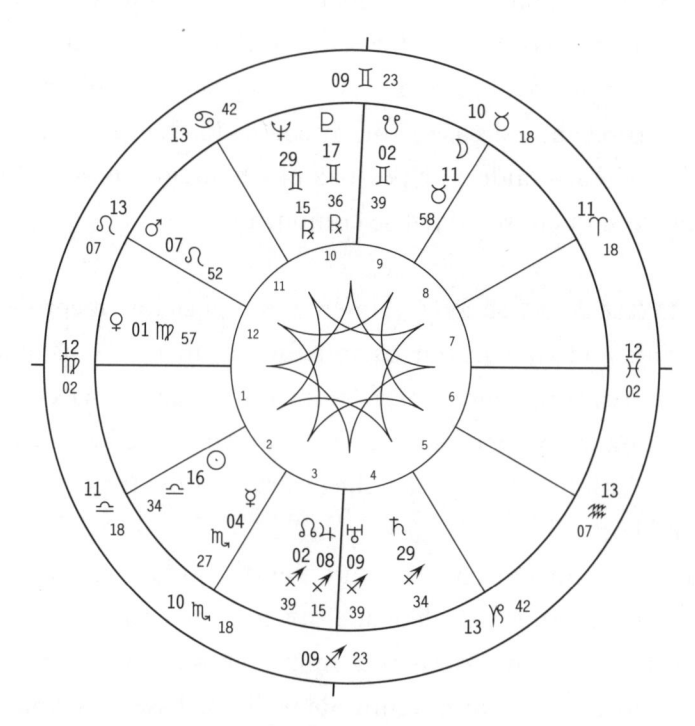

Helen Hayes
10 de outubro de 1900
3:25 EST
Washington, DC, EUA
38N54 77002

podendo conhecer essa pessoa no exterior. Se o planeta estiver funcionando bem no seu mapa, você desfrutará de bom relacionamento com a família do cônjuge. Quando o planeta tem aspectos desafiadores, a ligação com um parceiro de um meio tão diverso pode resultar difícil e não gratificante. Barbara Hutton, a herdeira que se casou várias vezes (veja o mapa no Volume II), tinha Libra na cúspide da casa 7 e Vênus em Sagitário na casa 9 em oposição a Plutão e em quincunce com Netuno, mostrando claramente sua dificuldade em se relacionar com os estrangeiros com quem se casou.

Com esse planeta bem integrado ao mapa, você pode ser um bom advogado ou um professor que fascina, motiva e empolga os alunos. Pode gostar de viajar com o parceiro ou, como faz um de nossos clientes, administrar uma agência de turismo em conjunto com o parceiro.

Regente da casa 7 na casa 10: Você tem possibilidade de obter reconhecimento público na política, nos entretenimentos, nas artes ou em qualquer área em que consiga se fazer ouvir. Pode ser que um parceiro ajude muito sua carreira, promovendo-o e estimulando-o a prosseguir. Quando Saturno está envolvido, é muito frequente acontecer o contrário: você faz o possível para provar aos outros e a si mesmo que pode conseguir seus objetivos sem a ajuda do parceiro.

Dois cineastas de destaque, Walt Disney e Vittorio de Sica, têm Peixes na cúspide da casa 7 e Netuno, criando uma ilusão para o público, na casa 10. Helen Hayes, a extraordinária atriz dramática, também tem Peixes na casa 7 e o ilusório Netuno na casa 10 – não há dúvida de que ela foi encorajada pelo marido, o jornalista Charlie MacArthur (Netuno em sextil com Vênus). Entretanto, foi preciso que fizesse alguns sacrifícios pessoais para chegar ao sucesso (Netuno em oposição a Saturno). (Veja seu mapa na página anterior.)

Uma de suas ambições é ter um casamento bem-sucedido, ao que tudo indica com alguém que admire; também é possível que você procure um parceiro bem-sucedido ou famoso. Dependendo dos aspectos ao planeta, o resultado dessa busca é determinado pela forma como a energia é integrada ao restante do mapa.

Regente da casa 7 na casa 11: A principal exigência que você faz de um parceiro é a amizade; precisa haver paridade, porque você tem necessidade de manter sua identidade na parceria. É possível que você seja atraído por alguém que tenha filhos, dos quais vá cuidar. Este posicionamento, com muita frequência, indica pessoas que fazem negócios com amigos. Conforme os aspectos, pode indicar um solitário que não sente necessidade de se prender a um casamento e, assim, é bastante independente. Um exemplo é o famoso pianista Liberace, com Câncer na cúspide da casa 7 e a Lua em Sagitário na casa 11. Ele era muito charmoso e divertido, mas bastante reservado e individualista.

O outro lado da moeda é, muitas vezes, a pessoa que se casa e se sente incompleta sem um par; o "amor recebido" da casa 11 nunca é totalmente satisfatório. Zsa Zsa Gabor, que se casou seis vezes, tem Netuno em Leão regendo a cúspide da casa 7, e Mickey Rooney, que na última contagem estava no oitavo casamento, tem Mercúrio na casa 11 em Libra regendo a cúspide da casa 7. Mercúrio está em quadratura com Plutão e em trígono com a Lua, sendo responsável, em parte, por sua capacidade de atrair as mulheres, seguida de impaciência depois que ele consegue o que acha que quer. (O mapa de Rooney está no Volume II.)

Regente da casa 7 na casa 12: Por mais bem-casado que seja, você sempre precisa de algum tempo e de algum espaço para si mesmo. Se o planeta tiver aspectos desafiadores, muitas vezes poderá existir dúvida ou suspeita em relação aos atos e às necessidades do parceiro. Depois que aprender a lidar com essas dúvidas, você poderá se comprometer de forma satisfatória; mas, se deixar as dúvidas persistirem, o relacionamento poderá ser arruinado.

Geralmente, na parceria, você é quem dá sustentação; é o poder por trás do trono, o confidente de quem o outro depende e usa como caixa de ressonância. Há duas famosas esposas de políticos que são bons exemplos. Rosalynn Carter tem Peixes na cúspide da casa 7 e Netuno em Leão na casa 12. Ela sempre estava pronta quando Jimmy precisava dela, e é sabido que ele se aconselhava com ela. Cornelia Wallace também tem Peixes na cúspide da casa 7 e Netuno em Virgem na casa 12. Quando ela e George se casaram, muitas vezes ele se servia do conhecimento de primeira mão que ela tinha das tramas políticas, adquirido na juventude, quando ela frequentava a casa de seu tio Jim Folson, então governador.

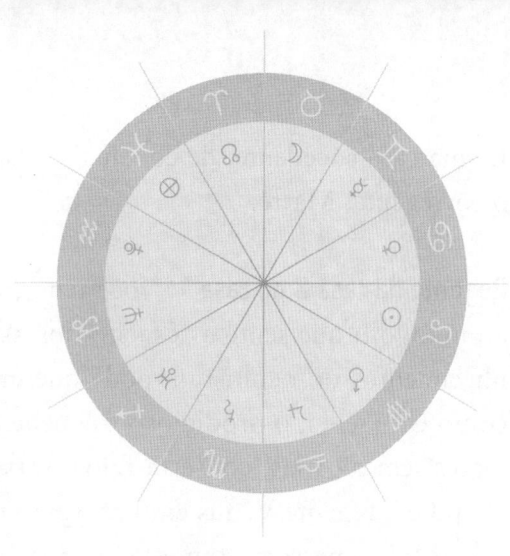

Módulo 8
Regentes da Casa 8

As palavras-chave geralmente associadas à casa 8 são sexo, morte e transformação. Isso pode ser atribuído ao fato de estarmos falando de Escorpião, que, na mitologia como na Astrologia, é representado por três símbolos: o humilde escorpião, representando a natureza inferior do homem (o sexo); a águia, representando uma espécie mais elevada, pronta para voar e deixar a Terra (a morte); e a fênix, pássaro mágico que renasce das cinzas e se transforma. Sabemos que o sexo pode representar muitas qualidades – o simples desejo, com o propósito de reprodução, ou a demonstração de profundo sentimento de amor. A morte, também, tem muitos significados e nem sempre significa a morte da pessoa; com a mesma frequência representa uma ideia, um pensamento, uma ação ou mesmo uma doença que morre ou é transformada. A cirurgia também é um aspecto dessa casa, e, muitas vezes, uma operação acarreta o fim (morte) de uma doença maligna.

Como a casa 8 é a segunda a partir da casa 7, ela também significa o apoio financeiro, moral, espiritual ou físico que você recebe do parceiro ou do público. Indica heranças, testamentos, impostos e seguros, assim como os assuntos ocultos, o sono e a pesquisa profunda.

É uma casa sucedente, de conclusões. Seu regente natural é Plutão, e o corregente, Marte.

Regente da casa 8 na casa 1: Você tem grande necessidade de mostrar ao mundo o que sente a respeito dos assuntos da casa 8. Se tem conhecimentos do ocultismo, pode querer demonstrar sua habilidade, como Uri Geller, o prodigioso psicocinético de Israel que entorta colheres sem tocá-las, conserta relógios parados etc. Ele tem Touro na casa 8 e o regente Vênus em Escorpião na casa 1.

Muitas pessoas com este posicionamento têm *sex appeal* inato. Não dá para definir muito bem o que é, mas existe certa atração magnética e carismática. Se o regente tiver muitos aspectos desafiadores, pode ser que você queira se vangloriar de sua sexualidade. A atriz Marilyn Monroe tinha Peixes na cúspide da casa 8 e o regente Netuno na casa 1, em oposição a Júpiter e à Lua e em quadratura com Saturno; essa poderosa cruz T lhe trouxe problemas durante quase toda sua curta vida. (Seu mapa está na p. 178.)

Inúmeras pessoas com essa colocação falam muito a respeito da morte, parecendo mesmo flertar com ela. Não têm medo da morte, mas pensam nela. O escritor Ernest Hemingway (veja o mapa na p. 219) dedicou muitas páginas à morte e deu fim à própria vida. Três de nossos alunos assistiram a um seminário de Elisabeth Kubler-Ross sobre "morrer com dignidade". Não só foram a esse seminário; repetiram para nós, uma série de vezes, tudo o que tinham ouvido. Os três têm o regente da casa 8 na casa 1.

Regente da casa 8 na casa 2: A não ser que o regente seja muito difícil de ser integrado, você vai ter apoio dos outros, não só em palavras, mas com respaldo financeiro, se precisar ou quiser. Com aspectos desfavoráveis, os excessos sexuais podem lhe custar muito dinheiro, e seria bom reavaliar seu sistema de valores ou suas prioridades antes de prejudicar sua autovalorização.

Você pode obter ganhos através de um parceiro ou de uma herança e ter muita sorte cobrando dívidas, sobretudo se Júpiter ou Saturno estiverem envolvidos e houver aspectos fluentes aos regentes das casas 2 ou 8. Muitas pessoas com este posicionamento aparentemente são muito bem tratadas mesmo depois de um divórcio, por meio de pensões ou porque continuam trabalhando com os recursos do ex-parceiro. Temos dois clientes com esse posicionamento que são divorciados. Um é banqueiro, e sua ex-esposa quer que ele cuide do dinheiro dela e "deles"; Saturno, regente da casa 8, está em Leão na casa 2. O outro tem um restaurante com a mulher. Como os dois são bons profissionalmente, decidiram manter o negócio e trabalhar juntos, mesmo depois do divórcio. Ela fica com o turno do almoço, e ele, com o turno do jantar; ela faz a maior parte das compras, e ele supervisiona a cozinha. Ele tem Câncer na casa 8 e a Lua em Capricórnio na casa 2.

Anita Bryant, que tem Peixes na casa 8 e Netuno em Virgem na casa 2 em oposição a Mercúrio, é um exemplo de pessoa que expõe abertamente seus pontos de vista contrários à homossexualidade (casa 8), que ofende seu senso de valores (casa 2).

Regente da casa 8 na casa 3: Quase da mesma forma que ocorre quando o regente da casa 8 está na casa 1, você tem necessidade de expressar o que diz respeito à casa 8. Desta vez, entretanto, isso não tem peso tão grande na sua personalidade; em vez disso, você fala, canta, pinta ou escreve sobre esses temas. Por exemplo, Elisabeth Kubler-Ross faz conferências pelo mundo todo relatando suas experiências com a morte e o direito que as pessoas têm de morrer com dignidade. Escreveu um livro e muitos artigos sobre eutanásia e investigou, a fundo, a possibilidade de vida após a morte. Ela tem Libra na casa 8 e o regente Vênus na casa 3.

É possível que você seja a alma das festas, porque é ótimo para contar histórias apimentadas ou piadas ligeiramente fortes. Pode ter voz erótica, aquele jeito meio rouco semelhante a uma insinuação sexual. Existem outras formas de expressar o *sex appeal*, como faz Frank Sinatra cantando. Ele tem Escorpião na cúspide da casa 8 e Plutão em Câncer na casa 3 em sextil com Marte em Leão na casa 5, da criatividade e do romance.

Regente da casa 8 na casa 4: Um dos genitores desempenha papel importante no estabelecimento de suas atitudes em relação ao sexo. Se você é homem e a casa 4 representa sua mãe, pode ser que você a tenha superestimado e exija demais de qualquer mulher que encontre. Muitas vezes se dá a isso o nome de "complexo de madona". No mapa de uma mulher, esse posicionamento, com frequência, produz mulheres muito fortes, que acham que não precisam de um homem para se provar e, assim, podem ser pioneiras, como é o caso da primeira jóquei profissional, Robyn Smith-Astaire (veja o mapa no Volume II). Outro exemplo é a revolucionária Angela Davis, que liderou uma sublevação de todo um campus universitário no fim dos anos 1960. Júpiter em Leão na casa 4 rege a casa 8 de Davis e está em oposição à sua Lua em Aquário na casa 10; mas também está em trígono com Vênus e em sextil com Saturno – e é verdade que ela conseguiu muito apoio naquela época agitada.

Parece que um bom número de pessoas com esse posicionamento trabalha na área imobiliária, investindo para si próprias ou ganhando a vida com imóveis. Cuidam dos recursos de terceiros (casa 8) e fazem isso através de terras, casas ou em outras áreas da casa 4. Uma de nossas alunas tem Capricórnio na cúspide da casa 8 e Saturno em Virgem na casa 4 e recebeu uma herança, comprando imediatamente uma pequena fazenda. Ainda a está pagando, o que não a incomoda, já que ela pretende passar a maior parte da vida lá – depois de se casar com alguém que a ajude a administrá-la!

Como a casa 8 mostra a morte, e a casa 4, o fim da vida, é bem razoável dizer que, se o regente de sua casa 8 está na 4, você vai morrer em casa.

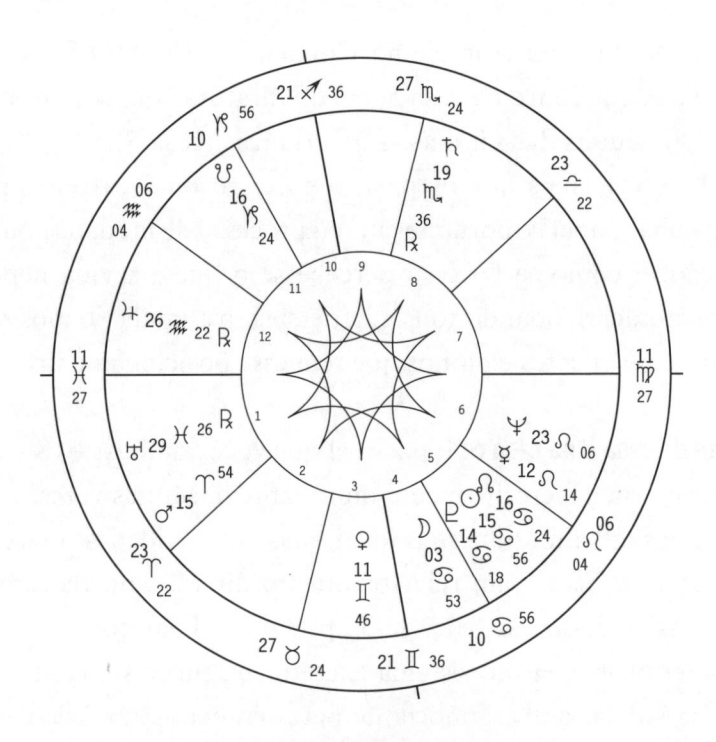

Elisabeth Kubler-Ross
8 de julho de 1926
22:45 MET
Zurique, Suíça
47N23 8L32

Regente da casa 8 na casa 5: Este é o exemplo perfeito de pessoas que revelam o sexo de maneira romântica e encantadora. Muitas belas atrizes de cinema têm este posicionamento, como Marlene Dietrich (veja o mapa na p. 41) e Zsa Zsa Gabor. Richard Chamberlain, com Vênus em Aquário na casa 5 regendo a casa 8, é um exemplo da contrapartida masculina, assim como Hugh Hefner, cujo mapa está na p. 123.

Jim Jones, do "Templo do Povo", usou sexo, religião, seu forte poder de persuasão e sua personalidade magnética para levar 900 pessoas a se suicidar com ele na Guiana, em 1980. O Sol rege sua casa 8 e está em Touro na casa 5, em quadratura com Marte em Leão na casa 8. Muitas das vítimas eram crianças (casa 5).

Os filhos, mais que os pais, o parceiro ou a carreira, podem desempenhar papel importante em seu processo de mudança ou transformação. É como se você só percebesse o que é a vida depois do nascimento deles, quando toda sua perspectiva muda. Temos notado esse fato com clientes e alunos que têm esse posicionamento.

Regente da casa 8 na casa 6: É possível que você administre os recursos do parceiro ou de terceiros, com muito afinco. Muitas vezes, você e o parceiro trabalham no mesmo local, mas em atividades diferentes, e este, portanto, não é um relacionamento direto. Se o regente gerar muita tensão, enquanto você não aprender a lidar com os aspectos poderá ter problemas no sistema excretor ou surpresas com a saúde. Uma boa vida sexual é importante para seu bem-estar físico e psicológico; se o regente for proeminente, você será capaz de quase tudo para satisfazer às próprias necessidades. O duque de Windsor tinha Virgem na casa 8 e Mercúrio em Câncer na casa 6; abdicou de um país e de uma coroa em favor da realização sexual com sua duquesa. Charles Chaplin tinha Gêmeos na cúspide da casa 8 e Mercúrio em Áries na casa 6, em oposição a Urano: interessou-se por muitas mulheres, namorou outras tantas e se casou com várias.

É possível que você se envolva em algum tipo de pesquisa e trabalhe duro em suas investigações, sem que essa seja sua carreira – e sim uma atividade paralela, uma forma de prestação de serviços ou de ajuda aos outros. Temos dois clientes com esse posicionamento que dedicam grande parte do tempo livre a um projeto de pesquisa astrológica, mas ganham a vida de outra forma: um é analista de sistemas, o outro é vendedor.

Regente da casa 8 na casa 7: Pode ser que você tenha uma atitude bastante retraída e escrupulosa em relação ao sexo, a ponto de só obter satisfação com o cônjuge. Como o escorpião, a águia e a fênix são apenas etapas de desenvolvimento, pode ser que você descubra que seu potencial de crescimento e sua capacidade de transformação dependem muito do relacionamento que tem.

O líder religioso Charles Manson criou uma "família" e se "casou" com muitos de seus membros – um matrimônio cujo único objetivo era o sexo. Júpiter, planeta da expansão e do excesso, está em sua casa 7 em Escorpião, regendo a casa 8, da morte. Manson fez com

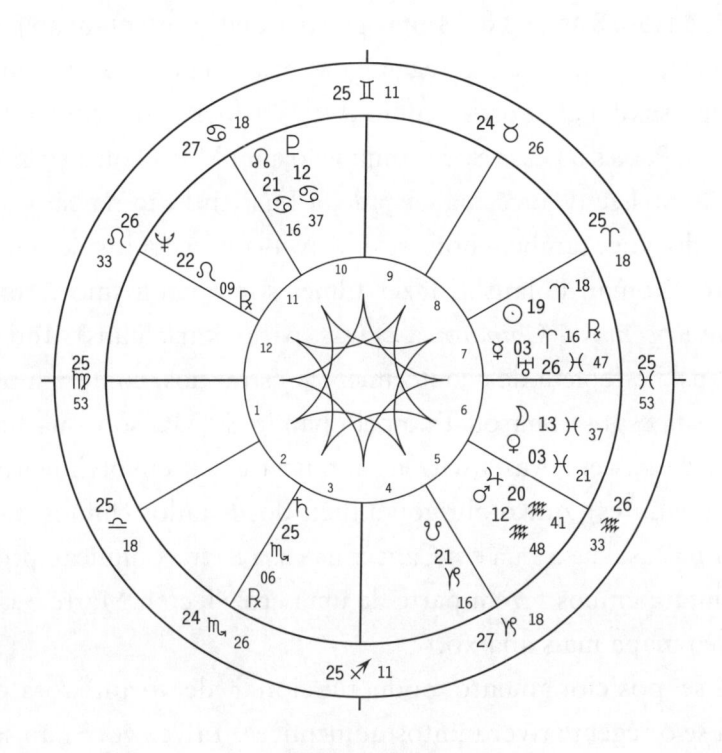

Hugh Hefner
9 de abril de 1926
16:20 CST
Chicago, Illinois, EUA
41N52 87039

que suas parceiras cometessem assassinatos por ele. É um exemplo um tanto drástico de alguém que não aprendeu a integrar corretamente as energias planetárias.

Inúmeras pessoas com essa colocação se envolvem com a administração dos recursos do parceiro. Nos negócios, lidam com a parte financeira, enquanto o sócio geralmente cuida de outras facetas da sociedade. Temos vários clientes da área jurídica que têm os regentes da casa 8 na 7, e a maioria aparentemente se especializa em leis cooporativas, diferentemente dos cintilantes advogados criminalistas que aparecem na televisão.

Regente da casa 8 na casa 8: Muitas pessoas que apresentam ao público certa imagem sexual têm o regente da casa 8 na casa 8. Isso inclui o protótipo sexual/glamoroso como Ava Gardner (Aquário na casa 8, Urano em Peixes na casa 8 em conjunção com Marte) ou a *strip-teaser* Gypsy Rose Lee (Câncer na cúspide, a Lua em Leão na casa 8). Por outro lado, você também pode se envolver com o ocultismo ou, como o diretor Roman Polanski, fazer filmes sobre ocultismo e sexo (*O bebê de Rosemary*, *Chinatown* e *Tess*, para citar alguns). Toda vida de Polanski é repleta de acontecimentos estranhos, como a morte ritual de sua esposa Sharon Tate pelo bando de Manson, sua fuga da câmara de gás em Auschwitz na infância e seu envolvimento com jovens (menores), que o obrigou a fugir dos Estados Unidos. Ele tem Câncer na casa 8 e a Lua em Câncer na casa 8 em conjunção próxima com Plutão; ambos fazem parte de uma cruz T com Marte e Urano. (Veja seu mapa mais abaixo.)

Esse posicionamento pode funcionar de forma totalmente oposta se o regente tiver muitos quincunces. Talvez você não se preocupe em se ajustar a todas as necessidades sexuais de um parceiro ou pode considerar que o sexo e a aura que o envolve são exageradamente descabidos e que você pode passar sem isso. Se houver muitos aspectos desafiadores ao regente, tenha cuidado especial ao apresentar sua declaração de renda – parece que a Receita Federal sempre consegue pegar você.

Regente da casa 8 na casa 9: Há certo otimismo e idealismo permeando todas as suas atitudes da casa 8. Quaisquer tendências ocultas ou místicas vão se entrelaçar ou se imbuir de religião, e vice-versa. O papa João Paulo II tem esse posicionamento (veja o mapa na p. 47); igualmente o escritor Christopher Isherwood, que tem Capricórnio na casa 8 e o regente Saturno em Aquário na casa 9. Sua fama começou com o livro *Berlin Stories*, mais tarde transformado em musical e no filme *Cabaret*. Desde então, ele escreveu muitos livros a respeito

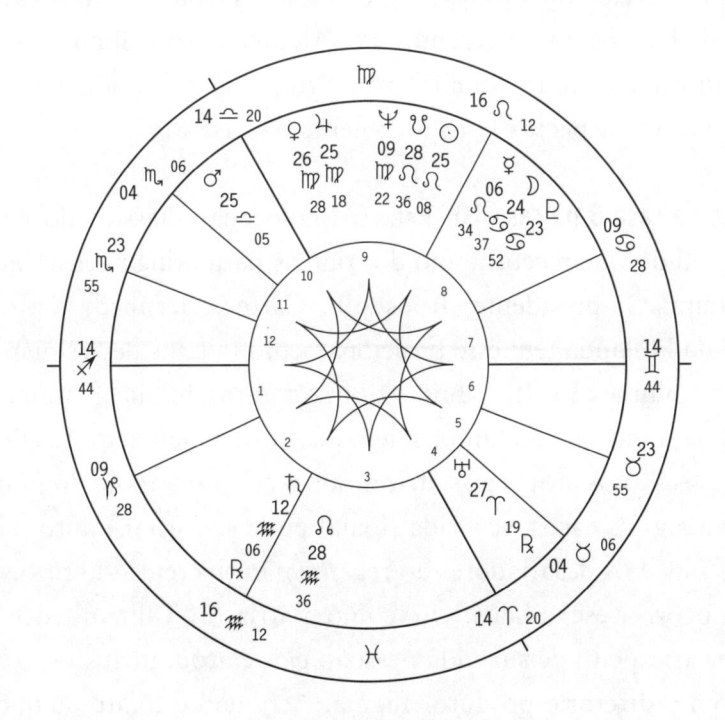

Roman Polanski
18 de agosto de 1933
14:47 MET
Cracóvia, Polônia
50N04 19L58

da procura da verdade. Seu último livro, *My Guru and His Disciple*, fala sobre os anos que passou no Vedanta Center em Hollywood, onde apoiou a interpretação Ramakrishna/Vivekananda dos Vedas.

Pode ser que a mente superior desempenhe papel importante na sua transformação, como no caso do vidente Edgar Cayce, que tinha Peixes na casa 8 e Netuno na 9 em Touro. Com aspectos desfavoráveis, você pode não conseguir completar sua educação superior, por falta de respaldo financeiro ou por sua avaliação demasiadamente otimista, que impossibilita o estabelecimento de alicerces sólidos. Isso pode impedi-lo de utilizar toda capacidade de lidar com os recursos dos outros. Em nossa clientela, temos alguns exemplos de pessoas com esse posicionamento que são contadores e não administradores, caixas de bancos e não gerentes etc. Alguns deles voltam à escola a certa altura da vida, quando, por progressão, Plutão, Urano ou Saturno fazem aspectos bons ao regente da casa 8.

Regente da casa 8 na casa 10: Esta é a colocação clássica do político bem-sucedido que recebe apoio dos outros para atingir seus objetivos de carreira. Os presidentes Roosevelt, Carter e Kennedy e a rainha Beatriz da Holanda têm esse posicionamento (alguns desses mapas estão nos Volumes I e II). Muitas outras figuras públicas, numerosas demais para mencionar, também têm esse posicionamento. Igualmente numerosos são os atores e as atrizes que receberam apoio do público.

Em alguns casos, sua vida sexual pode se tornar muito pública e, se os aspectos desafiadores ao regente não tiverem sido resolvidos, podem ocorrer escândalos. Ou, como a atriz Liv Ullman, você pode escrever a respeito de sua vida pessoal; ela relatou, inclusive, o longo caso com o diretor e produtor Ingmar Bergman e o fato de que teve com ele um filho ilegítimo. Ela tem Urano na casa 10 regendo a casa 8 em oposição a Plutão.

Muitas vezes o significado disso é que, sua morte, quando ocorrer, será num lugar público. Novamente o presidente Kennedy serve como exemplo, assim como seu irmão Robert, cujo Júpiter, regente da casa 8, estava em Capricórnio na casa 10, em conjunção com a Lua, em oposição com Plutão na casa 3 e em quincunce com Netuno na casa 5.

É possível que você escolha uma profissão da casa 8, numa agência funerária ou nos campos do embalsamamento, da cirurgia, da prostituição, do comércio de artigos sexuais etc.

Regente da casa 8 na casa 11: Os amigos podem lhe dar muito apoio e você pode fazer muito com os recursos deles. Podemos citar dois exemplos pertinentes dos nossos arquivos. O primeiro é de uma mulher, agora com mais de 75 anos, que nunca trabalhou um só dia na vida, porém vive como princesa. Ela tem uma pequena pensão deixada pelo marido, realmente pequena, pois ele morreu há quarenta anos, quando o dinheiro valia muito mais que hoje. O restante de sua renda vem de amigos que a sustentam, pagam suas viagens, mimam-na e estragam-na e nunca acham que ela está tirando vantagem deles. Ela tem *stellium* em Câncer na casa 8 (incluindo o Sol) e a Lua em Libra na casa 11.

O outro exemplo é o de um homem que faz todo tipo de investimentos estranhos; um dia ele descobre um possível futuro poço de petróleo, ou ouve falar de um pequeno shopping center à espera de algum patrocínio para ser construído. Em todas as oportunidades, ele emprega não só o próprio dinheiro, mas consegue que os amigos se juntem a ele no empreendimento. Até o momento, triplicou o dinheiro investido – o dele e o dos outros. Tem Sagitário na cúspide da casa 8 e Júpiter em Áries na casa 11, em trígono com Saturno em Leão na casa 4.

Muitos dos seus sentimentos em relação a assuntos da casa 8 são bastante orientados a objetivos. Você não estuda Astrologia só para se divertir, mas para atingir determinados objetivos que tem em mente. O mesmo se aplica a qualquer área oculta que decida investigar. Você pode se engajar em alguma área de pesquisa, mas sua motivação se baseia sempre num objetivo futuro ou na esperança de concretizar uma ambição futura, o que pode impedi-lo de aproveitar o que está fazendo enquanto o processo se desenrola.

Suas atitudes em relação ao sexo podem depender de quão amado se sente, questão típica da casa 11. Se não se sentir amado, você não conseguirá ter prazer com o sexo. Isso não significa, porém, que você tenha que amar a pessoa – apenas se sentir necessário, querido, desejado é o que lhe importa, principalmente se estiverem envolvidos a Lua, Vênus ou Saturno.

Regente da casa 8 na casa 12: Para você, é difícil demonstrar sua verdadeira natureza sexual, pois tem medo de se tornar muito vulnerável ao se abrir. Porém, sob certas condições, ocorre o contrário, e você tem uma série de casos, a maioria secretos. Se os aspectos forem muito desfavoráveis, você poderá dar demasiada ênfase ao sexo, e os problemas daí decorrentes poderão prejudicar seus relacionamentos.

Seus sentimentos são muito profundos, sobretudo se estiverem envolvidos a Lua, o Sol, Marte ou Plutão; quaisquer mudanças que ocorram com o passar do tempo vêm do seu interior, como parte integrante de você. Sua morte, quando acontecer, poderá sobrevir num hospital. Às vezes esse posicionamento traz um medo sem explicação da morte.

Na maioria das vezes, você tem acesso aos recursos dos outros, a não ser que os aspectos ao regente não tenham sido integrados no mapa; entretanto, pode ser que você não se aperceba disso, ou querer que os outros não saibam, mantendo esse fato, assim, mais ou menos encoberto. O milionário do petróleo J. Paul Getty, por exemplo, nunca quis que ninguém soubesse quão rico era, de que recursos dispunha, de onde vinha o dinheiro etc. Ele tinha Leão na cúspide da casa 8 e o Sol estava em Sagitário na casa 12.

É interessante que Igor Stravinsky, compositor russo cujo famoso balé "O Pássaro de Fogo" se baseia na história da fênix, tinha Áries na casa 8 e o regente Marte em Leão na casa 12, em quadratura com Netuno e Saturno em Touro na casa 9. Ele teve de abandonar seu país natal e, no país adotivo, os Estados Unidos, era considerado um grande solitário. Isso não o impediu de continuar compondo suas belas músicas, a maioria totalmente diferente das obras anteriores compostas na Rússia.

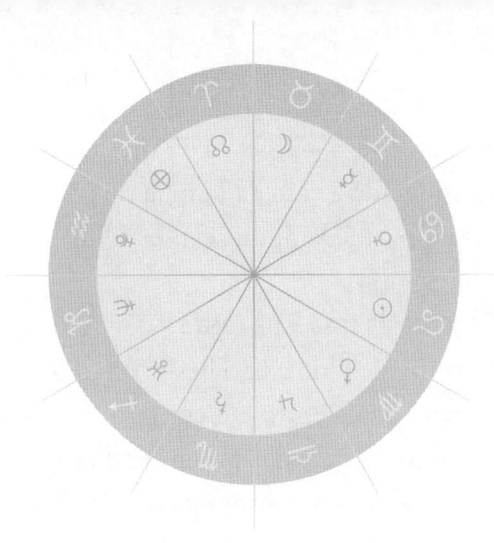

Módulo 9
Regentes da Casa 9

Cadente, uma das casas da vida, a nona é representada por Sagitário e naturalmente regida por Júpiter. O calor e o alcance do Fogo de Sagitário se combinam com a atitude otimista e expansiva de Júpiter, fazendo com que esta casa seja a da mente superior e da abordagem filosófica e idealista da vida. Apesar do desejo de Júpiter de crescer e se expandir, e apesar da necessidade de Sagitário de apontar sua flecha para as estrelas, as aspirações são mantidas dentro dos limites tradicionais da educação. (A casa 9 é oposta à casa 3, do ambiente e da primeira educação.) Como está do lado ocidental do meridiano, onde você se envolve com os outros e, muitas vezes, depende deles, o tamanho dos seus passos será proporcional ao apoio que receber dos outros. A menos que o regente desta casa seja Urano ou Plutão, ou que esteja tão pressionado que você se torne um rebelde sem causa, você vai ter seus objetivos e almejará concretizá-los. Se o regente formar aspectos fortes com Júpiter, a religião vai desempenhar papel importante ou prover as linhas gerais pelas quais você norteará sua conduta.

Como está implícito na flecha que simboliza Sagitário, os objetivos da casa 9 são amplos e de longo alcance; assim, são reveladas aqui as viagens longas e as transações com o exterior. Como a casa 9 é a terceira a partir da 7, que representa o parceiro conjugal, ela é considerada a casa da família do cônjuge. Pela mesma lógica, é a quinta casa a partir da 5, ou seja, os filhos de seus filhos – isto é, seus netos.

Regente da casa 9 na casa 1: Você é o tipo de pessoa que tem a própria filosofia de vida e não hesita em dar a conhecer suas ideias às pessoas com as quais entra em contato. Se houver confirmação de outros fatores do mapa, você procura adquirir boa educação e pode até decidir arejar os pensamentos ensinando. Se o planeta for Júpiter, Netuno ou a Lua, é possível que você seja bastante religioso e até opte pela vida religiosa, tornando-se padre, freira, ministro ou rabino.

Dois exemplos de pessoas que influenciaram os outros através de sua filosofia são o líder pacifista hindu Mohandas Gandhi (veja o mapa no Volume II), que tinha Gêmeos na cúspide da casa 9 e Mercúrio em Escorpião na casa 1, e Werner Erhardt, fundador do EST, filosofia que tenta ensinar o autoaperfeiçoamento por meio da autopercepção e da autoaceitação. Ele tem Câncer na casa 9 e a Lua na casa 1 no filosófico signo de Sagitário. Sua Lua está em quadratura com o Sol, Saturno e Netuno, dando-lhe bastante ímpeto e indicando o impacto que causa nos conceitos e pensamentos dos outros. O sextil com Mercúrio, regente do Meio do Céu, proporciona o canal de expressão por intermédio de uma carreira.

Quando o Sol, Marte ou a casa 5 são fortes, é possível que você se sinta atraído pelos esportes e, com a correta aplicação da energia, pode se sobressair nessa área. Você também pode escolher uma profissão na área jurídica, mas, se o planeta estiver muito aflito, poderá agir contra a lei.

Regente da casa 9 na casa 2: Pode-se dizer que você investe seu dinheiro de acordo com suas convicções. Ou sua filosofia é bem materialista, ou você está mais que disposto a usar seus rendimentos para apoiar suas teorias e conceitos, como é o caso do produtor de cinema Sam Goldwyn, que não mediu despesas no intuito de levar seus sonhos ao público. Em outro nível, é possível que você ganhe a vida com viagens, comércio exterior ou, possivelmente, ensino ou religião. Temos os mapas de um padre e de um rabino em nosso arquivo; os dois têm Sagitário na cúspide da casa 9 e Júpiter na casa 2. O padre tem Júpiter em Gêmeos, e o rabino, em Touro. Os dois ganham a vida disseminando a palavra de Deus.

Outro exemplo é o da economista Sylvia Porter (veja o mapa na p. 135), que tem a Lua em Sagitário na casa 2 regendo a 9. Ela adquiriu bastante renome publicando (casa 9) suas teorias e orientação financeiras (casa 2). Embora tenha a Lua em oposição ao Sol e a Plutão, está também em trígono com Marte, proporcionando a integração da energia necessária para fazer com que seja ótima em seu campo.

A maioria de suas viagens será feita com propósitos de negócios, e grande parte da despesa vai ser reembolsada ou passível de dedução no imposto de renda.

Regente da casa 9 na casa 3: Este é o posicionamento clássico do escritor ou professor, porque une a casa das ideias (casa 9) e a casa da comunicação (casa 3); se houver confirmação de outros fatores do mapa, você terá facilidade em divulgar seu conhecimento e até em redigir os livros didáticos de sua disciplina aos alunos. A não ser que o regente receba aspectos muito desfavoráveis, você adora viajar e está sempre pronto a fazer as malas e partir de uma hora para outra. Billy Mitchell, que comandou as forças americano-europeias na I Guerra Mundial, tinha Plutão em Touro na casa 3 e Escorpião na cúspide da casa 9. Seu Plutão estava em oposição com Vênus na casa 9, e mais tarde ele foi levado à corte marcial por insubordinação, por causa das críticas que fez aos ministérios da guerra e da marinha. Condenado e sentenciado à suspensão do serviço militar por cinco anos, pediu demissão e passou o restante da vida escrevendo. A ligação entre a casas 3 e 9 mostra seu interesse no que, naquela época, era uma espécie de viagem distante e singular. Também indica sua capacidade de comunicação e seus problemas com a lei.

Com muita frequência, esse posicionamento faz de você um missionário, já que precisa comunicar suas crenças, principalmente pessoas que moram em lugares longínquos.

Regente da casa 9 na casa 4: É muito provável que, em alguma época da vida, você venha a residir no exterior. Você tem profundo interesse pelas culturas, povos e questões estrangeiras e, em geral, se dá bem com pessoas que tenham interesses diferentes. Com aspectos desafiadores, pode ser que encontre dificuldades legais em relação a imóveis. Existe uma possibilidade remota de que, por não cumprir a lei, você viva em estado de confinamento, principalmente se o planeta envolvido for Marte, Urano ou Saturno.

Theodore Bundy, o estuprador que deixou um rastro de terror atrás de si, tem Áries na casa 9 com Marte em Sagitário na casa 4, em oposição a Urano, que rege a outra casa da lei, a 7. Ele é "hóspede" do sistema carcerário há vários anos; como sua sentença é de prisão perpétua, fica demonstrado o mau uso da energia das casas 9 e 4.

Entre as várias pessoas que se radicaram em países estrangeiros estão o humanista francês Albert Schweitzer; o arqueólogo, soldado e escritor inglês T. E. Lawrence; a estrela Zsa Zsa Gabor; o general George Patton (veja o mapa na p. 194); e o tenor de ópera Lauritz Melchior.

Geralmente você conserva durante toda a vida a filosofia ou a religião que lhe ensinaram na infância, a menos que Urano seja o regente da casa 9 e esteja muito pressionado. Mesmo assim, pode indicar apenas que você tenha sido criado num ambiente muito liberal, aprendendo a procurar respostas às muitas perguntas que faz.

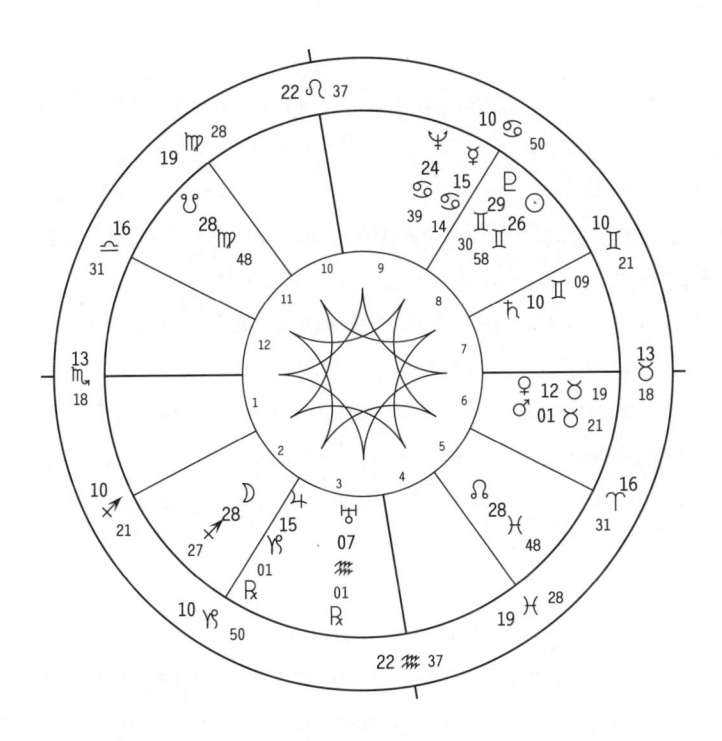

Sylvia Porter
18 de junho de 1913
15:50 EST
Nova York, Nova York, EUA
40N45 73O57

Regente da casa 9 na casa 5: Sua filosofia é "viva e deixe viver". Pode até ser que você tenha atitudes um pouco inconsequentes, como o ator, viajante internacional e *bon vivant* Errol Flynn (veja o mapa no Volume II). Flynn tinha Libra na nona casa e Vênus em Câncer na quinta, em conjunção com Netuno e em oposição a Urano. Aventureiro romântico até morrer, Flynn – como ele mesmo admitia – não se deixava demover por nada que alguém fizesse ou dissesse.

Pode ser que você expresse sua filosofia através de uma atividade criativa, no campo musical, como Henry Mancini; no cinema, como Walt Disney; ou na literatura, como John D. MacDonald (veja o mapa na página a seguir), que criou Travis McGee, um personagem misto de filósofo e detetive que trabalha em salvamentos. MacDonald tem Libra na cúspide da casa 9 e Vênus em Câncer na casa 5, em conjunção com Plutão. Vênus está em quadratura com Marte na casa 8. McGee, o *alter ego* de MacDonald, filosofa sobre tudo, inclusive sobre sexo, morte e impostos.

Em outro nível, é possível que você ensine religião ou filosofia, ou se destaque na área esportiva, porque está combinando a energia solar da casa 5 com a energia expansiva jupiteriana da casa 9. O superastro do basquete Kareem Abdul Jabbar, que tem Câncer na casa 9 e a Lua em Peixes na casa 5, frequentou a universidade mediante uma bolsa para atletas.

Regente da casa 9 na casa 6: Sua filosofia é a do dia a dia, e sua religião, prática – o suficiente para viver com ela confortavelmente. Pode se expressar de muitas formas diferentes, mas é sempre fácil e funcional, raramente profunda e, muitas vezes, bem-humorada. Você pode trabalhar como professor, conferencista ou com importação/exportação. Temos três clientes homens com o regente da casa 9 na casa 6; os três são caminhoneiros. Um deles, que tem Câncer na casa 9 e a Lua em Áries na casa 6, faz mudanças de longo percurso.

Seu trabalho pode estar relacionado com o exterior, e é possível que você viaje a trabalho para lugares bem fora de mão, como um de nossos clientes que é geólogo e viaja pelo mundo todo testando amostras de terreno. Ele tem Capricórnio na casa 9 e Saturno na 6 no investigativo Escorpião. Outro cliente é instalador de aparelhos de ar-condicionado e também precisa viajar por causa do trabalho. Ele tem Libra na casa 9 e Vênus em Câncer na casa 6. Vênus está em conjunção com Mercúrio, que rege a casa 4; ele nunca morou mais de três anos no mesmo lugar.

Ogden Nash, poeta e humorista, tem Aquário na cúspide da casa 9 e Urano em Sagitário na casa 6. Urano está em oposição a

Plutão na casa 12, proporcionando-lhe o ímpeto necessário para levar a cabo seu trabalho solitário; faz trígono amplo com o Sol em Leão na casa 2, indicando a capacidade de ganhar dinheiro com sua poesia diferente e espirituosa.

Regente da casa 9 na casa 7: Para você, é muito importante ter um parceiro que compartilhe suas opiniões ideológicas e tenha a mesma formação. Entretanto, se o planeta for Urano, Plutão ou Marte, você poderá deliberadamente escolher alguém cuja filosofia seja totalmente diferente da sua – alguém com quem possa debater de vez em

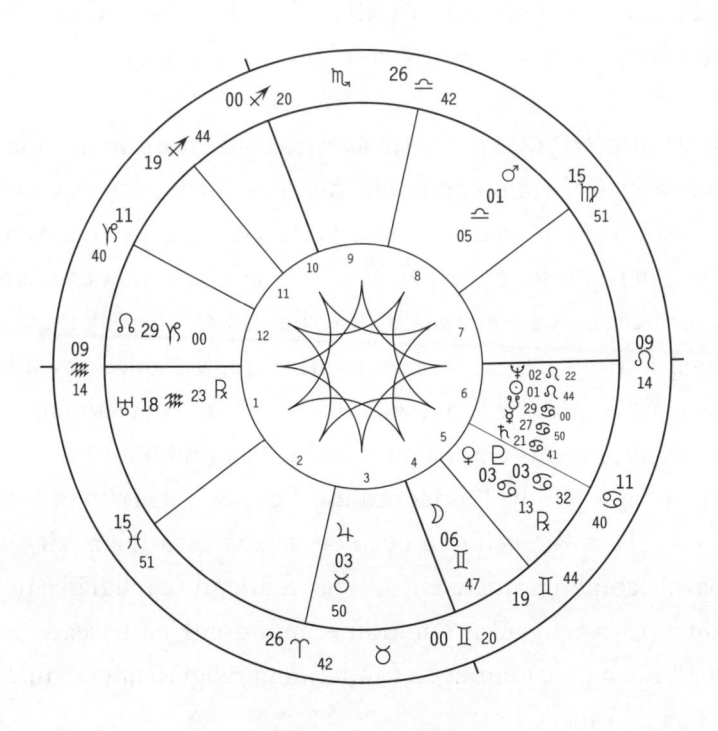

John D. MacDonald
24 de julho de 1916
20:05 EST
Sharon, Pensilvânia, EUA
41N14 80031

quando para aguçar e definir a própria perspectiva. Ou, em outro plano, sua filosofia pode ser influenciada ou determinada pelo parceiro e pelo relacionamento.

Geralmente esse é o posicionamento das pessoas envolvidas com a lei – os que a fazem, os que a transgridem e os que a defendem. Você pode ser atraído pelo ministério, como no caso da evangelizadora Kathryn Kuhlman, que tinha Gêmeos na casa 9 (religião) e Mercúrio sem aspectos em Touro na casa 7 (o público). Para ela, era fácil compartilhar crenças religiosas com a plateia freneticamente entusiasmada.

Você pode sentir atração por alguém de nacionalidade diferente da sua; também ocorre, muitas vezes, participação ativa na vida social da família do cônjuge, seus afins. Se eles e você se dão bem ou não, vai depender dos aspectos do planeta em questão.

Regente da casa 9 na casa 8: É provável que sua filosofia de vida esteja associada à metafísica ou ao ocultismo; por certo você se sente fascinado pelos mistérios mais profundos da vida e do além. Altamente intuitivo e perceptivo, em especial se Netuno ou a Lua estiverem envolvidos, você parece ser capaz de "se sintonizar". Se o planeta estiver bem integrado no mapa, pode ser que descubra que, ouvindo seus palpites e a "pequena e suave voz interior", inapelavelmente vai tomar as decisões certas e escolher o melhor caminho.

Mary Baker Eddy, fundadora da Ciência Cristã, tinha Mercúrio em Leão na casa 8 regendo a cúspide de sua casa 9 em Virgem. Ela foi capaz de combinar metafísica, espiritualidade e religião e de introduzir uma nova religião no mundo – uma doutrina baseada na cura espiritual. Foi a única mulher a fundar uma religião importante. (Veja o mapa na p. 140.)

Ralph Waldo Emerson tinha Touro na cúspide da casa 9 e Vênus em Áries na casa 8, em sextil com Mercúrio na casa 10 e num *yod* com Júpiter e Netuno. Estudou para ministro (casa 9), mas por causa das dúvidas religiosas foi aos poucos formando a própria filosofia transcendental, de acordo com a qual o mundo dos fenômenos é um símbolo da vida interior, acentuando a liberdade individual e a dependência de si mesmo (casa 8). Divulgou suas crenças escrevendo, fazendo palestras e viajando bastante.

Regente da casa 9 na casa 9: Três transgressores da lei bastante famosos têm este posicionamento. Arthur Bremer, que tentou assassinar o candidato à presidência George Wallace, tem o Sol em Leão na casa 9 regendo a cúspide e em oposição a Júpiter, o planeta da lei e da ordem. O tenente William Calley, do infame episódio de Mi-Lai, tem Câncer na casa 9 com a Lua em Leão na mesma casa em quadratura com Mercúrio em Touro na casa 7 (a outra casa da lei). Roman Polanski (veja o mapa na p. 125), o diretor de cinema polonês que vive às voltas com a lei em razão do envolvimento com ninfetas, tem Leão na casa 9, com o Sol em Leão também ali posicionado. Aparentemente o trígono com Urano lhe dá a chance de escapar da punição.

No lado positivo, esse posicionamento pode indicar excepcional talento para ensinar – capacidade para se sintonizar com a mente dos alunos e transmitir conhecimentos no comprimento de onda certo. Isso é particularmente válido se o planeta for Mercúrio, Urano, Netuno ou a Lua. Você pode ser um viajante ou um explorador, sempre à procura de novos mundos para conquistar, como o astronauta Tom Stafford, com Vênus em Escorpião regendo a cúspide da casa 9 em Libra.

Regente da casa 9 na casa 10: É muito frequente o interesse por carreiras que envolvam viagens, possivelmente ao exterior. Você parece ter afinidade com o estrangeiro; se houver confirmação de outros fatores do mapa, pode se sair bem como embaixador, diplomata ou adido de embaixada.

Vários astronautas americanos têm este posicionamento. Buzz Aldrin tem Aquário na casa 9 e Urano na casa 10, em Áries. Charles

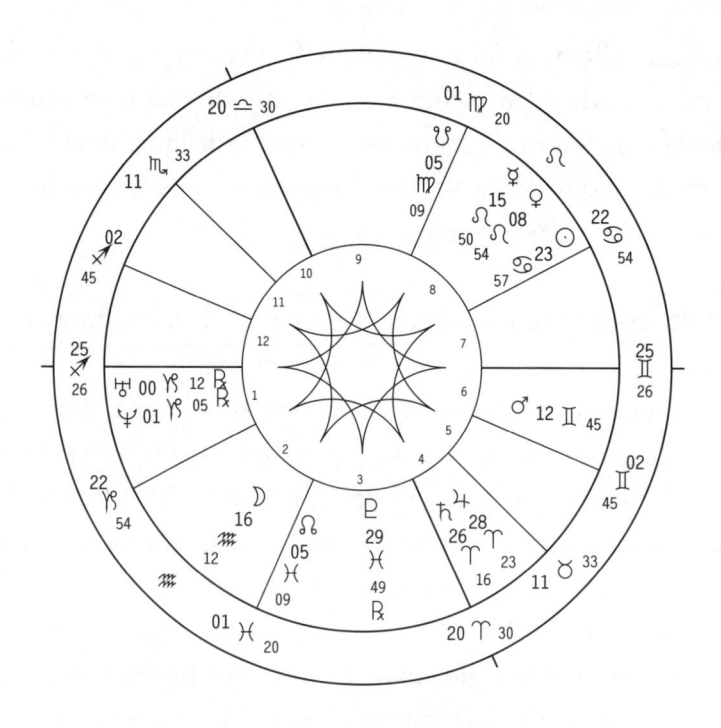

Mary Baker Eddy
16 de julho de 1821
17:38 LMT
Bow, New Hampshire, EUA
43N08 71O32

Conrad e Ed White têm Câncer na cúspide da casa 9 e a Lua em Leão e em Virgem, respectivamente, na casa 10. Gordon Cooper tem Áries na casa 9 e Marte na casa 10, em Gêmeos. Sem dúvida, a carreira deles envolve viagens longas – no típico estilo Sagitário/casa 9, seu destino eram as estrelas. Richard Byrd, o explorador do polo, tinha Virgem na casa 9 e Mercúrio em Escorpião na casa 10. A quadratura de Mercúrio com Saturno proporcionou-lhe a tenacidade e a firmeza necessárias para fazer sua descoberta. Também foi escritor de destaque, outra forma de expressão para quem tem o regente da casa 9 na 10.

Se o planeta for Mercúrio, Júpiter, o Sol ou a Lua, pode ser que, depois de uma bem-sucedida carreira, você passe a transmitir aos outros os seus conhecimentos sobre aquela área. Quando a energia é expressa da forma mais física, é possível que você se torne um superastro dos desportos ao entretenimento. A filosofia que você adota pode vir a influenciar seu governo; você pode desempenhar papel fundamental na política mundial, como no caso de Jawaharlal Nehru (Índia), Napoleão Bonaparte (França) e Josef Stálin (URSS). (Veja o mapa de Nehru no Volume II.)

Regente da casa 9 na casa 11: Grande parte dos seus amigos têm os mesmos antecedentes, uma formação muito semelhante à sua, e a mesma perspectiva de vida que você, principalmente se o planeta regente receber aspectos fluentes. Se estiver desafiado, parece que você se sente atraído por pessoas que pensam de modo radicalmente diferente do seu, o que, em contrapartida, pode encorajá-lo a aprender e a ampliar seu campo de visão. Com a aplicação correta da energia, você pode ser diplomata ou exercer função estratégica no governo. Em outro plano, pode usar seu conhecimento legal como ponte para a política, principalmente se o planeta regente for o Sol, a Lua ou Mercúrio.

Quando a energia é mal aplicada, pode haver tendência a dissipar seu talento numa vida de festas e atividades sociais, viajando de um lado para o outro com os amigos, nunca se fixando realmente em algum projeto.

O mapa da rainha Beatriz da Holanda é um bom exemplo da aplicação prática desse posicionamento. Ela tem Sagitário na casa 9 e Júpiter em Aquário na casa 11, em conjunção com o Sol, a Lua e Vênus e numa quadratura exata com Urano. Ela se tornou rainha de maneira mais ou menos súbita (Urano), aos 42 anos, quando sua mãe abdicou do trono. Vale a pena observar, no decorrer dos anos seguintes, como Beatriz conduziu os negócios da Holanda.

Regente da casa 9 na casa 12: Você baseia sua filosofia nos mais profundos sentimentos e na força que extrai de suas convicções. Acha que não precisa coletar dados de fatores externos para moldar suas crenças. Escrever pode ser uma expressão – uma ocupação bastante reservada, bem de acordo com a casa 12; ou a pesquisa em profundidade, possivelmente na área médica. Como exemplo, podemos citar o cientista Werner von Braun, que trabalhou tão diligentemente no programa espacial norte-americano. Ele tinha Capricórnio na casa 9 e Saturno em conjunção com a cúspide da casa 12, em Touro.

Se a energia não for adequadamente integrada no mapa, pode ser que você tenha grandes dúvidas acerca de seus preceitos e crenças e existe a possibilidade de que recorra à psicanálise, trabalhando a postura emocional e espiritual no intuito de descobrir quem realmente é.

Mesmo que outros fatores no mapa indiquem personalidade extrovertida, sociável e até superficial, um lado de sua natureza permanece oculto e reservado. Pode ser que você viaje a lugares distantes para estudar e aprender filosofia ou tradições ocultas e metafísicas. Eterno pesquisador, você quer aprender tudo o que a vida tem a oferecer.

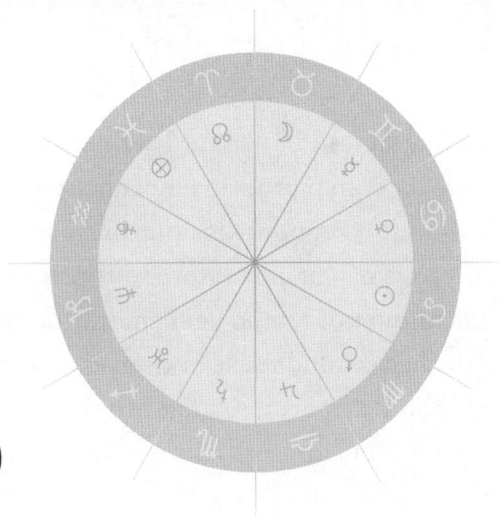

Módulo 10
Regentes da Casa 10

Angular e de bens materiais, representada por Capricórnio, a casa 10 é naturalmente regida por Saturno, o planeta da ambição. Qualquer área influenciada por Saturno, por regência ou posicionamento, é aquela onde você pode se sentir inseguro ou carente, e qualquer área em que você se sinta inadequado gera tendência à supercompensação. Portanto, a casa 10, que se relaciona com a realização, é uma área em que você tenta se provar, com afinco especial. É a casa mais elevada no mapa, o ponto mais ao sul, enfatizando o caráter de culminação, o máximo que você pode se empenhar. Por isso, por tradição, ela mostra a profissão, o *status*, a reputação e, do ponto de vista psicológico, as verdadeiras necessidades do ego.

Como a casa 4 é o lar, a 10 (oposta à 4) é o mundo, a comunidade ou sua esfera de influência. A casa 4 representa um dos genitores, em geral o mais protetor; a 10 revela o outro genitor, o mais investido de autoridade, que lhe impõe limitações quando criança. Mais tarde, simboliza qualquer pessoa que represente um padrão de autoridade, como seu empregador, o governo etc. Enquanto a casa 6 mostra o tipo de trabalho que você executa, a 10 indica sua carreira ou profissão, o ponto mais alto que você pode alcançar.

Regente da casa 10 na casa 1: O que quer que você consiga na vida vai ter de ser com o próprio empenho. Pode ser que durante algum tempo você ande a reboque dos outros, mas, no fim, para satisfazer ao ego, vai precisar agir por esforço próprio. O regente e seus aspectos vão indicar quanto tempo vai demorar ou quanto você terá que trabalhar para chegar aonde deseja. Com esse posicionamento, existe, em geral, vontade de aparecer; uma atividade de bastidores, como a de um produtor ou diretor, não é o suficiente para você. Por essa razão, muitos políticos, bem como gente de cinema e teatro, têm o regente da casa 10 na casa 1.

O presidente Clinton tem Câncer no Meio do Céu e a Lua em Escorpião na casa 1, da mesma forma que seu vice-presidente, Walter Mondale (veja o mapa na p. 103). Esse posicionamento por casa, comum aos dois, muitas vezes gera compatibilidade inata, um entendimento mútuo. Mondale tem Sagitário na cúspide da casa 10 e Júpiter em Peixes em conjunção com o Sol, ambos na casa 1. Júpiter é o ponto focal de uma cruz T com a Lua e Marte, proporcionando-lhe o vigor e o desafio nem sempre associados à combinação Sagitário/Peixes. Outros políticos com esse posicionamento que nos ocorrem são o candidato à presidência John Anderson, o vice-presidente Nelson Rockefeller (também candidato à presidência) e o presidente francês Charles de Gaulle.

Como você se empenha bastante para atingir o máximo de seu potencial, tome cuidado para não se tornar muito egocêntrico ou voltado a si mesmo, principalmente se o planeta envolvido for Marte. No caso de aspectos fluentes ou bem integrados, o sucesso pode chegar com facilidade, podendo não significar tanto para você como as realizações conseguidas com o próprio suor.

Regente da casa 10 na casa 2: É provável que você ganhe dinheiro com sua profissão; quanto, e até que ponto isso vai ser importante para você, vai depender do destaque do regente no mapa e de sua habilidade para integrar os aspectos com o máximo proveito possível. Seus recursos e valores desempenham papel importante no tipo de profissão que você escolhe.

Temos dois casos em nossa clientela que ilustram o que queremos dizer. O primeiro é um homem com Touro no Meio do Céu, ou cúspide da casa 10, e o regente Vênus em Libra na casa 2, em conjunção com Netuno e em sextil com Júpiter. Ele adora coisas bonitas, inclusive alguns dos luxos que só o dinheiro pode comprar, e, portanto, quer ter boa renda, mas não à custa de executar um trabalho "sujo". É um artista muito talentoso, mas como os rendimentos assim obtidos são muito incertos também é dono de uma galeria de arte e se sai extremamente bem. O outro caso é de uma mulher com Virgem na casa 10 e Mercúrio em Capricórnio na casa 2. O dinheiro é muito importante para sua segurança. Primeiro ela tentou obtê-lo através de um marido (Saturno, regente da casa 2, está em Câncer na casa 8), mas como o casamento fracassou e ela não podia viver da pensão decidiu enfrentar a situação, foi trabalhar e se tornou corretora de seguros muito bem-sucedida.

A cantora e atriz Judy Garland tinha Peixes no Meio do Céu e Netuno em Leão na casa 2. Durante a maior parte da vida, ela teve dificuldade em satisfazer às verdadeiras necessidades de seu ego. Utilizou Peixes/Netuno em Leão para expressar seus muitos talentos, com a ajuda de um sextil de Netuno com o Sol e Júpiter e de um trígono com Marte; porém, nunca conseguiu se ajustar de verdade ao quincunce exato de Netuno e Urano na casa 10. Ao contrário, foi vítima do uso mais negativo de Peixes e Netuno – drogas e álcool. (Seu mapa está no Volume II.)

Regente da casa 10 na casa 3: A carreira deveria implicar alguma forma de comunicação, pois você sente grande necessidade de se expressar. Este posicionamento não é tanto o de atores vivendo um papel no qual verbalizam opiniões e sentimentos alheios, como o de pessoas que precisam expressar o ego por meio da afirmação definida da própria postura. O posicionamento do regente da casa 10 na casa 3 é ilustrado por Betty Friedan, a enérgica porta-voz da luta pela liberação da mulher; ela tem Libra no Meio do Céu e Vênus em Áries na casa 3 como ponto focal de uma cruz T, com a Lua em Capricórnio na casa 1 e Plutão em Câncer na casa 7. Vênus também faz uma conjunção pouco ampla (órbita de 8°) com Marte – um Vênus combativo, para dizer o mínimo –, o que bem explica alguns de seus atos. (Veja o mapa na página a seguir)

Com esse posicionamento, é muito frequente sua profissão depender de ou envolver um parente. Esse é o caso de Walt Disney, cujo irmão Roy cuidava de toda parte comercial da Disney Productions, dando a Walt a possibilidade de se concentrar na área artística e criativa. Seu Mercúrio em Escorpião regia a casa 10 em Gêmeos, fazendo um sextil próximo com Vênus na casa 5, da criatividade e das crianças.

Sua carreira pode exigir boa dose de deslocamentos; de fato, entre nossos alunos, lembramos de pelo menos oito cujas viagens se estendem por muitos quilômetros. Dois são vendedores e cobrem um território amplo; ambos têm Áries no Meio do Céu e Marte em Virgem e Libra, respectivamente. Três são modelos e têm que posar em muitos locais da cidade e das redondezas.

Regente da casa 10 na casa 4: Este é o posicionamento clássico de escritores ou de qualquer profissão que possa ser desenvolvida em casa. Uma de nossas clientes, por exemplo, presta serviços de digitação em casa. As pessoas lhe mandam manuscritos, minutas de contratos etc. Como ela teve poliomielite quando pequena e está presa a uma cadeira de rodas, esse arranjo foi ideal. Ela tem Câncer na cúspide da casa 10 e a Lua em Capricórnio na casa 4. Muitas vezes, sua carreira tem ligação com a terra – agricultura, arqueologia, geologia, imóveis.

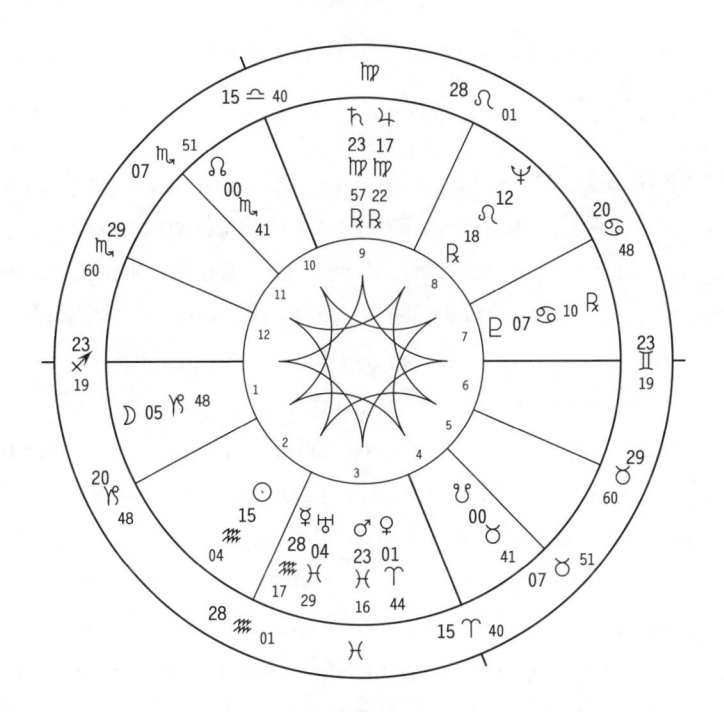

Betty Friedan
4 de fevereiro de 1921
4:00 CST
Peoria, Illinois, EUA
40N41 89O35

Também pode ser que você trabalhe com seus pais, ou com um deles, ou que assuma os negócios deles.

Pode ser que você decida fazer alguma coisa para demonstrar seu amor pelo seu país, do seu próprio jeito. O general alemão Erwin Rommel, conhecido como "a raposa do deserto", escolheu uma carreira na qual podia defender seu país. Tinha Escorpião no Meio do Céu e Plutão em Gêmeos na casa 4, em conjunção exata com Netuno, em quadratura exata com Júpiter e em oposição a Vênus – uma cruz T muito poderosa. Outros exemplos de pessoas que serviram a seus países são o líder russo Josef Stálin e o presidente Richard Nixon, que tem Gêmeos na casa 10 e Mercúrio na casa 4 em conjunção com

Marte e Júpiter, em oposição a Plutão na casa 10 e em quincunce com Saturno na casa 9.

Regente da casa 10 na casa 5: Muita gente envolvida com teatro e cinema tem este posicionamento. Colocam o talento artístico inato e a criatividade (casa 5) na carreira (casa 10). Rudolf Bing, ex-gerente geral do Metropolitan Opera de Nova York, tem Escorpião no Meio do Céu e Plutão em Gêmeos na casa 5. Foi um gerente bastante controvertido, cuja personalidade marciana às vezes entrava em choque com inúmeras das divas – inclusive Maria Callas – que raramente conseguiam cantar no Metropolitan enquanto ele estava na direção do teatro. O Plutão de Bing é o dedo de um *yod* com o Meio do Céu, e ele tem um *stellium* próximo do Sol, Mercúrio, Júpiter e Saturno em Capricórnio pairando sobre o Ascendente. A atriz Jane Fonda é outro bom exemplo. Tem Touro na cúspide da casa 10 e Vênus em Sagitário na casa 5, em trígono com o Ascendente em Leão.

Algumas vezes, não é você quem fica famoso, mas, sim, seus filhos, ou você ajuda a carreira deles; é o caso de muitas mães de artistas. Uma de nossas clientes tem três filhos que ela empurrou para o trabalho quase desde que nasceram. As crianças posaram para fotos de anúncios de alimentos infantis e mais tarde foram modelos de moda infantil. Ela tem Leão na casa 10 e o Sol em Áries na casa 5. É muito comum seu *hobby* se tornar uma carreira; muitas vezes, você se destaca nos esportes, como a famosa tenista Billie Jean King e os pugilistas Jack Dempsey e George Foreman.

Regente da casa 10 na casa 6: Quando o regente da vida profissional está na casa do trabalho, na maioria das vezes o trabalho se torna a profissão. Pode ser que você trabalhe com contabilidade para pagar o aluguel, termine os estudos, faça seus exames e se torne contador formado. Ou, como aconteceu com uma de nossas clientes, você pode ser secretária num escritório imobiliário, fazer um curso de vendas e conseguir um registro como corretora de imóveis, vindo a ganhar um bom dinheiro, e acabar montando a própria agência. Essa cliente tem Capricórnio na casa 10 e Saturno em Libra na casa 6, em conjunção com Júpiter. O Sol está em Capricórnio na casa 10. Como bem indica essa configuração planetária, ela é muito ambiciosa e trabalhadora e, por causa de Júpiter, não se satisfaz sendo "apenas" corretora.

Como a 6 também é a casa da saúde, muitos médicos e pessoas que trabalham em hospitais têm essa colocação, assim como indivíduos envolvidos com a área de nutrição e higiene. Em alguns casos, você não tem uma carreira, mas gosta de prestar serviços, e seu posicionamento na comunidade se volta para o serviço local e comunitário. Pode ser que faça carreira militar, como Dwight D. Eisenhower. Aqui temos o oficial do exército, o grande general da guerra e finalmente o presidente dos Estados Unidos que serviu a seu governo (casa 10) de muitas formas. Seu Meio do Céu em Capricórnio era regido por Saturno em Virgem na casa 6, em trígono com Marte em Capricórnio na casa 10.

Regente da casa 10 na casa 7: Pode ser que a carreira implique muitos contatos com o público, ou que você se envolva profissionalmente com o parceiro. Um exemplo é o compositor Richard Rodgers, que trabalhou primeiro com o poeta Lorenz Hart e depois com Oscar Hammerstein II. Juntos, produziram os clássicos *On Yours Toes, Babes in Arms, Pal Joey, Oklahoma, Carousel, South Pacific* e *The King and I*, para mencionar apenas alguns. Rodgers tem Aquário no Meio do Céu e Urano em Sagitário na casa 7. O regente está em oposição a Marte na casa 1 e em sextil com Júpiter na casa 10. (Veja o mapa a seguir.)

Pode ser que o cônjuge desempenhe papel importante na sua carreira. O ator Paul Newman trabalha com a esposa, Joanne Woodward; os dois atuam juntos ou ele a dirige em produções para

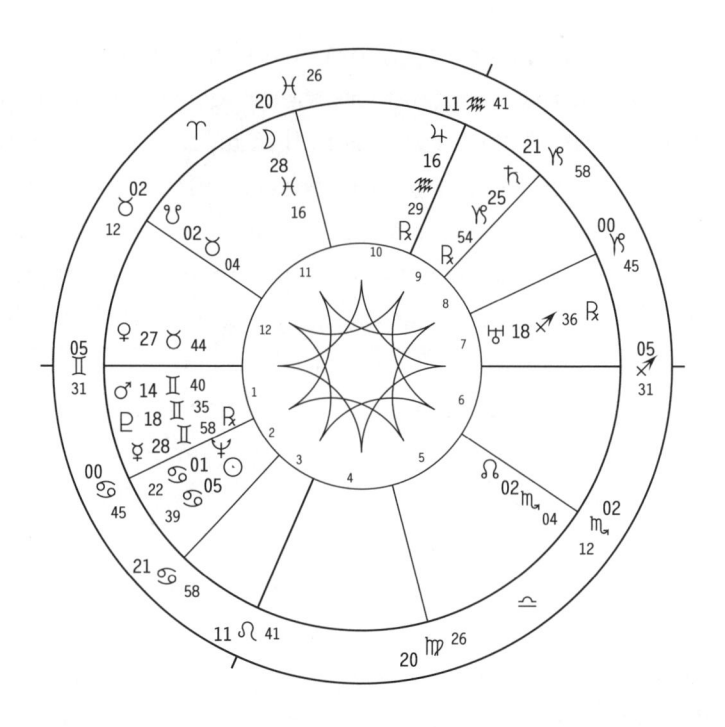

Richard Rodgers
28 de junho de 1902
2:30 EST
Hammels Station, Nova York, EUA
40N43 73O52

o cinema e a TV. Newman tem Escorpião na casa 10 e Plutão na casa 7 fazendo parte de um grande trígono em Água com Saturno e Urano.

O senador republicano e líder da maioria Howard Baker também recebeu ajuda da mulher. Ela é filha do ex-líder da maioria Everett Dirkson, homem conhecido pela voz suave e mente ágil. Ela abriu muitas portas no governo para o marido; a capacidade dele fez o restante. Baker tem o Meio do Céu em Capricórnio e Saturno em Escorpião na casa 7, em conjunção exata com a Lua e quase exata com o Sol.

Outro aspecto dessa configuração é ter uma profissão na qual você lide diretamente com pessoas. O psicanalista Sigmund Freud tinha Leão no Meio do Céu e o Sol em Touro na casa 7, em conjunção com Urano e em sextil com Netuno. Você precisa de um intercâmbio com o público; alguns vendedores extremamente bem-sucedidos têm esse posicionamento.

Regente da casa 10 na casa 8: A não ser que os aspectos do regente sejam muito difíceis de integrar, você vai receber apoio de fontes externas, do parceiro ou do público, principalmente no caso de lidar com bens de consumo público. Este posicionamento é excelente para qualquer ocupação que precise desse tipo de apoio: o dramaturgo que necessita de patrocínio para produzir sua peça; o ator que precisa do aplauso e da aprovação do público; o político que carece de doações para sua campanha e do voto do povo para ser eleito.

As atrizes Lauren Bacall e Sophia Loren têm esse posicionamento. Bacall tem Áries na casa 10 e Marte em Aquário na casa 8, em trígono com Saturno e em oposição a Netuno; Loren tem Libra no Meio do Céu e Vênus em Virgem na casa 8, em conjunção com Netuno. Nos dois casos, existe uma ligação entre o regente e Netuno, o que indica uma carreira associada, de alguma forma, à área artística ou criativa. As duas mulheres ficaram famosas pela beleza e pelo atrativo sexual, outra faceta do regente da casa 10 posicionado na 8.

Em muitos casos, você não tem necessidade de trabalhar para ganhar a vida, mas pode se dedicar a obras de caridade, pois a renda do parceiro é suficiente para que os dois vivam bem; ou o seu cônjuge pode ter morrido, deixando-lhe dinheiro suficiente para que desfrute de um bom padrão de vida.

Regente da casa 10 na casa 9: As necessidades do ego estão imbuídas de sua filosofia de vida. Não importa o que faça, você raramente transige em relação às suas ideias e ideais. Se o regente for Saturno e Júpiter reger a casa 9, a religião poderá desempenhar papel muito importante. Uma de nossas clientes tem Sagitário na cúspide da casa

9 e Capricórnio na casa 10; Saturno está em Capricórnio na casa 9 em trígono com a Lua em Virgem e em quadratura com o Sol em Áries. Ela é missionária em Omã (Oriente Médio) e leva uma vida interessante, embora espartana, que não troca por nada. O tempo todo está tentando converter alguém.

Com o regente da casa 10 na 9, as viagens sempre são importantes para você. Pode ser que escolha uma carreira em que possa viajar bastante, como ter uma agência de viagens, ou trabalhar nesse ramo; seguir uma carreira militar, se Marte estiver envolvido; entrar na aviação, principalmente se Urano estiver proeminente no mapa. Muitos comissários de bordo têm esse posicionamento.

Como a 9 também é a casa da educação superior, esse posicionamento é frequente no mapa de professores universitários, em todos os níveis. Muitas vezes, acontece de você vir a dar aulas numa área em que já teve experiência bem-sucedida – por exemplo, o engenheiro aposentado que passa a dar aulas de engenharia para adultos num curso de nível médio. Também é a casa das publicações, e um bom exemplo é o editor Bennett Cerf, com Gêmeos no Meio do Céu e Mercúrio em Touro na casa 9.

Regente da casa 10 na casa 10: Grande parcela da sua vida pode se centrar em torno da necessidade de provar a si mesmo e aos outros que você é alguém, que é importante e que pode, precisa e vai ter sucesso. Você pode fazer isso de várias maneiras, pois as possibilidades são tantas quanto as pessoas – o que torna você diferente dos outros é o fato de essa ser a motivação da sua vida. Aqui vão alguns exemplos pertinentes: o ex-secretário de Estado Henry Kissinger, cuja ambição é tão imensa quanto sua paixão pelo trabalho; o maestro Zubin Mehta, responsável pela filarmônica de Nova York e de Israel, que divide seu tempo entre inúmeros outros empreendimentos musicais em detrimento da vida particular; e Jean Claude Killy, que fez a mesma coisa, correndo atrás de suas medalhas de ouro no esqui, excluindo tudo o mais, numa idade em que a maioria dos rapazes gosta de fazer outras coisas. Killy tem Áries na casa 10 e Marte nos primeiros graus de Gêmeos na mesma casa. Mehta tem Júpiter em Sagitário na casa 10, regendo-a. (O mapa de Mehta está no Volume II.) Kissinger tem Urano em Peixes na casa 10 regendo o Meio do Céu em Aquário. Faz parte de um grande trígono em Água com Júpiter e Plutão e é o dedo de um *yod* com Netuno e Saturno. Essa posição proeminente de Urano ajuda a explicar, até certo ponto, a força que sempre o impulsionou para a frente. (Veja o mapa a seguir.)

Como a casa 10 representa um dos genitores, pode ser que sua carreira seja consequência da orientação ou ajuda deles. É possível que você siga os passos de seus pais, assumindo uma empresa familiar. Temos visto acontecer o contrário com a mesma frequência – você passa a vida toda provando a um genitor ausente que vive muito bem sem ele. Isso se aplica especialmente ao caso de pais divorciados, quando a mãe fica com a guarda de um filho, e este tenta provar a ela que pode sustentá-la tão bem ou melhor que o pai. Quanto mais desafiadores forem os aspectos ao regente, com tanto mais empenho será feita essa tentativa.

Regente da casa 10 na casa 11: Pode ser que sua carreira ou seu lugar na sociedade sejam muito orientados a um grupo. Muitas pessoas que frequentam as colunas sociais e transformam em carreira o fato de pertencer a todo tipo de organizações têm este posicionamento. Também é o caso de alguns políticos, como deputados e senadores, que trabalham em grupos organizados, como o senado, a câmara de deputados, as assembleias legislativas ou o parlamento, em outros países. Você também pode se envolver em trabalho grupal em sindicatos, como é o caso do líder trabalhista James Hoffa, com Sagitário na casa 10 e Júpiter em Capricórnio na casa 11.

Em geral, os amigos desempenham papel importante na sua vida profissional – pode ser que você trabalhe com um amigo ou que

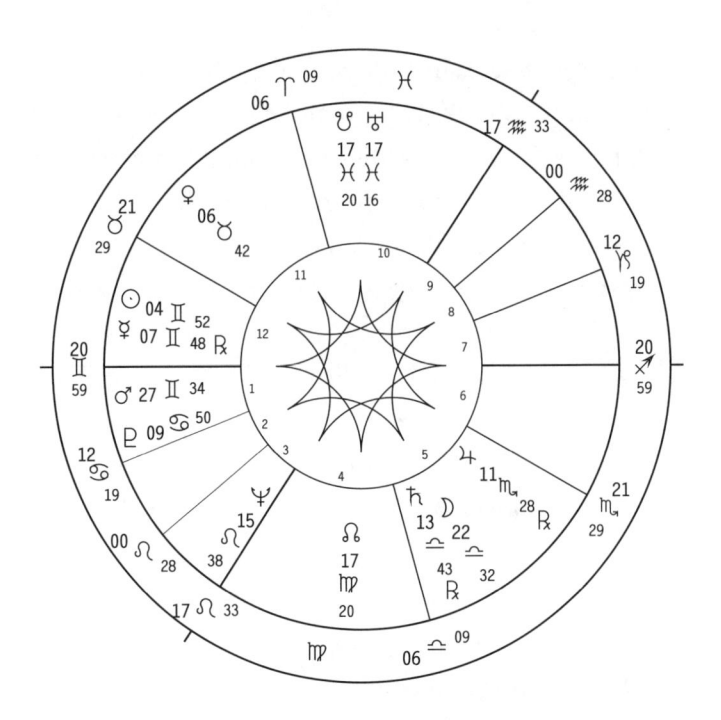

Henry Kissinger
27 de maio de 1923
5:30 MET
Furth, Alemanha
49N28 11L00

algum amigo lhe dê respaldo moral e financeiro. Temos dois clientes com o regente da casa 10 na casa 11; um tem Aquário no Meio do Céu e Urano em Áries na casa 11, em trígono com Saturno na casa 7 e em oposição à Lua na casa 4. Ele sempre encontra uma mulher para paquerar (Lua na casa 5 – amor oferecido). Ela se torna amiga dele (casa 11, dos amigos e do amor recebido) e convence o marido a fazer sociedade com ele. O marido entra com o dinheiro (Saturno na casa 7), e nosso cliente, com o trabalho. Por enquanto ele teve êxito por três vezes com esse jogo, cada vez num país diferente – para os maridos, também não houve perda, porque nosso cliente nunca fez com que perdessem dinheiro e jamais foi além de uma paquera com as esposas.

O outro cliente tem Sagitário no Meio do Céu e Júpiter em Capricórnio na casa 11, em sextil com Saturno na casa 1, em trígono com Netuno na casa 7 e em oposição a Plutão na casa 5. Ele imigrou para os Estados Unidos e trabalhou em tudo que foi possível enquanto estudava inglês numa escola. Extrovertido e bem-apessoado (Sol em Áries, Peixes ascendendo), fez muitos amigos que ficaram tão impressionados com sua garra e disposição para o trabalho que lhe emprestaram uma alta quantia, com a qual ele comprou um mercado. Atualmente, ele possui uma rede de oito mercados.

Regente da casa 10 na casa 12: Grande parte da sua atividade profissional pode ocorrer nos bastidores, como é o caso de diretores, produtores e todos os outros profissionais que trabalham em cinema e teatro, mas nunca são vistos "no palco". Pode ser que você escolha uma carreira da casa 12 – entre outras, medicina, enfermagem, trabalho em prisões. Em nossa clientela temos vários médicos com esse posicionamento no mapa.

Esse também é um posicionamento mais ou menos típico de escritores, já que grande parte de seu trabalho é feita em solidão, se possível a portas fechadas. Ernest Hemingway, cujo mapa delineamos em profundidade neste livro (ver p. 219), serve como exemplo; Mercúrio em Leão na casa 12 rege seu Meio do Céu em Gêmeos.

Muitas vezes, você é uma eminência parda, a pessoa que faz muitas sugestões, toma decisões, mas nunca é realmente vista pelo público, já que os pronunciamentos são feitos pelo indivíduo oficialmente investido de poder. Em tempos idos, pessoas como o cardeal Richelieu inspiravam ou aconselhavam os reis; hoje, temos o caso de Rosalynn Carter, ex-primeira-dama e conselheira de confiança do marido, o ex-presidente Jimmy Carter. Ela tem Gêmeos no Meio do Céu e Mercúrio em Leão na casa 12.

Este posicionamento, muitas vezes, indica que você é bem reservado, para não dizer misterioso, no que concerne à carreira, como no caso de alguém que trabalha na CIA. Em nível psicológico, pode ser que não queira revelar as verdadeiras necessidades do ego.

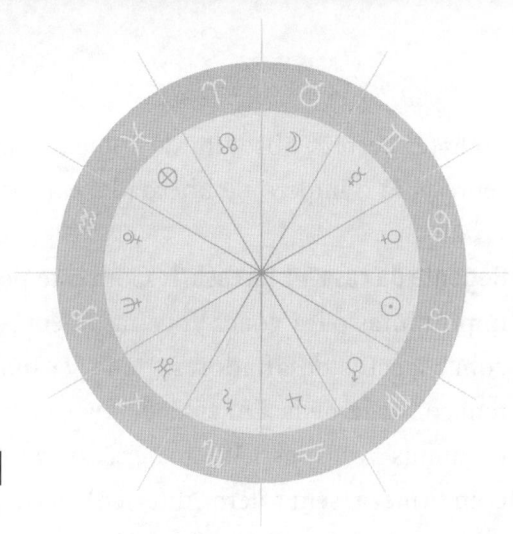

Módulo 11
Regentes da Casa 11

Parte do lado diurno (acima do horizonte) do horóscopo, a casa 11 fica do lado oriental do meridiano e é a última das três casas dos relacionamentos. De acordo com seu signo natural, Aquário, e seu regente Urano, ela representa os relacionamentos sociais e mentais, aqueles com os quais você compartilha interesses – em outras palavras, seus amigos. Como é a casa seguinte ao ponto mais alto que você atinge, a casa 10, ela revela os resultados da sua ambição e dos seus objetivos; descreve os fins e as metas que você espera alcançar através da carreira ou do *status* (casa 10). Como casa sucedente, não se relaciona com o início, mas, sim, com o prosseguimento do que quer que você tenha começado na casa 10. Pelo fato de Aquário preferir o envolvimento grupal aos relacionamentos a dois, a casa 11 mostra as organizações e as associações com amigos. A casa 5 é onde você oferece amor; portanto, a 11, oposta àquela, é onde você o recebe. Da mesma forma, a casa 5 é onde você assume riscos deliberadamente, e a 11 indica circunstâncias sobre as quais você tem pouco ou nenhum controle.

Outra razão pela qual a casa 11 representa circunstâncias além do controle é que Urano é o planeta do inesperado; assim, nunca se pode ter certeza absoluta de como se vai reagir à sua energia. Urano representa o ímpeto de liberdade, e a casa 11 reflete essa necessidade.

Regente da casa 11 na casa 1: Com este posicionamento, os amigos são importantes para você. Você raramente perde de vista seus objetivos; com aspectos desafiadores, pode ser que se aventure aonde ninguém tem coragem de ir. Em essência, você é bastante voltado aos objetivos e, muitas vezes, escolhe bem cedo seu caminho na vida, avançando com firmeza, sem tolerar interferências, mesmo que demore um pouco a integrar a energia ao seu tipo de vida.

Quando há aspectos desfavoráveis, você pode ter tendência a tratar mal os outros, até aprender que pode chegar aonde quer usando tato, diplomacia e um pouco de charme. Em alguns casos, para alcançar suas metas, você fecha os olhos para o que não quer ver, como fez um dos personagens do episódio Watergate, John Dean, que tem Sagitário nas casas 10 e 11 e Júpiter em Aquário na casa 1, num grande trígono com Mercúrio e a Lua. Ele conseguiu fama relativamente jovem; Júpiter, entretanto, está em quadratura com Urano na casa 3 e em quincunce exato com Netuno na casa 8 – em sua "cega ambição", Dean não tomou conhecimento do valor da honestidade e acabou sendo vítima de fraude.

Os amigos podem desempenhar papel importante em sua vida. Se o planeta for Netuno e tiver aspectos desafiadores, precavenha-se para não ser enganado por pessoas que só são amigas em época de prosperidade.

Regente da casa 11 na casa 2: É possível que, em algum momento da vida, você faça negócios com amigos. Este posicionamento também indica que você poderá ganhar a vida trabalhando numa grande organização; se o planeta for Júpiter ou Netuno, talvez um grupo religioso – uma igreja ou uma obra de caridade.

Por outro lado, pode ser que você não trabalhe e que seu sistema de valores dependa por completo das pessoas com as quais tem mais convivência. Se houver confirmação de outros fatores do mapa, pode ser que você se deixe influenciar facilmente pelos pares e precise trabalhar para desenvolver os próprios valores, talentos e recursos.

A chance de você fazer carreira ligada ao governo é altamente provável, pois a casa 11 representa o congresso, na estrutura governamental dos Estados Unidos, e o parlamento, em outros países. Eugene McCarthy, que devotou grande parte da vida a um bom governo, tem Sagitário na cúspide da casa 11 e Júpiter em Áries na casa 2, em conjunção com o Sol, em quadratura com Saturno e em trígono com Marte e a Lua. Ele tem sólido sistema de valores e age sem problemas dentro desse referencial.

Regente da casa 11 na casa 3: É quase certo que você vai fazer amigos entre os vizinhos, colegas de escola e conhecidos do dia a dia. A menos que o planeta regente da casa 11 receba aspectos muito desafiadores, em geral você se dá bem com os irmãos e mantém com eles um relacionamento amistoso por toda a vida.

Pode ser que seus objetivos e ambições estejam ligados à área de viagens e comunicações; os aspectos envolvidos indicarão a maneira como você poderá ter êxito nos empreendimentos. Várias figuras de destaque nos esportes têm esse posicionamento, como o golfista Jack Nicklaus, com Libra na casa 11 e Vênus em Peixes na casa 3; o astro do futebol Pelé, com Mercúrio em Escorpião na casa 3 regendo a cúspide da casa 11 em Gêmeos; a toureira Portia Porter, com Peixes na casa 11 e Netuno em Leão na casa 3; e a encantadora campeã de patinação no gelo Linda Fratianne, com Câncer na cúspide da casa 11 e a Lua em Sagitário na casa 3. A dedicação às metas faz com que essas personalidades levem uma vida bastante solitária, impedindo-as, talvez, de ter uma vida social como gostariam.

Regente da casa 11 na casa 4: Invariavelmente, os amigos passam um bocado de tempo na sua casa, e você vai à casa deles com frequência. Em nossos arquivos, temos muitos mapas de pessoas consideradas *hippies* com este posicionamento. Achavam a vida em comunidade bastante satisfatória e gostavam da proximidade diária com os amigos.

É possível que você viva numa casa fornecida pelo governo. O general George Patton (veja o mapa na p. 194) morou em alojamentos do exército, fornecidos pelo governo americano, durante quase toda a vida, desde o início da carreira em West Point. Tinha Marte em Virgem na casa 4 regendo a cúspide da casa 11 em Áries. O fato de se tratar de Marte, além da presença de Júpiter também na casa 4, indica que sua residência era militar.

Suas esperanças, seus desejos e seus objetivos podem estar diretamente associados à aquisição da casa própria, de propriedades ou de imóveis. Temos vários alunos com esse posicionamento que trabalham com investimentos imobiliários. Com bastante frequência, o genitor representado pela casa 4 também é seu amigo ou quem o motiva a atingir seus objetivos.

Regente da casa 11 na casa 5: Você ama os amigos de verdade, e o sentimento é recíproco, principalmente se o planeta estiver funcionando bem no mapa. Aqui, mais uma vez, muitas pessoas cujos objetivos estão relacionados a esportes têm este posicionamento. O golfista Lee Trevino tem Peixes na casa 11 e Netuno em Virgem na casa 5. Os gêmeos esquiadores Phil e Steve Mahre também têm Netuno na casa 5 em Escorpião regendo a casa 11; é o caso, ainda, da joqueta Robyn Smith-Astaire (veja o mapa no Volume ll), cujo Netuno, entretanto, está em Libra.

Suas metas podem estar estreitamente vinculadas ao campo da criatividade e do entretenimento, como no caso de Jack Benny, com Plutão em Gêmeos na casa 5 regendo a casa 11. Várias cantoras *pop* conhecidas têm esse posicionamento, como Cass Elliott (Netuno em Virgem), Sara Vaughan (Mercúrio em Áries), Eartha Kitt (Sol em Aquário) e Mary Wilson do conjunto Supremes (Netuno em Libra). Entre os cantores de ópera, podemos citar os tenores Enrico Caruso (Marte em Escorpião) e Lauritz Melchior (Marte em Sagitário).

Desde que o regente não esteja muito pressionado, os filhos são fonte de alegria; muitas vezes, sua vida social se liga à deles. Uma de nossas alunas tem Áries na cúspide da casa 11 e Marte em Libra na casa 5. Ela é chefe de escoteiras, treinadora do time de *softball* da filha e vice-presidente da associação de pais e mestres local. Além disso, é professora da escola dominical de sua igreja. Segundo ela, essas atividades praticamente resumem sua vida social.

Regente da casa 11 na casa 6: Este é o posicionamento clássico de quem se doa sem nenhum interesse – doando a si próprio ou seus serviços. Muitas vezes, você trabalha para organizações de caridade, em alguns casos em troca de salário, mas, em geral, apenas doando seu tempo e sua energia para ajudar os outros. Talvez você seja o cantador de bingo nas reuniões dos veteranos de guerra, o grão-mestre de uma ordem filantrópica ou o presidente de uma associação de pais e mestres. Em outro plano, pode prestar algum tipo de serviço ao governo – serviço civil, por exemplo. Temos muitos mapas de pessoal da marinha e do exército com o regente da casa 11 na 6. Muita gente com esse posicionamento trabalha em restaurantes ou bares.

Um exemplo típico de alguém que trabalhou para uma grande organização é o do chefe do FBI, J. Edgar Hoover, que tinha Escorpião na cúspide da casa 11 e Plutão em Gêmeos na casa 6. Adolf Hitler, que fundou o Movimento Nacional Socialista dos Trabalhadores (partido nazista), também tinha esse posicionamento. Ele tinha Virgem na casa 11 e Mercúrio em Áries na casa 6, em oposição a Urano e ao Ascendente. Sua necessidade de servir ao país acabou se desencaminhando um pouco, em parte em decorrência da pressão sobre Mercúrio no mapa. A oposição com Urano pode explicar seus processos mentais erráticos, e a conjunção de Mercúrio com o Sol em Touro tornou-o muito dogmático, autocrático e dominador. Esse exemplo mostra claramente como a energia planetária pode ser mal-empregada.

Regente da casa 11 na casa 7: O interesse que você tem por ideias novas e de grande projeção pode ser canalizado para algum tipo de cruzada pública, como no caso de Betty Friedan, que tem Escorpião na casa 11 e Plutão na 7. Ela fundou a Organização Nacional das Mulheres (NOW), baseada no direito das mulheres de se candidatar aos empregos para os quais estão capacitadas e de receber a mesma remuneração pelo mesmo trabalho. (Veja o mapa na p. 147.)

Você procura um parceiro com quem possa se relacionar em base amigável; para você, um intercâmbio de iguais é tão importante quanto o é a segurança para outras pessoas. Se o planeta for Urano, Plutão ou Marte, esse intercâmbio poderá, às vezes, ser desequilibrado, porém o espírito de camaradagem sempre terá importância em qualquer relacionamento duradouro.

Mike Douglas, o popular apresentador de TV, tem Escorpião na casa 11 e Plutão em Câncer na casa 7, com a Lua em Câncer e Mercúrio em Leão; seu contato com o público (casa 7) é fácil, como seria de esperar com esse posicionamento.

Você consegue fazer os amigos se sentir as pessoas mais importantes do mundo. Muitas vezes, torna-se representante de alguma organização beneficente ou sem fins lucrativos, pois quando consegue integrar o planeta regente ao restante do mapa seu charme é capaz de fazer qualquer um abrir a carteira.

Regente da casa 11 na casa 8: Pode ser que você tenha a sorte de receber uma herança deixada por algum amigo. Com aspectos muito desfavoráveis, pode acontecer de você ser destituído, de uma maneira ou outra, de uma posição social confortável ou ser vítima de mexericos e comentários desairosos por parte daqueles que julgava ser seus melhores amigos. Até aprender a lidar com esses desafios, as pessoas com as quais se relaciona podem se aproveitar de você; se não se afirmar, pode achar mais fácil tomar um caminho não muito desejável, optando pela linha de menor resistência. É claro que precisaria haver outras indicações no mapa de forte dependência de terceiros.

Você acha a amizade importante e procura o apoio dos que lhe são íntimos. Se o planeta estiver bem aspectado, seus amigos o ampararão de todas as formas possíveis. Se a Lua, Vênus, Marte ou Plutão estiverem envolvidos, pode ser que sua necessidade de receber amor dependa muito dos envolvimentos sexuais, e, nesse caso, a posição da casa 8 (sexo) é mais forte que a da casa 11 (amigos e amor recebido).

Como a 11 é a casa das circunstâncias sobre as quais não temos nenhum controle e a 8 é a casa da morte, esse posicionamento pode indicar morte acidental ou inesperada.

Regente da casa 11 na casa 9: Você procura amigos que tenham os mesmos pontos de vista que você, que compartilhem seus princípios morais e éticos. Contudo, muitas vezes, os amigos são estrangeiros ou você vive longe do lugar em que nasceu, apreciando as culturas estrangeiras e experimentando situações domésticas diferentes e estimulantes.

Muitas vezes, o dinheiro vindo da profissão (a casa 11 é a segunda a partir da casa 10) tem relação com países distantes. A escritora Pearl Buck (veja o mapa a seguir) tinha Leão na cúspide da casa 11 e o Sol em Câncer na casa 9, em conjunção com Mercúrio (comunicação) e em trígono com Urano, o planeta do inusitado. Filha de missionários, ela foi criada na China. Sua invulgar capacidade literária e suas descrições da vida na China por intermédio dos livros *The*

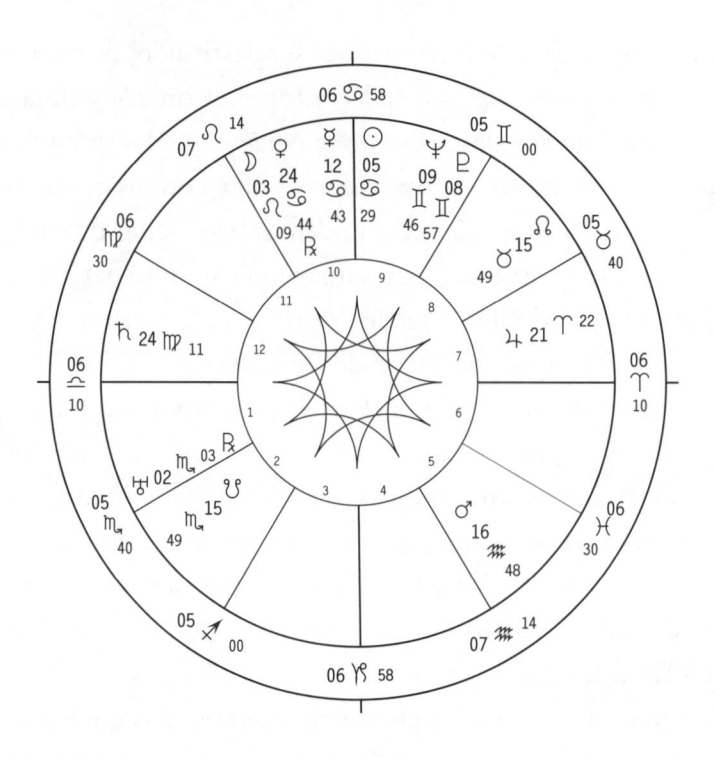

Pearl Buck
26 de junho de 1892
12:30 EST
Hillsboro, West Virginia, EUA
38N08 80O13

Good Earth, *Sons* e *A House Divided*, para mencionar alguns, valeram-lhe um prêmio Pulitzer e um prêmio Nobel de Literatura.

Suas metas e esperanças podem se concentrar na aquisição de uma boa educação; você pode se sentir atraído pela advocacia ou pelo ministério. Se o planeta for Júpiter ou Vênus, será fácil se relacionar com a família do cônjuge, e esse relacionamento será, em geral, amistoso. Temos uma aluna com esse posicionamento que foi a melhor amiga da irmã do marido muito antes de conhecê-lo. Essa amizade perdura há vinte e cinco anos.

Regente da casa 11 na casa 10: Muitas vezes, sua carreira se liga, de alguma forma, ao governo. Inúmeros senadores e deputados têm este posicionamento, incluindo o caçador de comunistas Joseph McCarthy, que tinha Urano em Capricórnio na casa 10 regendo Aquário na cúspide da casa 11. O governador Jerry Brown, da Califórnia, tem Gêmeos na casa 11 e Mercúrio em Áries na casa 10. Franklin D. Roosevelt (veja Volume I) tinha a Lua em Câncer na casa 10 regendo a casa 11. Todos eles eram homens ambiciosos, que tinham por objetivo ocupar cargos de responsabilidade e comando.

Pode ser que você escolha seus amigos entre aqueles que julga poder ajudar em sua carreira; se usar esse posicionamento de forma

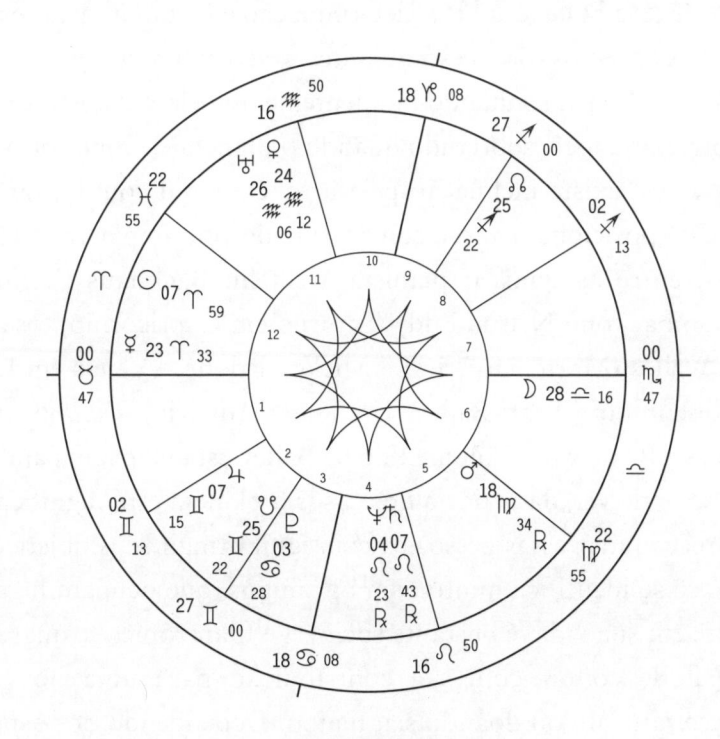

Pearl Bailey
29 de março de 1918
7:00 EST
Newport News, Virginia, EUA
36N59 76O25

positiva, de fato amigos e conhecidos não vão medir esforços para ajudá-lo a chegar ao topo. Em contrapartida, você vai auxiliá-los na realização de seus desejos e esperanças. Vai conhecer a maior parte dos amigos por meio da profissão ou de empregos.

Com aspectos muito desafiadores, ou se houver mau uso da energia, é possível que você chegue ao topo e depois caia em razão de circunstâncias imprevistas. Chiang Kai Shek, o líder chinês cuja história é cheia de altos e baixos, tinha Sagitário na casa 11 e Júpiter na casa 10 em Escorpião, em conjunção com o Meio do Céu, porém em quadratura com os nodos.

Regente da casa 11 na casa 11: A determinação em atingir metas é muito forte, se os aspectos forem estimulantes. Caso contrário, pode ser que você ande à deriva, sonhando indolentemente pela vida. Parece que a vida sorri para você, sobretudo quando o planeta é Júpiter ou Vênus; muitas vezes, existe inclinação pela arte, em geral com bastante sucesso. Este posicionamento é compartilhado por ampla variedade de pessoas, entre as quais o pianista Wilhelm Backhaus (Vênus em Touro), o barítono Nelson Eddy (Saturno em Capricórnio), os atores Orson Welles (Marte em Áries) e Mickey Rooney (Vênus em Libra), e a apresentadora Pearl Bailey (Urano em Aquário). (Veja os mapas de Welles e Rooney no Volume II; o de Bailey está na página anterior.) Como se pode ver, na maioria dos casos o planeta está dignificado, o que parece ajudar essas pessoas a conseguir atingir seus objetivos.

Você se identifica muito com os amigos, que ocupam lugar importante em sua vida, é bastante sociável e filantrópico, e quase sempre se pode contar com sua contribuição para uma boa causa – financeiramente ou doando seu tempo. Dependendo dos aspectos, pode ser que você tenha amigos controvertidos ou incomuns, como Frank Sinatra, que tem sido constantemente questionado por seus vínculos com a Cosa Nostra. Seu Urano em Aquário é o regente da casa 11. Como ele está em sextil com Mercúrio, Sinatra sempre consegue resolver os problemas conversando.

Regente da casa 11 na casa 12: Suas metas e seus objetivos podem estar relacionados com a profissão médica, a pesquisa ou algum tipo de atuação nos bastidores. Vários escritores têm este posicionamento. Faith Baldwin (veja o mapa a seguir), que tem Virgem na casa 11 e Mercúrio em Libra, escreveu mais de cem romances, a maioria sobre temas da casa 12. Seu Mercúrio está em trígono com Netuno e Plutão na casa 8. Arthur Conan Doyle, o mestre do suspense e do mistério,

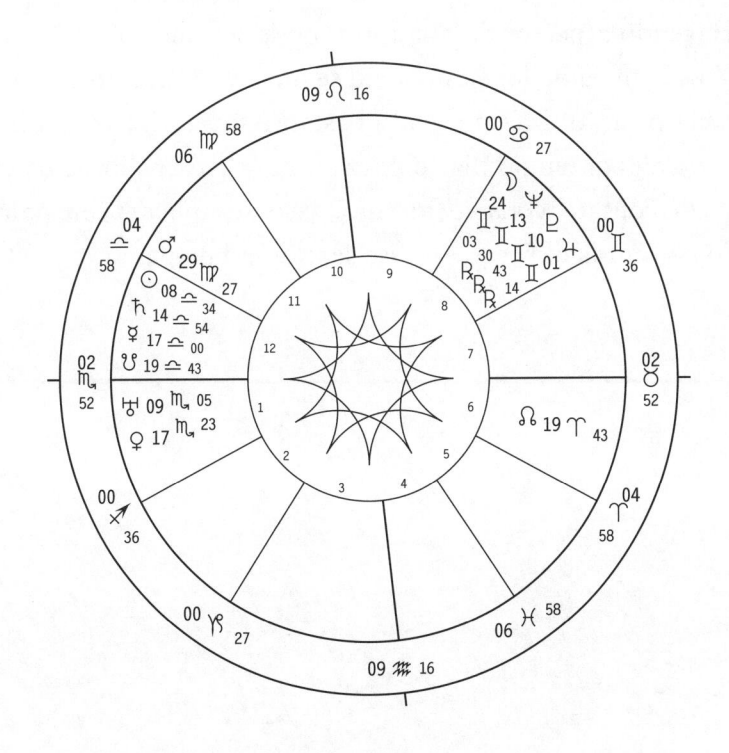

Faith Baldwin
1º de outubro de 1893
8:00 EST
New Rochelle, Nova York, EUA
40N55 73O47

tinha Áries na casa 11 e Marte no comunicativo signo de Gêmeos na casa 12. Com os amigos, envolveu-se com percepção extrassensorial e parapsicologia, formando grupos de pesquisa e patrocinando sessões espíritas. O romancista e dramaturgo francês Alexandre Dumas tinha Gêmeos na cúspide da casa 11 e Mercúrio em Câncer na casa 12. Muitos amigos foram seus colaboradores, o que mostra, mais uma vez, a ligação com a casa 11.

Timothy Leary (veja o mapa no Volume II) é outro exemplo. Tinha Vênus em Escorpião na casa 12 regendo a 11; ele e os amigos (casa 11) fizeram pesquisas com drogas (casa 12) usando a si próprios como cobaias.

Havendo aspectos desafiadores, pode ser que você não escolha os amigos com cuidado; eles podem se mostrar traiçoeiros ou invejosos de sua posição. Mesmo sendo bastante sociável, parece que você precisa de algum tempo diário para si, para recarregar as baterias e entrar em contato consigo mesmo. Isso se aplica principalmente quando há outras indicações nesse sentido no mapa.

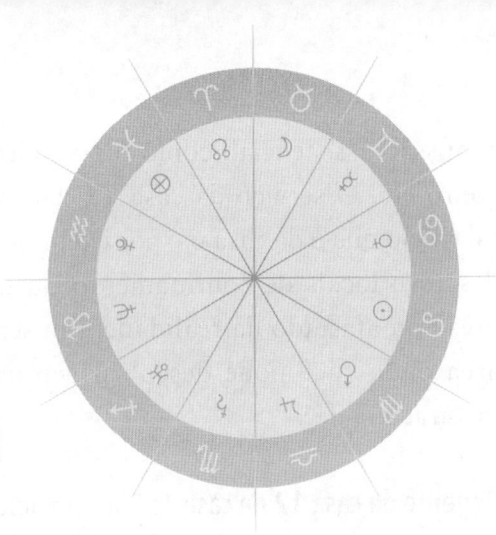

Módulo 12
Regentes da Casa 12

Esta é a última casa do zodíaco. É uma casa cadente e de conclusões; seu signo natural é Peixes, e seu regente natural, Netuno. Como Netuno é o planeta da ilusão e da iluminação, dos impulsos espirituais ou escapistas, sentimos certo mistério na casa 12. Peixes é sensível, intuitivo, compassivo e disposto ao sacrifício; um pouco de tudo isso se junta para tornar a casa 12 a mais inspiradora de todas. Porém, precisamos nos lembrar de que esta é a casa que precede o Ascendente. O Ascendente descreve o corpo exterior, o que está à vista de todos; a casa 12 é sua parte oculta, a área onde você é capaz de enganar o mundo e a si mesmo. Psicologicamente, é o subconsciente – lá dentro, armazenados nos bancos da memória, estão todos os traumas e todas as alegrias em relação a tudo que lhe aconteceu desde o nascimento. Se vai usar a chave certa para encarar seu ego mais interior é uma decisão que só você pode tomar.

Alguns mapas têm ritmo mais favorável e necessidade mais profunda de exame interior; basicamente, porém, todos podem optar entre o conhecimento e a ignorância. Em termos práticos ou cotidianos, a casa 12 pode mostrar muitas das atividades que você conduz nos bastidores, aquilo que faz sozinho ou em total privacidade; também pode revelar se você presta serviços ou trabalha em alguma profissão assistencial, como funcionário de hospital, médico, enfermeiro etc. O serviço da casa 12 tem conotação maior de doação e sacrifício que o da casa 6 – por exemplo, obras beneficentes. Também descreve locais de confinamento ou instituições em que você fica preso ou afastado da realidade. Em sentido mais positivo, mostra a área onde você pode descobrir seu verdadeiro eu, onde encontra inspiração e fé.

Regente da casa 12 na casa 1: Este posicionamento, mais que qualquer outro, mostra profunda necessidade de exame interior, à medida que você percebe que só se conhecendo é possível representar aquilo que você definiu como imagem. Isso não significa, necessariamente, que vá encarar seu subconsciente, mas, sim, que sente o ímpeto de explorar o que está por baixo da superfície. Mahatma Gandhi (veja o mapa no Volume II) é um bom exemplo da aplicação prática e filosófica desse posicionamento. Mercúrio, regente da cúspide de sua casa 12 em Virgem, está em Escorpião, na casa 1. Não forma aspectos maiores com qualquer outro planeta do mapa, dando-lhe mais força de vontade e propósito. Gandhi passou a maior parte da vida lutando pela independência da Índia por meio da não violência. Passou muitos anos na prisão e outros tantos em busca do Atman e das respostas à vida e à morte.

Regente da casa 12 na casa 2: Evidentemente, todo posicionamento planetário pode ser usado de forma positiva ou negativa, mas, às vezes, fica muito evidente qual a forma de uso. É o caso deste posicionamento. O uso positivo o ajuda a descobrir seus verdadeiros valores, a utilizar seus talentos e recursos e a desfrutar de suas posses para tornar a vida mais divertida. O uso negativo tem o mesmo efeito de Saturno na casa 2 – sempre com medo de acabar num asilo para indigentes, fazendo do dinheiro e dos objetos materiais um fim, não um meio. Uma de nossas clientes tem Libra na casa 12 e Vênus em Capricórnio na casa 2. Cada vez que passa por uma crise pessoal, ela imediatamente reforma a casa, renova o guarda-roupa ou vai viajar – qualquer coisa para evitar olhar para dentro de si mesma e encarar suas verdadeiras necessidades. Vênus forma um grande trígono com a Lua e Júpiter e não recebe nenhum aspecto desafiador para forçá-la à introspecção.

Arturo Toscanini é um exemplo da aplicação mais positiva desse posicionamento. Esse fogoso maestro italiano sabia quais eram seus valores e também que seu verdadeiro eu não podia viver sob o fascismo e a ditadura. Com a ascensão de Mussolini como *Duce*, Toscanini deixou a amada Itália e emigrou para os Estados Unidos. Ele tem Sagitário na casa 12 e Júpiter em Aquário na casa 2, em conjunção com Vênus e em quadratura com a Lua e Saturno.

Regente da casa 12 na casa 3: Sua necessidade de comunicar ao mundo seus mais íntimos pensamentos é uma forma de expressão deste posicionamento, que aparece no mapa de vários escritores. Muitas vezes, no entanto, o funcionamento é exatamente o inverso: você usa sua natureza sensível e aguda percepção para deixar que os outros se comuniquem com você. Entre nossos clientes, temos três psicólogos com o regente da casa 12 na 3. Quase todos têm também a casa 7 ativada, mostrando seu envolvimento em relacionamentos a dois.

Em alguns casos, você é o manipulador de bastidores, falando e, de alguma forma, se comunicando por intermédio dos outros. Alguns escritores que usam pseudônimos têm esse posicionamento, como o braço-direito de Jimmy Carter, o ex-assistente da Casa Branca Hamilton Jordan: Aquário na casa 12 e Urano em Gêmeos na casa 3, em quadratura exata com Júpiter e em oposição com o Meio do Céu. Ele realizou muito bem sua missão ao lidar com alguns dos assuntos do presidente, mas na vida pessoal muitas vezes meteu os pés pelas mãos. Urano na casa 3 adora fazer coisas incomuns – ainda se comenta o drinque que ele derramou no decote de uma mulher, dizendo que parecia o rio Nilo.

É possível que haja envolvimentos secretos que acabam quase sempre vindo a público, já que a 3 é uma casa aberta, de comunicação livre. Esse foi o caso do ex-procurador geral John Mitchell (veja o mapa na p. 50), cujo envolvimento no episódio Watergate lhe custou a carreira de funcionário público. A Lua em Escorpião na casa 3 rege sua casa 12.

Regente da casa 12 na casa 4: A necessidade de ser você mesmo se evidencia claramente em sua natureza, assim como a necessidade de ter tempo para si mesmo, ou pelo menos um local – um cantinho da casa – que possa chamar de seu. Você é muito reservado, e, a menos que tenha Ascendente em Fogo, os outros o julgam quieto e até tímido. Muitas vezes se retira para seu pequeno mundo, principalmente se o regente da casa 12 for Netuno, Vênus, Plutão ou a Lua. Também pode ser que seja do tipo caseiro e até tente trabalhar ou desenvolver uma carreira em casa. Em alguns casos, esse posicionamento lhe confere a responsabilidade de cuidar do genitor representado pela casa 4.

Lawrence da Arábia tem Câncer na casa 12 e a Lua em Sagitário na casa 4. Ele não ficou em casa – ao contrário, abandonou sua pátria para "esconder" sua verdadeira identidade entre as tribos do deserto. Preferiu a segurança de seu ser mais íntimo, suas raízes psicológicas, à segurança mais superficial das quatro paredes de uma casa. Albert Schweitzer ilustra o mesmo princípio. (Veja o mapa no Volume II.) Ele também trocou sua pátria por um lugar distante, a África, onde lançou novas raízes. Mas Schweitzer incorporou outros princípios da casa 12, pois seu novo lar era um hospital, o único refúgio de milhares de nativos. Ele tinha Virgem na cúspide da casa 12 e Mercúrio na casa 4 em Capricórnio, em conjunção exata com o Sol, em quadratura com Netuno, a Lua e Júpiter. Mercúrio era o planeta focal de uma cruz T cardeal e angular.

Regente da casa 12 na casa 5: A aplicação prática mais óbvia deste posicionamento é a possibilidade de você ter alguns envolvimentos amorosos secretos. Se vai ser capaz de ter prazer com esses envolvimentos, ou se eles vão continuar secretos, isso só pode ser apurado pelo exame do mapa na totalidade. Algumas vezes, ocorre o efeito inverso. Temos alunos e clientes com o regente da casa 12 na 5, mas, como os planetas não foram bem integrados no mapa, eles fogem de quaisquer envolvimentos românticos, dizendo que namorar é imaturo

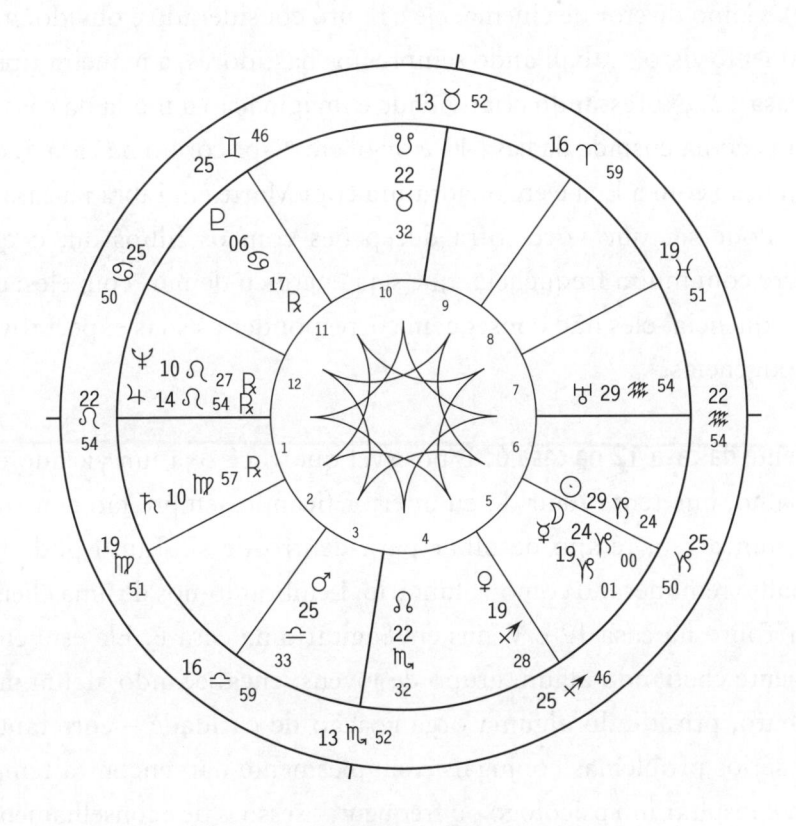

Federico Fellini
20 de janeiro de 1920
21:00 MET
Rimini, Itália
44N03 12L35

ou infantil. Em vez disso, usam a energia nos esportes, no trabalho ou em ambos. Um desses clientes tem Sagitário na casa 12 e Júpiter em Gêmeos na casa 5, num grande trígono com o Sol e Marte e num bumerangue com Júpiter em oposição a Plutão e em sextil com Netuno. Netuno e Júpiter formam um quincunce com Mercúrio. Sua esposa sempre se queixa de sua frieza e da falta de romantismo, do seu jeito até mesmo áspero; mas ele não perde nenhuma oportunidade de esquiar, nadar, correr, excursionar ou andar de skate.

Outro exemplo é Federico Fellini (veja o mapa na página anterior). Como diretor de cinema, ele é muito considerado e ouvido, mas raramente visto, trabalhando sempre nos bastidores, à maneira típica da casa 12, expressando criatividade e imaginação à moda da casa 5. Tem Leão na cúspide da casa 12 e o Sol em Capricórnio na casa 5, em conjunção com a Lua e em quadratura com Marte em Libra na casa 2.

Pode ser que você sofra decepções com os filhos ou, o que ocorre com muita frequência, que seja enérgico demais com eles; em consequência, eles não conseguem corresponder às suas expectativas ou exigências.

Regente da casa 12 na casa 6: É possível que você seja um viciado em trabalho, que tenta fugir do eu interior ficando sempre tão ocupado que nunca tem tempo de olhar para dentro de si. Tanto pode ser trabalho remunerado como voluntário. Lembramo-nos de uma cliente com Touro na casa 12 e Vênus em Sagitário na casa 6. Ela está eternamente chefiando algum grupo de jovens, encabeçando algum movimento, presidindo alguma organização de caridade – entretanto, tem sérios problemas conjugais e simplesmente não encontra tempo para consultar um psicólogo ou frequentar sessões de aconselhamento conjugal com o marido.

Em alguns casos, sobretudo se o regente não for forte no mapa, pode ser que você conclua que o trabalho não é sua praia; ao contrário,

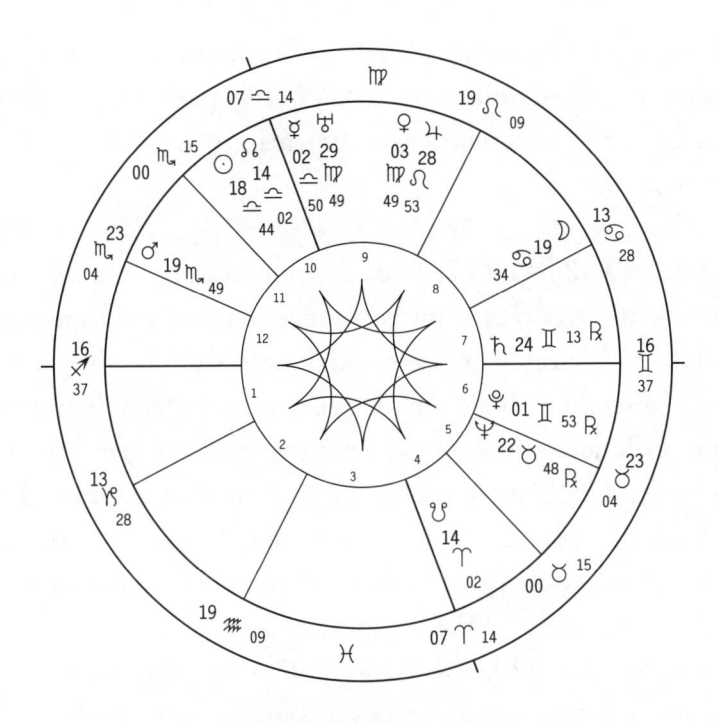

Eleanor Roosevelt
11 de outubro de 1884
11:00 EST
Nova York, Nova York, EUA
40N45 73O57

pode se aposentar prematuramente (como no caso de um de nossos alunos, que se aposentou aos 32 anos) ou trabalhar o suficiente para sobreviver e dedicar o restante do tempo a assuntos mais profundos. Pode ser que parte do trabalho executado por você consista em tomar conta de alguém doente ou deficiente, ou substituir alguém nessas condições, como aconteceu com Eleanor Roosevelt, que, a certa altura, precisou substituir o marido Franklin, acometido de pólio. Ela tinha Escorpião na casa 12 e Plutão em Gêmeos na casa 6 em quadratura com Júpiter e Vênus e em trígono com Urano e Mercúrio. (Veja o mapa dela nesta página.)

Se o planeta regente da casa 12 gerar muita tensão, será preciso que você encontre algum trabalho ou *hobby* para integrar a energia e usá-la de forma positiva; caso contrário, o resultado poderá ser uma doença.

Regente da casa 12 na casa 7: Pode ser que um parceiro seja a chave para sua compreensão de si mesmo e, dependendo dos aspectos, para que se encare honestamente e às suas necessidades. Se Saturno ou Plutão estiverem envolvidos, pode ser que vocês tenham um relacionamento profundo e total, um vínculo que só a morte é capaz de desfazer. Charles Lindbergh é um exemplo (veja o mapa no Volume II) – Escorpião na casa 12 e Plutão em Gêmeos na casa 7. Sua esposa, Anne Morrow Lindbergh, foi seu sustentáculo, seu amparo e sua amiga durante os anos difíceis depois do sequestro do seu bebê e do apoio que ele deu a Hitler no início da II Guerra Mundial.

Como acontece tantas vezes na Astrologia, pode ocorrer o inverso, quando planetas mais leves ou inconstantes regem a casa 12. O grande ator e diretor Charlie Chaplin tinha Libra na cúspide da casa 12 e Vênus em Touro na casa 7, em conjunção com Marte e em quadratura com Saturno. De certo modo, ele sempre precisava de mais encorajamento do que podia obter de uma mulher. Isso também se aplica ao caso da bela e infeliz atriz Marilyn Monroe – Lua na casa 7 em Aquário, regente da casa 12, em conjunção com Júpiter, em quadratura com Saturno e em oposição a Netuno, uma poderosa cruz T. A flutuação da Lua no inquieto signo de Aquário acentuava a insegurança da quadratura de Saturno; a conjunção com Júpiter pode ter-lhe dado um falso otimismo. A oposição com Netuno toldava qualquer clareza mental que ela pudesse ter a respeito de quem realmente era e para onde desejava ir. (Veja o mapa na p. 178.)

Regente da casa 12 na casa 8: Os textos antigos dizem: "Problemas com heranças ou morte de inimigos secretos". Sem dúvida, a abordagem da Astrologia mudou com o passar dos anos. As heranças podem ter seu papel, mas não é preciso haver problemas com elas; na realidade, pode ser que elas lhe possibilitem ir ao encalço de seus mais profundos desejos e necessidades. Uma de nossas alunas estava passando por problemas psicológicos porque soube, no fim da adolescência, que tinha sido adotada. A avó morreu e lhe deixou dinheiro suficiente para fazer uma boa terapia e descobrir os verdadeiros pais, com a ajuda de um advogado competente. Ela tem Sagitário na casa 12 e Júpiter em Leão na casa 8.

Um bom número de astronautas tem este posicionamento: Buzz Aldrin, Gordon Cooper e John Glenn, para citar apenas três. É possível que a gravidade zero tenha efeito similar ao das experiências fora do corpo. Aldrin (Touro na casa 12, Vênus em Capricórnio na casa 8) afirma que, ao voltar, era outro homem; a maioria dos astronautas que flutuaram no espaço exterior passou por uma transformação e sofreram enormes mudanças de atitude.

Timothy Leary (veja o mapa no Volume II) também teve algumas experiências fora do corpo, com a diferença de terem sido induzidas por drogas como parte da pesquisa que estava realizando sobre os efeitos de substâncias como o LSD. Todos esses são envolvimentos bem netunianos/casas 12 e 8.

Existe a possibilidade de você obter apoio (casa 8) de fontes ou sociedades secretas como a Máfia.

Regente da casa 12 na casa 9: Grande parte de sua sustentação interior vem da religião; muitos líderes religiosos têm este posicionamento. Um bom exemplo é Vivekananda, o grande swami hindu que foi a países estrangeiros, como os Estados Unidos e a Inglaterra (casa 9), com o intuito de ensinar sua religião e sua filosofia (casa 9) para descobrir sua verdadeira vocação e adquirir maior visão de seu subconsciente (casa 12). (Veja o mapa na p. 45.) Outro exemplo é Edgar Cayce, o vidente que ajudou e amparou pessoas em estado subconsciente

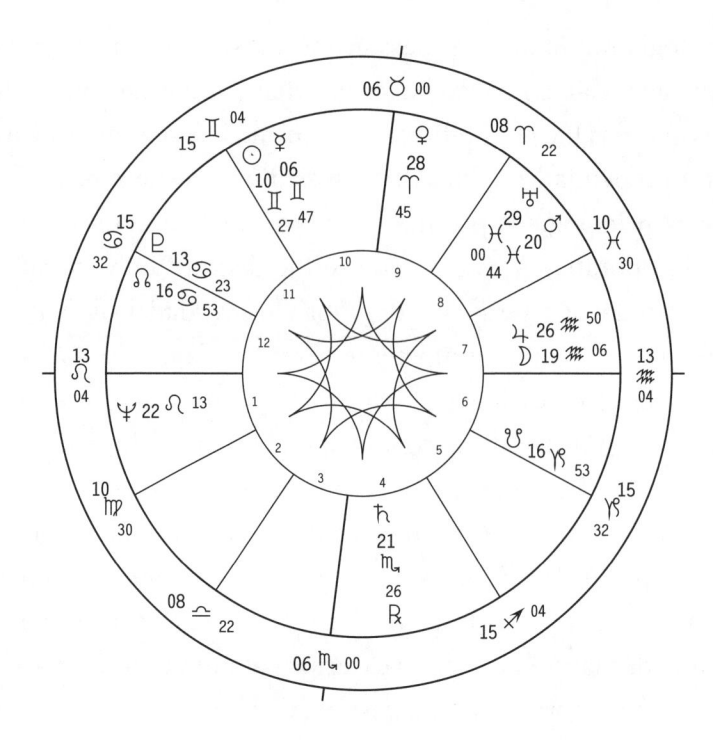

Marilyn Monroe
1º de junho de 1926
9:30 PST
Los Angeles, Califórnia, EUA
34N03 118O15

(casa 12) ou supraconsciente (casa 9). A Lua rege sua casa 12 e está na casa 9, em Touro. No caso de Cayce, a conjunção ampla da Lua com Netuno funcionou como iluminação, não como ilusão; o trígono com Marte forneceu as aplicações práticas à sua criatividade, e os sextis com Mercúrio, Saturno e Vênus forneceram as oportunidades de utilização de seus talentos e recursos.

Um exemplo do uso negativo desse posicionamento é dado pelo mapa do tenente William Calley, julgado e condenado pelo assassinato de mulheres e crianças inocentes em Mi-Lai. Ele tem Libra na casa 12 e Vênus em Leão na casa 9, em conjunção com Plutão. Um país estrangeiro (casa 9) tornou-se sua autodestruição (casa 12).

Regente da casa 12 na casa 10: A interpretação mais evidente é que sua carreira pode se orientar em termos da casa 12 – medicina, enfermagem, trabalho em presídios ou na igreja, como é o caso do papa João Paulo II (veja o mapa na p. 47). A conclusão óbvia é que a carreira poderá ajudá-lo a adquirir visão interior, em especial no campo psicológico – onde você não só recebe treinamento para ajudar os outros, mas precisa, antes de qualquer coisa, ser analisado. Até que ponto você aplica esse aprendizado às suas necessidades e realmente quer encarar o subconsciente depende da integração do seu mapa e de como você decide usá-lo. O cientista Albert Einstein usou tanto a percepção quanto a intuição para criar sua Teoria da Relatividade – Gêmeos na casa 12 e Mercúrio na 10 em Áries, em conjunção com Saturno. (Veja o mapa na p. 100.)

Há muitos casos em que o trabalho lhe fornece propósito e aumenta sua autoconfiança, porém também pode ser usado como desculpa para não se encarar de frente – o velho álibi de estar muito ocupado, de ter que cumprir obrigações. Sob esse aspecto, esse posicionamento é semelhante ao do regente da casa 12 na casa 6. Temos constatado que muitos de nossos alunos e clientes com esse posicionamento são incapazes de agir às escondidas ou nos bastidores – qualquer coisa que tentem fazer em segredo (casa 12) sempre acaba vindo à luz ou se tornando de conhecimento público (casa 10).

Regente da casa 12 na casa 11: Pode ser que os amigos sejam um fator-chave no seu processo de autoconhecimento e autoconfiança, a menos que o regente seja Netuno ou que a qualidade dos aspectos torne muito difícil trabalhar com o mapa – nesse caso, é preciso precaver-se contra amigos que desaparecem nas horas ruins. Uma de nossas clientes tem Libra na cúspide da casa 12 e Vênus em Virgem, em conjunção com Netuno na casa 11, em oposição com a Lua em Peixes e em quadratura com Marte em Sagitário na casa 2. Até agora ela foi prejudicada em três ocasiões, em negócios que fez com amigos. Perdeu dinheiro que havia emprestado e acha que os amigos não lhe dão apoio quando mais precisa.

Pode ser que você seja um manipulador de bastidores de alguma grande organização como a CIA ou de organizações secretas semelhantes. Ou um mestre em negociações secretas, como Henry Kissinger, ex-secretário de Estado dos Estados Unidos. Ele tem Touro na casa 12 e Vênus em Touro na casa 11, em oposição com Júpiter na casa 5. (Veja o mapa na p. 154.) Pelo que pudemos observar, o que ocorre com mais frequência com esse posicionamento é que você mantém seus objetivos (casa 11) bem ocultos (casa 12) ou seus desejos e esperanças (casa 11) são muito nebulosos, precisando ser mais bem compreendidos (casa 12).

Regente da casa 12 na casa 12: Este posicionamento, mais que qualquer outro, lhe dá força inata, como um manancial onde você pode buscar água sempre que necessário. Não é que você entenda suas motivações ou necessidades subconscientes, mas quando as coisas vão mal você sabe instintivamente o que fazer. É um dos posicionamentos mais intuitivos do regente da casa 12.

Podemos usar as energias planetárias de muitas formas; a utilização negativa, entretanto, em geral é mais fácil que a positiva. A criminosa Susan Atkins, que participou do assassinato a sangue-frio de Sharon Tate e seus companheiros enquanto estava, supostamente, sob o controle hipnótico de Charles Manson, tem Júpiter em Sagitário na casa 12 e regendo a mesma casa; Júpiter está em oposição a Vênus e Urano, em trígono com Marte e em quincunce com

Mercúrio. A vaidade fácil e a autoindulgência da oposição com Vênus, e a falta de moderação da oposição com Urano, não ajudaram a estabilizar as tendências escapistas de um Júpiter na casa 12 em quincunce com Mercúrio.

Eis algumas pessoas que encontraram inspiração e fé pela regência da casa 12: Henry Mancini (inspiração da música, veja o mapa no Volume II), Rosalynn Carter (fé no país e no marido) e Margaret Mead (compreensão intuitiva, veja o mapa na p. 72).

*Examinar efetivamente um horóscopo –
pegar planetas, signos,
posicionamentos por casa e aspectos
e, com base nesse conjunto de glifos,
entender quem é a pessoa,
como reage à vida, ao amor
e à busca da felicidade – é uma "arte".*

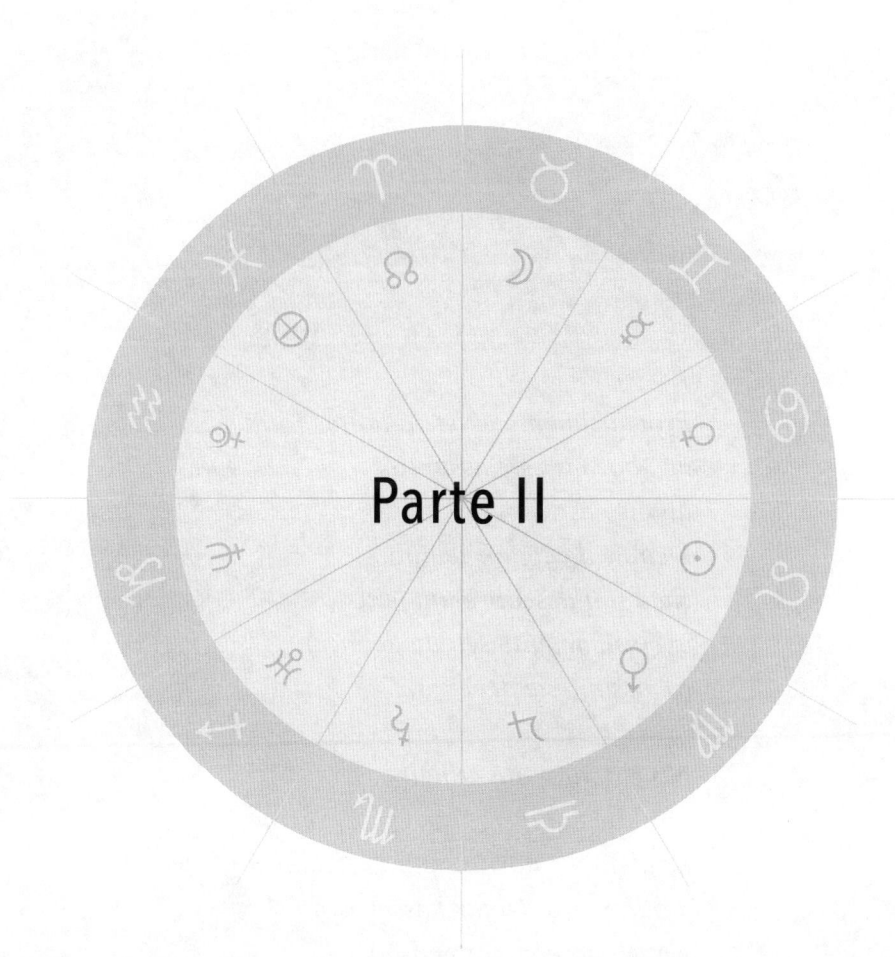

Parte II

*Provavelmente existem tantas formas
de abordar este assunto
quanto astrólogos.
Depois de algum tempo,
cada um descobre um jeito
exclusivamente seu de delinear,
e é assim que deve ser.*

*No entanto, até atingir esse
nível de competência, você precisa
de algumas normas para ajudá-lo
a olhar sem deixar passar nada
e a ver com compreensão.*

Introdução
A "Arte" de Interpretar Mapas

Não é força de expressão: examinar efetivamente um horóscopo – pegar planetas, signos, posicionamentos por casa e aspectos e, com base nesse conjunto de glifos, entender quem é a pessoa, como reage à vida, ao amor e à busca da felicidade – é uma "arte".

Provavelmente existem tantas formas de abordar este assunto quanto astrólogos. Depois de algum tempo, cada um descobre um jeito exclusivamente seu de delinear, e é assim que deve ser. No entanto, até atingir esse nível de competência, você precisa de algumas normas para ajudá-lo a olhar sem deixar passar nada e a ver com compreensão.

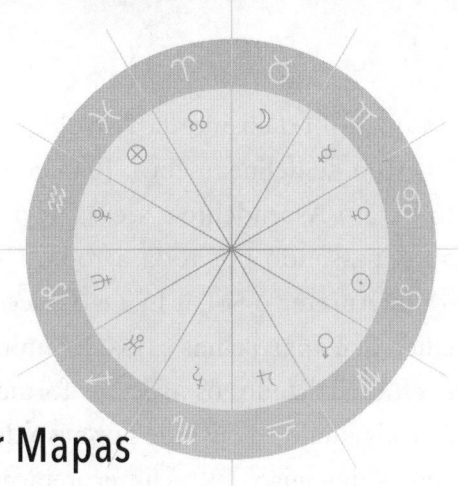

O Volume II do *Curso Básico de Astrologia* termina com o módulo 20, intitulado "Etapas do Delineamento". Neste livro, vamos mostrar essas etapas na prática. A visão geral é sempre necessária para entender a síntese do todo, perceber o que torna aquela pessoa ímpar e descobrir a direção ou a tendência principal. Em seguida, desmembramos o horóscopo em muitas partes – o Sol, a Lua, o Ascendente, e assim por diante –, mas, ao examinar cada partezinha, precisamos nos lembrar sempre do quadro geral que fizemos.

Neste volume, vamos mostrar quatro formas diferentes de interpretar um mapa. Embora as autoras partilhem dos mesmos pontos de vista quanto ao ensino da Astrologia, cada uma desenvolveu o próprio estilo de delineamento. Joan começa com a visão geral e vai direto para o Ascendente e a casa 1, depois para a 2, a 3, e assim por diante, passando por toda a roda. Usa decanatos e dodecatemórias para interpretar o Sol, a Lua e o Ascendente. Delineia cada planeta à medida que aparece nas casas. Examina o signo do planeta, a casa em que está localizado, os aspectos formados e a regência. Prosseguindo pela roda, delineia cúspide por cúspide e, em seguida, se volta para os regentes das cúspides. A interpretação do mapa do general George Patton é um bom exemplo da abordagem de Joan McEvers.

Marion também começa com a visão geral. Em seguida, delineia o Sol por signo e casa, combinando-o com o signo e a casa do seu regente, e, por último, interpreta os aspectos ao Sol. Usa o mesmo procedimento para a Lua, o Ascendente e o regente do mapa (regente do Ascendente). Trabalha, a seguir, com cada uma das casas, interpretando os planetas à medida que aparecem. De vez em quando, há mapas que parecem exigir a interpretação antecipada de Mercúrio ou Vênus. A interpretação dos mapas de Ernest Hemingway e da princesa Diana (veja os mapas nas pp. 219 e 266, respectivamente) são bons exemplos da técnica de Marion.

Joan sempre usa Marte como corregente de Escorpião; Marion se refere a ele como "o antigo regente" e não lhe dá o *status* de regente na interpretação de mapas natais.

Como explicamos no Volume II, há dois tipos de nodos: os médios e os verdadeiros. Um não é melhor que o outro. Joan tem um computador em cuja memória estão registrados os nodos médios. Marion usa as *American Ephemeris for the 20th Century*, de Neil Michelsen, que relaciona os nodos verdadeiros.

Muitos astrólogos têm métodos diferentes de calcular a marca final. Joan usa os dez planetas e só recorre ao Ascendente quando precisa desempatar. Marion usa os dez planetas mais o Ascendente e o Meio do Céu. Alguns astrólogos atribuem valor diferente aos luminares, como *1* para os planetas e *2* para o Sol, a Lua e o Ascendente, e *zero* para o Meio do Céu. Ou, então, *1* para cada planeta e o Meio do Céu, *2* para o Ascendente e a Lua, *3* para o Sol. Nesse caso, mais uma vez, você vai chegar à própria conclusão. O único fator importante é que a marca precisa casar ou combinar com o caráter da pessoa em questão, qualquer que tenha sido o método de calculá-la.

Outra questão para a qual você vai precisar achar as próprias respostas diz respeito às órbitas dos aspectos. Só podemos recomendar que utilize órbitas mais ou menos estreitas, tendo em vista que as pessoas comuns sempre reagem a elas (abaixo de 5°), quase sempre às órbitas médias (8° ou menos) e só às vezes às órbitas amplas (acima de 8°). Em nosso delineamento, só usamos os aspectos maiores (conjunção, sextil, quadratura, trígono, quincunce e oposição). Observem que incluímos o quincunce entre os aspectos maiores, concedendo-lhe uma órbita de 5°. Constatamos que esses seis aspectos formam o caráter básico e constituem a espinha dorsal para a compreensão das necessidades, dos impulsos, do potencial e do talento inatos de um ser humano. Os aspectos menores são muito importantes na vida cotidiana – dizem respeito aos padrões de hábitos, às pequenas irritações e aos pequenos prazeres que tornam a vida o que ela é; porém, não moldam a personalidade de nascimento, que torna você o que é. Num próximo livro, vamos falar mais a respeito dos aspectos menores.

Queremos mostrar a você uma ampla variedade de métodos de delineamento, e com esse intuito apresentamos abordagens diferentes, com finalidades igualmente diferentes. Para o mapa de Ernest Hemingway, fizemos uma interpretação em retrospecto, seguindo um método de exame em profundidade passo a passo, fundamentado sempre com dados biográficos. O mapa da princesa Diana também foi delineado em profundidade, mas no caso dela só dispomos dos fatos ocorridos até o ano da publicação da nossa primeira edição. A abordagem do mapa do general George Patton também é profunda e metódica, porém pautada por uma técnica diferente, usando apenas os dados biográficos essenciais desse homem fascinante, para tornar seu aprendizado significativo e interessante. No horóscopo de Barbra Streisand, usamos uma técnica totalmente diferente, que chamamos de "ampliação" – cobrimos e explicamos todas as facetas do mapa (planetas, casas e aspectos), mas não o seguimos metodicamente casa por casa, concentrando-nos, ao contrário, nas áreas que se destacam: configurações, padrão do mapa, ausências, superabundância etc. Com o intuito de mostrar algumas outras técnicas de interpretação, lançamos mão de fatores que permitem aprofundar a compreensão, por exemplo, as Partes Arábicas e as Estrelas Fixas. (Veja Volume II, Parte III.)

Na Parte III deste livro, mostramos outra maneira de ampliar um mapa, para o exame de fatores específicos, como tendências vocacionais, aparência, necessidades de relacionamento e vigor ou debilidade físicas.

É claro que você pode criar a própria técnica de interpretação de mapas, e provavelmente o fará. Para demonstrar como é fácil fazer a adaptação ao seu estilo, veja o método usado por Gloria Stein, uma das mais competentes professoras da Aquarius Workshops. Ela começa com a visão geral, de acordo com o roteiro de "Etapas do Delineamento" do Volume II. Em seguida, delineia o Sol e a Lua, os signos, as casas, os regentes, os decanatos e os aspectos. O passo seguinte é a interpretação do conceito do eu – o que ela faz examinando o Ascendente, o signo, o decanato, o regente e os aspectos, além dos planetas na casa 1, que reforçam a autoimagem.

Para avaliar as origens, as raízes e a atitude da pessoa em relação a si mesma, ela delineia a cúspide da casa 4, o regente, os aspectos do regente e os planetas nesta casa. Em seguida, passa para a capacidade de raciocínio e de comunicação, por meio da interpretação de

Mercúrio por posicionamento, signo e aspectos, passando, então, para a avaliação da casa 3 (onde também examina o condicionamento recebido na infância e os irmãos) e da casa 9 (onde examina não só a expressão da mente superior, mas também os princípios morais e a consciência superior).

Seu próximo objetivo é determinar o que a pessoa quer fazer e realizar. Examina a casa 10 e o regente do ponto de vista de *status*, reconhecimento e carreira; a casa 6 e o regente do ponto de vista da ética de trabalho e da orientação aplicadas à consecução das promessas indicadas na casa 10. A casa 2 revela a capacidade que a pessoa tem de ganhar dinheiro, seus recursos internos e seu senso de valores; a casa 8 mostra o apoio recebido de terceiros e os negócios realizados em conjunto, assim como os recursos do cônjuge e de outras pessoas.

Ela interpreta a atitude com os relacionamentos verificando a casa 7 quanto aos relacionamentos a dois, a 11 quanto às atividades grupais e aos amigos, e a 5 quanto aos casos amorosos e os filhos. A essa altura, ela já pode ter delineado Vênus ou Marte como regentes de alguma das casas, mas os descreve novamente no contexto do amor e do sexo; também volta à casa 8, enfocando, agora, as atitudes em relação ao sexo. Por fim, Gloria interpreta a casa 12 em termos da parte mais íntima ou oculta da natureza.

Como Joan e Marion, Gloria descreve todas as casas, planetas e aspectos, porém não segue a mesma ordem; essa diferença é o que melhor se adapta à sua personalidade. Esperamos que cada um de vocês encontre seu método de interpretação de mapas.

Nos quatro delineamentos que se seguem, baseamos toda a interpretação nas nossas palavras e frases-chave apresentadas nos Volumes I e II e na Parte I deste volume. Às vezes mudamos uma ou outra palavra em função do; contexto, em outros casos, usamos as frases textualmente. Às vezes não usamos nem a metade do material escrito, porque nem tudo se aplicava ao horóscopo em causa – e é isso, no fim das contas, a arte da interpretação de mapas.

Se você ainda se sente inseguro para usar as próprias palavras, siga nosso delineamento consultando os capítulos correspondentes nos Volumes I, II e III. Por exemplo, a visão geral do general George Patton afirma: "A divisão quatro acima/seis abaixo indica uma pessoa um pouco mais subjetiva que objetiva, voltada ao eu interior". No Volume I, Módulo 4, sobre as casas e os meridianos, está escrito: "Se há muitos planetas abaixo do horizonte, principalmente se o Sol e a Lua estiverem na parte noturna do mapa, você será mais subjetivo e poderá trabalhar nos bastidores". Patton tem apenas ligeiro predomínio de planetas abaixo do horizonte, incluindo o Sol; portanto, torna-se necessário atenuar essa frase. Tendo Saturno, Marte, Júpiter, Urano e Vênus angulares, o Sol na casa 5 e algumas configurações fortes, Patton não se contentava em ficar nos bastidores; mas era bastante introspectivo e voltado ao interior, sobretudo por causa de Plutão na casa 12, o Sol em Escorpião e a Lua na casa 8.

Vamos a mais um exemplo. No delineamento de Hemingway, afirmamos que o Sol na casa 11 em geral é voltado a objetivos. Na página 141 do Volume I, "Sol na casa 11", diz o texto: "Você faz o que deseja e geralmente consegue o que quer". Como se pode ver, é a mesma ideia colocada de forma um pouco diferente. O livro continua: "Ou é muito sociável e tem muitos amigos, ou é um solitário que segue o próprio caminho". Achamos que o mapa de Hemingway mostra as duas alternativas, mas, em vez de deixar as coisas nesses termos, fomos mais a fundo na questão ao delinear as casas 11 e 12. Continuando com o livro: "Por ter facilidade para enfrentar desafios, em geral você é excelente organizador, capaz de inspirar os outros a ajudá-lo em seus empreendimentos". Parafraseamos: "Excelente organizador, ele adorava se encarregar de viagens, safáris e caçadas. Seu Ascendente em Virgem e a Lua em Capricórnio confirmam essa tendência". Ainda continua o livro: "Muitas vezes, esse posicionamento indica pioneirismo em algum campo novo ou com o serviço assistencial em larga escala. O Sol na casa 11 e em Aquário opera de forma semelhante". Dizemos: "Como acontece muitas vezes quando o Sol está na casa 11 aquariana, ele foi líder em sua área, iniciando um estilo literário inédito nos Estados Unidos".

No delineamento de Barbra Streisand, chegamos a inserir palavras entre aspas para mostrar que foram transcritas exatamente como está em nossos livros.

Agora estude os diferentes delineamentos e veja se consegue fazer interpretações semelhantes.

A guerra é muito simples, direta e implacável. Para fazer a guerra é preciso um homem simples, direto e implacável.

– Do diário do General Patton,
15 de abril de 1943.

Módulo 13

GENERAL GEORGE S. PATTON:
Um Gladiador Moderno

George Smith Patton Jr., oficial do exército americano, nasceu a 11 de novembro de 1885, às 18:38h, em Wilson-Patton, uma fazenda de 1.800 acres em San Marino, Califórnia. O fato foi registrado na Bíblia de sua mãe, mas ele considerava a data de nascimento apenas mais um elo numa cadeia histórica. Acreditava que sua vida atravessava eras; recordava-se de incidentes ocorridos séculos antes, dos quais tomara parte em outras encarnações.

Formou-se em West Point e serviu na cavalaria como ajudante do general Pershing. Foi o primeiro homem destacado para o batalhão de tanques na I Guerra Mundial. Comandou a 2ª divisão blindada na I Guerra Mundial; foi o principal comandante das forças americanas, sob as ordens de Eisenhower, no Marrocos; comandou o 2º batalhão do exército na Tunísia e o 7º exército na Europa Ocidental. Morreu em 9 de dezembro de 1945, na Itália, em consequência de ferimentos sofridos num acidente de jipe.

Para delinear o horóscopo de Patton, vamos começar com a visão geral do canto direito inferior do mapa. Ele tem três planetas a leste e sete a oeste do meridiano; quatro planetas acima e seis abaixo. A divisão quatro acima/seis abaixo indica uma pessoa um pouco mais subjetiva que objetiva, voltada ao eu interior. Com sete planetas a

George Patton
11 de novembro de 1885
18:38 PST
San Marino, Califórnia, EUA
34N07 118O06

signo	♍
G.C.	
R.M.	♄ ♅ ♃
Reg.	☿
Disp.	

Cardinais:	♄ ♅ ♀ ☽			
Fixos:	♆ ☉			
Mutáveis:	♇ ♂ ♃ ☿		A	M
Fogo:	☿			
Terra:	♆ ♂ ♃ ♀ ☽			
Ar:	♇ ♅			A
Água:	♄ ☉			M
Angular:	♄ ♂ ♃ ♅ ♀			
Sucedente:	☉ ☽			
Cadente:	☿ ♇ ♆			
Dignidade:				
Exaltação:				
Detrimento:	☽ ♄ ☿			
Queda:				
Padrão:	Locomotiva/		♆	
V. 2	B. 1	R. 1		C. 6

longitude								
8 ♋ 15	☽							
27 ♒ 12		☿						
6 ♒ 03			♀					
11 ♒ 08	✶			☉				
27 ♊ 00	□	△			♂			
16 ♉ 56		□				♃		
6 ♉ 05	⊼	☌			(□)	♄	℞	
17 ♍ 55	✶	□			♂	□	♅	
13 ♉ 47	△		☌	□	△		♆	℞
27 ♉ 22		☌	⊼	□	△	△ ♂	♇	℞
20 ♊ 26	⊼		⊼					A
0 ♉ 22	□	✶		☌	⊼	△	□	M

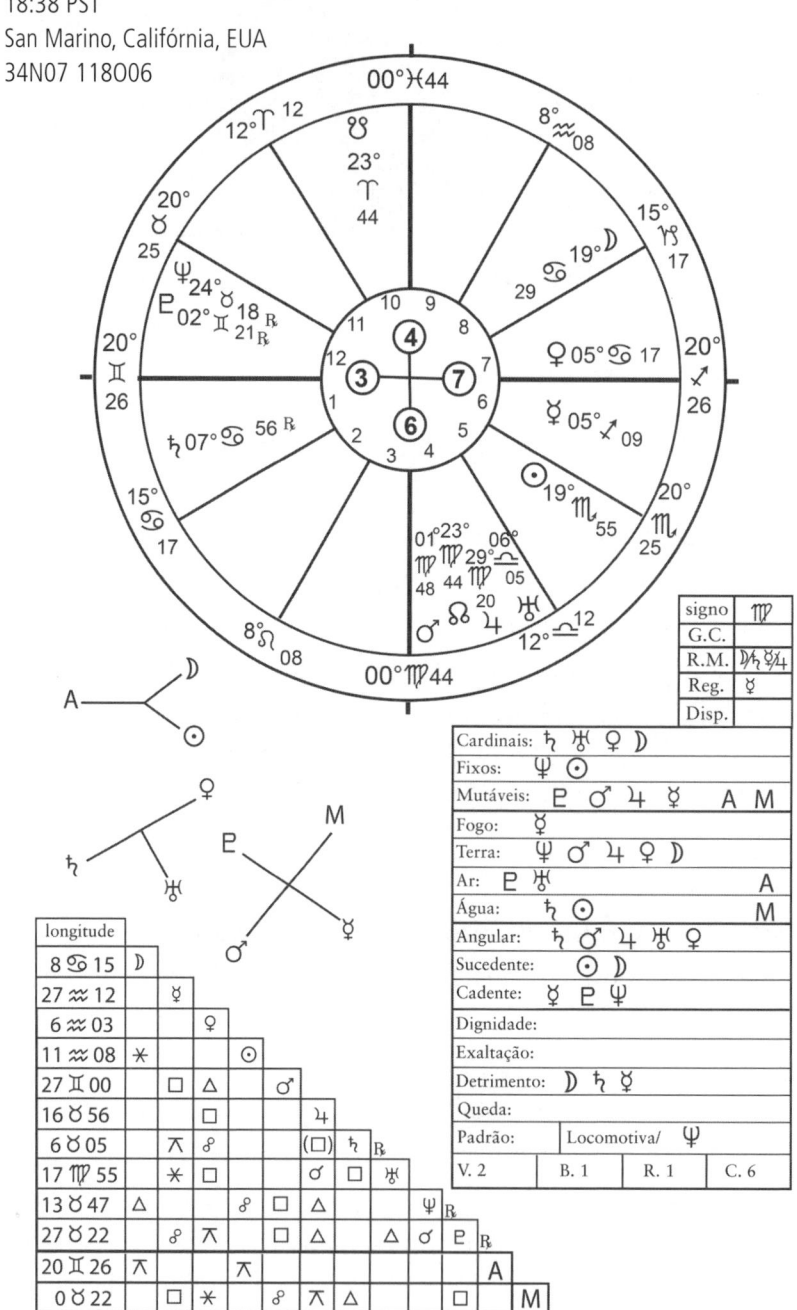

oeste do meridiano, vemos que sua vida estava intimamente ligada ao destino dos outros. O Sol e a Lua estão entre os planetas poentes, o que enfatiza o fato de que Patton escolheria um estilo de vida em que nem sempre seria capaz de demonstrar livre-arbítrio – o que não era fácil com o Sol em Escorpião e a Lua em Capricórnio; essa foi uma das muitas lições que teve de aprender.

Em termos de qualidade, existe uma divisão mais ou menos equilibrada entre seus planetas – quatro cardeais, dois fixos e quatro mutáveis, mais o Ascendente. Patton só tinha um planeta em Fogo, cinco em Terra, dois em Ar, mais o Ascendente, e dois em Água; a marca do mapa, portanto, era Virgem (predomínio de Terra e de mutáveis). Seu Sol estava em Escorpião, e o Ascendente, em Gêmeos. Essa é uma combinação poderosa que precisa de direcionamento positivo para funcionar bem. Científico e inventivo, realizou muita coisa. Muitos astrólogos acham que Escorpião e Gêmeos não são compatíveis, pois não têm nada em comum, nem em termos de qualidade nem de elemento.

Escorpião é passivo, e Gêmeos é ativo. Como Escorpião é investigador e Gêmeos é curioso, Patton conseguiu usar essa energia de maneira inventiva e produtiva, mas havia um traço cruel em sua personalidade, devido à frustração de nem sempre ser capaz de integrar a diversidade Escorpião/Gêmeos. A Lua em Capricórnio acrescentava distanciamento e a necessidade de ser reconhecido como alguém importante e poderoso.

A tudo isso precisamos acrescentar algumas qualidades virginianas, por causa da marca de Virgem. Em geral a marca, quando existe, é um reforço ao signo do Sol, da Lua ou do Ascendente; no caso de Patton, porém, essa é mais uma pista para a compreensão do seu caráter e da sua personalidade. À natureza incisiva de Escorpião, à ambição de Capricórnio e à versatilidade de Gêmeos, precisamos acrescentar a discriminação, a diligência, a capacidade crítica e certa melancolia de Virgem.

A presença de um único planeta num signo de Fogo é compensada, até certo ponto, por dois planetas nas casas da vida. Um deles, o Sol, está acidentalmente dignificado na casa 5 – não lhe faltando, assim, garra e entusiasmo, as qualidades do Fogo. Tanto a Lua em Capricórnio quanto Saturno em Câncer e Mercúrio em Sagitário estão em detrimento, indicando que não iriam funcionar a plena capacidade nesse horóscopo. Isso não quer dizer que Patton não tivesse emoções (Lua), mas, sim, que estas estavam sob controle (Capricórnio); que não tivesse disciplina (Saturno), mas, sim, que esta dependia de seus sentimentos (Câncer); nem que não conseguisse se comunicar (Mercúrio), mas, sim, que sua comunicação era influenciada pelo seu idealismo (Sagitário). A Lua e Saturno estão em recepção mútua, assim como Júpiter e Mercúrio. O significado disso é que cada par de planetas funciona bem em conjunto; portanto, era fácil para Patton integrá-los no mapa e usá-los de forma mais positiva do que se poderia supor a princípio, quando observamos que três entre os quatro planetas estão em detrimento.

O padrão do mapa é o da locomotiva. Os dez planetas estão posicionados em dois terços do zodíaco, deixando um trígono vazio entre a Lua e Netuno. A locomotiva dá certo equilíbrio, mas também forte sentimento de carência, empurrando Patton para realizações. Netuno é o planeta-motor, uma indicação de que as realizações de Patton viriam por intermédio de atividades de bastidores (casa 12), da inspiração e da confiança nos próprios sentimentos e palpites (Netuno) e da aplicação prática de suas percepções (Netuno em Touro).

O regente do mapa, Mercúrio, rege o Ascendente em Gêmeos e está na casa 6. Mostra que serviço, rotina e método eram importantes para ele. Como a marca do mapa é Virgem, o signo natural da casa 6, é fácil entender a devoção de toda vida dele ao serviço de seu país, sua atenção para os detalhes e sua fama de ser meticuloso.

A essa altura, vamos ver se há configurações no mapa de Patton. Existe uma cruz T cardeal, com Saturno em Câncer na casa 1, em oposição a Vênus em Capricórnio na casa 7 e em quadratura com Urano em Libra na casa 4. Isso indica que ele precisava incorporar a consciência (oposição) dos valores e sentimentos dos outros (Vênus na casa 7) às próprias atitudes em relação à forma e à responsabilidade (Saturno na casa 1). A quadratura entre Saturno e Urano mostra que Patton precisava aprender a arte da transigência e a capacidade de lidar com sentimentos de inferioridade, com origem na vida familiar e na infância (Urano na casa 4). A quadratura entre Vênus e Urano mostra que poderia haver uma separação entre ele e a mulher em alguma época da vida; que ele tinha a determinação de fazer as coisas a seu modo, ressentia-se da autoridade e tinha necessidade de ser diferente. Isso tudo se manifestava, em grande parte, na casa 10, da profissão, a área oposta a Urano na casa 4, que é o ponto focal da cruz T.

Como militar, Patton era original, imaginativo e paradoxal. A ascensão foi consequência de sua vontade de vencer, instilada nele desde a infância, por intermédio das reminiscências do avô Smith e de seus camaradas, que estavam sempre por perto, quando Georgie era adolescente, contando histórias da Guerra Civil. A excentricidade da quadratura Urano-Saturno se comprova pelo fato de que o jovem Patton nunca frequentou a escola, pois seu pai não acreditava na educação formal. Ensinado pelo pai, rapidamente aprendeu a ler, e escrevia com talento (Gêmeos ascendendo), mas nunca dominou a ortografia. Como ele mesmo dizia: "Tenho problemas com o A e o B. E como se chama mesmo a outra letra?".

A segunda configuração é uma grande cruz mutável com Marte na casa 4 em oposição ao Meio do Céu, em quadratura com Mercúrio em Sagitário na casa 6 e com Plutão em Gêmeos na casa 12. Mercúrio e Plutão estão em oposição entre si. Isso enfatiza, mais uma vez, a importância que os antecedentes e a primeira educação (Marte na casa 4) tiveram em seus feitos militares e no reconhecimento que obteve (Meio do Céu/casa 10). Marte em quadratura com Mercúrio acentua a curiosidade, mas gera inquietação, tornando Patton combativo; a quadratura com Plutão indica a necessidade de lidar com a violência. Que melhor forma de lidar com a violência que nos limites aceitáveis de uma guerra? A oposição de Mercúrio a Plutão acentuou sua capacidade de relatar os fatos com realismo.

O *yod* entre o Ascendente, o Sol e a Lua é a terceira configuração; indica a crença de Patton na mística da grandiosidade. Sua capacidade de percepção é mostrada pelo posicionamento do Sol em Escorpião e o sextil com a Lua na casa de Escorpião (casa 8). O ajuste necessário (quincunce) do Sol na casa 5 (criatividade), mas em conjunção com a cúspide da casa 6 (serviço prestado), para a projeção de sua personalidade (Ascendente) e a reorganização de suas emoções (Lua) indicava a maneira pela qual essa vivência poderia se manifestar – como ele escreveu em 1926: "Na verdade, na guerra, os homens não são nada; um homem é tudo".

Aprendemos bastante sobre a personalidade intrínseca de Patton com essa visão geral do mapa. Agora vamos proceder a uma análise casa por casa.

Gêmeos ascendendo é inquieto, curioso, expressivo, inventivo, mutável, inteligente e pode fingir ignorância. A maior parte dessas qualidades vai se evidenciar no trabalho de Patton, já que o regente Mercúrio está na casa 6. O grau do Ascendente está no decanato aquariano de Gêmeos, o que acrescenta um matiz de independência, amplia o intelectualismo, enfatiza a capacidade de desprendimento e acentua a inventividade. Como a dodecatemória também está em Aquário, podemos considerar que há duplicação nas qualidades aquarianas, por assim dizer. Gêmeos nunca fica sem saber o que dizer, e Patton era famoso pelo jeito de falar franco, direto, muitas vezes brusco e irreverente (Mercúrio em Sagitário). Diz seu biógrafo Martin Blumenson: "Ele era imprevisível, caprichoso e, ao mesmo tempo, digno de confiança e leal. Era brutal, porém sensível. Era sociável, porém solitário. Entusiasmado e animado, sofria de uma angústia interior". Sem dúvida, parece que ele estava descrevendo um Escorpião com Gêmeos no Ascendente.

Saturno em Câncer na **casa 1** mostra a necessidade de assumir responsabilidades e o desejo de ter poder, por causa do condicionamento na infância. Sério e meticuloso, os sentimentos de melancolia, escrupulosidade e insegurança pessoal empurraram Patton na direção de grandes realizações. Como Saturno regia sua casa 8 e estava em oposição com Vênus na casa 7, sem dúvida ele teve problemas sexuais (8) e separações da mulher (7), causando tensão e dificuldade em demonstrar seus verdadeiros sentimentos. O quincunce de Saturno com Mercúrio na casa 6 indica tremenda necessidade de aprovação, mas também tendência à rudeza, principalmente em questões relativas ao trabalho. O sextil amplo com Marte (6°) dava-lhe maravilhoso senso de oportunidade – a capacidade de saber a hora de lutar e a hora de fugir, o que, sem dúvida, contribuiu para sua inclinação para a carreira militar. Como Marte está na casa 4, o lar, a família e o respeito dos familiares eram importantes. A quadratura com Urano acentuou sua atitude de ser o "sabichão", além de mostrar novamente sua necessidade de aprovação. É quase como se Patton provasse sua masculinidade mostrando sua autoridade ao pai e ao avô, bem como, posteriormente, aos superiores.

O trígono de Saturno com o Meio do Céu contribuiu para sua ascensão profissional, aumentando sua capacidade de método e organização e sua dedicação à concretização dos objetivos. Também mostra o lado solitário que os outros percebiam nele. No mapa, Saturno está retrógrado; desde cedo, Patton sabia quem era e para onde ia, que é o uso mais positivo de um Saturno retrógrado. Firme na busca dos objetivos, tinha senso de humor bem desenvolvido, cujo alvo principal era ele mesmo.

Com **Câncer** na cúspide da **casa 2**, a maior probabilidade é de que Patton fosse econômico, consciente da necessidade de segurança e capaz de acumular um belo patrimônio. A Lua, regente da casa 2, está em Capricórnio na casa 8 e só tem aspectos positivos e fluentes; assim, não há dúvida de que ele nunca teve problemas financeiros. Veio de uma família de posses e se casou bem (Lua na casa 8). Seus valores estavam intimamente associados ao lar, à tradição e ao patriotismo, qualidades cancerianas. A casa 2 também mostra de que maneira obtemos nossa renda; com a Lua na casa 8, Patton ganhava a vida por meio de assuntos relacionados a essa casa (morte e destruição).

A **casa 3** revela como nos comunicamos. Com **Leão** na cúspide, Patton era um bom conversador e tinha excelente capacidade de autoexpressão. Tendo o Sol em Escorpião e Mercúrio em Sagitário, era um banquete para a imprensa – irreverente e fanfarrão, não ficava nunca sem saber o que dizer. Era ambicioso e empreendedor; raciocinava bem e com clareza, ansiava por aumentar seus conhecimentos, era leitor voraz e se mantinha sempre bem informado. Mesmo com a casa 4 ativada, teve uma infância feliz e se dava muito bem com as duas irmãs mais novas. A confirmação disso é dada pelo Sol, regente da casa 3, do ambiente na infância, em sextil com a Lua. Leão na casa 3 sempre confere a capacidade de teatralizar – Patton não fugia à regra. A oposição entre o Sol e Netuno acentuava essa característica.

Obviamente, a casa 4 é muito importante no mapa de Patton. Como a cúspide está em Virgem, ele achava que o trabalho o conservava jovem e sempre estava disposto a servir – não apenas à família, nesse caso, mas também ao país. Viveu mais onde trabalhou que trabalhou em casa. Esse posicionamento acentuou a característica um tanto esquizofrênica de sua personalidade, indicada pelo Sol em Escorpião e pelo Ascendente em Gêmeos. A colocação do regente da casa 4, Mercúrio, na casa 6 mostra novamente que ele foi criado com a ideologia da prestação de serviços; indica também o conforto de que desfrutou nos primeiros anos de vida e o fato de ter tido empregados (Mercúrio em trígono com Júpiter na casa 4). Mesmo na carreira militar, Patton sempre dispôs de ajudantes para executar suas ordens.

Marte em Virgem na **casa 4** nos diz que ele era frio, lógico e científico, adorava trabalhar e se empenhava entusiasticamente na carreira. Era um homem meticuloso e rigoroso, a quem a rotina não incomodava; era ordeiro e detalhista em relação à vida doméstica e à aparência pessoal. Eram bem conhecidos seus revólveres de cabo de marfim e seu hábito de trocar de camisa três vezes por dia. Tinha premente necessidade de segurança; como Marte rege sua casa 11, a segurança veio através de uma grande instituição, o governo dos Estados Unidos.

Quando Marte está na casa 4, existe a possibilidade de se sair bem fora do lugar de nascimento, como foi o caso de Patton. Suas mais impressionantes vitórias ocorreram do outro lado do mundo. Essa colocação de Marte muitas vezes indica antecedentes militares, o que se aplica ao caso dele. Seu avô Smith e seus camaradas estiveram na Guerra Civil, e Georgie cresceu ouvindo as histórias romanceadas que contavam da vida nos quartéis. Não há dúvida de que Patton ficou fascinado e de que isso influiu em seu desejo de seguir a carreira militar.

A quadratura de Marte e Mercúrio na casa 6 contribuiu para lhe dar impulsividade e tendência a tirar conclusões apressadas, mas também lhe proporcionou a energia mental necessária para criar impressionantes estratégias militares, além de lhe conferir dedicação exclusiva ao trabalho. O trígono com Vênus na casa 7 mostra a devoção e a fidelidade de sua esposa, Beatrice. Também acrescentou calor e afetuosidade à sua natureza um tanto austera. Mesmo passando tanto tempo fora de casa por exigência da profissão, Patton sabia que Bea estava lá, provendo a segurança necessária de um lugar para onde voltar.

Marte em quadratura com Netuno lhe deu poderosa imaginação e contribuiu para que tivesse sonhos proféticos, visões e retrocognição, onde se via como César, Aníbal e Alexandre. Esse aspecto, sem dúvida, contribuiu para fomentar as desagradáveis histórias a seu respeito – uso de armas, fanfarronice, arrogância –, publicadas pelos jornais, sempre ávidos por manchetes. Netuno rege seu Meio do Céu.

Vigoroso e agressivo, Patton se impunha sobre os outros, como geralmente acontece com Marte em quadratura com Plutão. Nunca aprendeu, de fato, a controlar a tendência a tratar os outros com grosseria, porém sua necessidade de violência física encontrou um canal de vazão adequado nos jogos de guerra. A oposição de Marte ao Meio do Céu acentuou sua necessidade de exercer domínio sobre os outros; felizmente, sua carreira propiciou uma expressão aceitável para essa tendência. A pessoa que tem esse aspecto não se detém diante de nada, e "destemida" é uma boa palavra para descrevê-la. George, sem dúvida, correspondeu a essa imagem. Em toda vida, nunca teve tato nem diplomacia. Mesmo depois de se tornar seguro de seu valor, não superou a forte necessidade de subjugar os outros e suas ideias.

Se o **Nodo Norte** significa a área de crescimento nesta vida, Patton, com o Nodo Norte na casa 4, deveria planejar sua segurança, as questões domésticas e familiares, as raízes psicológicas e a vida particular. Pelo que sabemos de sua vida, ele teve dificuldade em enfrentar essa área, achando muito mais fácil evadir-se pelo **Nodo Sul** na casa 10, através da carreira, da fama e da notoriedade que conquistou.

Júpiter em Virgem na **casa 4** propicia a capacidade de obter cooperação dos outros. Isso, sem dúvida, foi importante para Patton. Era estudioso nato, apesar da escolaridade não convencional. Seus elevados ideais certamente o levaram a esperar demasiado dos outros (Júpiter rege a casa 7). Dava muita importância à limpeza e à ordem, estava sempre arrumado dos pés à cabeça, com sabre e botas reluzentes. Era devotado ao lar e à família, mesmo passando tanto tempo fora; como frequentemente acontece quando Júpiter está na casa 4, nasceu em uma família financeiramente estável. Seu gosto pelos espaços abertos se evidenciava, muitas vezes, no campo de batalha, que parecia ser seu verdadeiro lar. Júpiter aqui também indica que um ambiente militar esteve em evidência, nem tanto na infância quanto na idade adulta, por escolha própria.

Inquieto e avesso a restrições (Júpiter em conjunção com Urano), Patton era definitivamente ele mesmo; demonstrava profundo respeito pelo conhecimento e provavelmente era um gênio em sua especialidade. Interessava-se por tudo que fosse novo e progressista e tinha fé muito forte no oculto. As oportunidades de viajar dadas pela conjunção Júpiter/Urano também foram muito evidentes em sua vida. O sextil amplo de Júpiter e Mercúrio lhe dava grande domínio da língua (apesar de não saber ortografia), boa compreensão e muita integridade. Falava francês fluentemente e lia em latim. Gratificava-se com as viagens. Era honrado, justo e filosófico.

A quadratura entre Júpiter e Vênus contribuiu para sua fama de vaidoso, convencido e temperamental. Não há dúvida de que tinha tendência a exagerar nos atos e nas palavras; por outro lado, sua intuição também desabrochou, e ele tirou bom proveito dos desafios desse aspecto. O trígono entre Júpiter e Netuno promoveu suas crenças espirituais e místicas, e Patton usou suas faculdades psíquicas de forma benéfica. Acreditava realmente ter vivido na época de César, Augusto e Alexandre o Grande, e seu conhecimento da estratégia militar desses homens contribuiu diretamente para as estonteantes vitórias que obteve no norte da África e na Sicília durante a II Guerra Mundial. Exuberante, entusiasmado e ambicioso, estimulava os outros a desenvolver o próprio potencial e tinha grande capacidade organizacional, o que é de esperar em quem tem trígono Júpiter/Plutão.

Urano em Libra dá enorme charme e magnetismo pessoal e permite à pessoa que defenda ideias estranhas sem ser agressiva. Como Urano é o ponto focal de uma cruz T no mapa de Patton, ele era muito independente e voluntarioso; porém, por causa da conjunção com Júpiter, estava mais que disposto a assumir a responsabilidade por seus atos. Urano na casa 4 faz prever oscilações inesperadas na vida doméstica. De acordo com o biógrafo Ladislas Farago, a criação de Patton foi incomum, porém amorosa e estável.

O sextil entre Urano e Mercúrio acentua sua quase genialidade, contribuindo para seu brilhantismo, talento, independência e originalidade. Patton era um orador fascinante, eloquente, ímpar, arrojado; tinha excelente memória, impacientava-se com a ignorância e tinha grande senso dramático. Grandioso e arrogante, foi o mais exuberante líder guerreiro americano, idolatrado e difamado, amado e odiado.

A quadratura entre Urano e Vênus mostra sua tendência a ser mimado e a fazer as coisas a seu modo; porém, quando queria, era capaz de expor sua opinião com charme. Egocêntrico e egoísta, Patton era magnético no contato com os outros (Vênus na casa 7). Era melindroso e voluntarioso. Correram muitos rumores a respeito de suas aventuras sexuais, e esse aspecto indica que talvez nem todos tenham sido apenas rumores, principalmente por causa da oposição de Saturno a Vênus e da quadratura com Urano, o que confirma a existência de possíveis problemas. As pessoas com esse aspecto muitas vezes gostam de ser diferentes e de chamar a atenção sobre si mesmas para encobrir um profundo complexo de inferioridade. Aparentemente, esse não foi o caso de Patton – ele acreditava, de fato, ser invencível.

Urano também está em trígono com Plutão. Esse aspecto se refere à geração, mas no mapa de Patton tem papel importante, porque Plutão é o regente do Sol em Escorpião, e Urano é angular. Esse trígono proporciona resistência e força, qualidades admiravelmente reveladas por Patton. Também indica o verdadeiro idealista que George sem dúvida foi. Urano rege a cúspide da casa 9, e com Aquário nessa posição existe uma vontade de criar uma filosofia própria. Para Patton, isso foi fácil por causa do trígono.

Romance, poesia, música e envolvimento com outras pessoas são importantes para quem tem **Libra** na cúspide da **casa 5**; com Vênus na casa 7 em Capricórnio, podemos supor que isso se aplica a Patton. Como Vênus tem alguns aspectos desafiadores, só os íntimos conheciam esse seu lado. Conheceu a futura esposa, Beatrice Ayer, quando tinha 17 anos, e ela 15; corresponderam-se durante três anos, enquanto ele se diplomava na Pasadena High School (não sem dificuldades – o Sol, regente da casa 3 em oposição a Netuno: muita fantasia) e passava um ano no Instituto Militar da Virgínia. Encontraram-se novamente quando ele foi para West Point, mas só se casaram em 26 de maio de 1910. Nem ele nem ela tiveram outros namorados. Ela se equiparava a ele na vela e na equitação e partilhava do amor pelos cavalos. Quando moravam perto de Washington, no início de sua carreira militar, tinham a própria cavalariça.

Em 1912, George participou da competição do pentatlo nos Jogos Olímpicos de Estocolmo e custeou a ida de Bea e da mãe dela. Chegou em 5º lugar entre 32 competidores. Vênus, regente da casa 5 em quadratura com Urano, contribuía para sua necessidade de assumir riscos e de ser ousado.

O **Sol** em Escorpião, decidido, agressivo e sagaz, raramente fica passivo ou neutro em relação a qualquer coisa. Patton tinha natureza profunda e, muitas vezes, era bastante misterioso, apesar da turbulência: frequentemente era ciumento, algumas vezes ressentido e quase sempre vingativo. Era perspicaz e penetrante, qualidades que, sem dúvida, o ajudaram a chegar a posições onde detinha autoridade sobre os outros. Seus pontos fortes eram certamente a força de vontade e a persistência; era capaz de ser franco e direto – às vezes, em demasia.

Como o Sol está no decanato de Peixes, é preciso acrescentar intuição, atitudes místicas e amor pela poesia, qualidades de Peixes.

A dodecatemória de Gêmeos reforça o Ascendente geminiano, aumentando sua curiosidade inata e sua capacidade de comunicação. Patton não só recitava como também escrevia poemas. O Sol na casa 5 lhe dava força, criatividade, popularidade e autoconfiança. Interessava-se muito pelos filhos (duas meninas e um menino), mesmo não tendo podido acompanhar de perto sua formação por causa do trabalho (Vênus, regente da casa 5 em quadratura com Urano na casa 4). O posicionamento do Sol nessa casa aumentou sua capacidade de dramatizar as situações e sua necessidade de atenção.

Como o Sol está próximo da cúspide da casa 6, é preciso delinear sua atuação tanto na casa 6 quanto na casa 5. O Sol na 6 se ajusta à descrição de Patton como organizador competente, orgulhoso de suas realizações. Dava muita importância às questões de alimentação, saúde e higiene; sempre que possível, seguia uma rotina regular. Desincumbia-se muito bem das tarefas e era um esportista ativo e bem-sucedido. Seu passatempo favorito era o polo. Quando morava nos Estados Unidos, tinha alguns cavalos de polo e jogava sempre que podia.

O Sol em Escorpião frequentemente se envolve com a morte, o que, sem dúvida, foi o caso de Patton, como oficial do exército. Também se interessava pelo ocultismo e pela vida após a morte, e até teve a premonição da própria morte no fim do outono de 1945 (Sol em oposição a Netuno na casa 12). Patton rebuscou suas recordações, inventariou sua vida e colocou no papel seus pensamentos, numa espécie de biografia profissional, à qual deu o nome de *Retrospecto*. No prefácio, há uma reflexão sua: "A guerra é um assunto antigo que eu, um homem antigo, estudei e pratiquei por mais de quarenta anos" (página 128 Patton/Farago).

A oposição entre o Sol e Netuno muitas vezes faz a pessoa se envolver em situações em que os outros dependem dela. Isso se aplica a Patton, pois todos os seus homens no campo de batalha dependiam da capacidade dele. O aspecto também mostra faculdades psíquicas nem sempre utilizadas de forma positiva. No caso de Patton, como Netuno está dignificado por casa (12), em trígono com a Lua e Júpiter, ele foi capaz de usar visão, percepção e intuição na carreira, porque Netuno rege seu Meio do Céu.

O sextil entre o Sol em Escorpião e a Lua em Capricórnio na casa 8 trouxe-lhe o sucesso sem muita luta e criou um equilíbrio harmônico entre seu ego (Sol) e suas emoções (Lua). Patton recebeu ajuda dos superiores – generais Pershing, Bradley e Eisenhower, para citar alguns –, os quais, embora não gostassem de sua personalidade, admiravam sua capacidade.

Com uma cruz T e uma grande cruz, Patton não se mostrava indiferente em área nenhuma. O Sol faz quincunce bem próximo com o Ascendente, o que lhe dava incrível garra, mas o que ele conseguia era pelo método da tentativa e erro. Sem dúvida, seria preciso que moderasse um pouco a personalidade forte para permitir a interação com os outros. Como o Sol é o regente de sua casa 3, essa moderação, em grande parte, dizia respeito à verbalização de suas opiniões e às suas atitudes em relação aos outros. Na realidade, Patton jamais aprendeu a fazer esse ajuste. Sempre teve problemas com os superiores, a imprensa e o público por causa da arrogância, da aspereza e do exibicionismo.

Escorpião na cúspide da **casa 6** indica muita integridade profissional. As pessoas que têm este posicionamento se orgulham de sua meticulosidade e resistência ao cansaço. Patton não fugia à regra. Era obcecado pela rotina. Cultuava ordem e método, perseverança e persistência. Era um trabalhador infatigável e amava o trabalho. A total dedicação e a integridade que esperava de terceiros certamente tornavam difícil a convivência com ele, a não ser que os outros seguissem seus princípios. Com a colocação de Plutão, regente casa 6 em Gêmeos na casa 12, é fácil perceber que ele podia confiar na intuição no trabalho. Sempre se encarregava de mais coisas do que deveria, para assombro dos que trabalhavam com ele. Tanto a força interior como o interesse pela pesquisa histórica e a inexorável e incansável vontade de avançar podem ser atribuídos a esse posicionamento. Com o corregente Marte na casa 4, fica óbvio que ou Patton trabalhava em casa ou vivia onde trabalhava. Plutão na casa 12 em Gêmeos nos diz que ele dependia, em grande parte, do subconsciente nas atividades do dia a dia, e que não era avesso a falar sobre seus sentimentos: é bem conhecido que ele escrevia poemas e citava a Bíblia sempre que oportuno.

Mercúrio em Sagitário é sincero, tem senso de humor sarcástico, é impulsivo e fala sem levar em conta as circunstâncias. Todos esses traços eram característicos de Patton. Ele não dispersava energia mental (Mercúrio em oposição a Plutão) e tinha mente extremamente afiada e direta. Era generoso, progressista e sincero e não sabia fingir. Teria sido bom se tivesse conseguido usar um pouco mais da capacidade escorpiana de dissimular; por causa dos aspectos desafiadores de Mercúrio, era sempre brusco e ia direto ao assunto – o dele, naturalmente. Esse posicionamento mostra seu interesse por filosofia, religião e estímulo intelectual. Gostava realmente de viajar, sentia-se à vontade entre estrangeiros e, às vezes, falava sem parar. Os colegas de trabalho achavam que ele tinha tendência a dar aulas de moral e a ser muito pedante, o que também é típico de Mercúrio em Sagitário na casa 6.

Isso se tornou especialmente visível no episódio da punição de um soldado no 15º Hospital de Evacuação em Messina, na Sicília. Da primeira vez, o fato passou despercebido e não foi relatado. Entretanto, seu temperamento nervoso (Mercúrio em quadratura com Marte) colocou-o em sérios problemas quando esbofeteou um soldado pela segunda vez. O praça Paul Bennett estava sofrendo de esgotamento nervoso. Estava no hospital para ser dispensado de sua unidade, porque os sedativos não faziam mais efeito; seu caso era considerado estresse de batalha. Patton, que fazia uma visita inesperada para encorajar os soldados quando encontrou o praça Bennett, ofendeu-se (Mercúrio envolvido na grande cruz) com o que lhe pareceu ser um covarde mimado. Esbofeteou Bennett. Minutos depois, arrependeu-se a ponto de chorar. Virou-se para o coronel Currier, oficial-comandante do hospital, dizendo: "Não pude evitar. Corta-me o coração ver esses rapazes corajosos e pensar num bastardo covarde sendo mimado".

Posteriormente, comentou que estava envergonhado e esperava que o episódio pudesse ser esquecido; mas o incidente tinha chamado muito a atenção e era assunto de falatório geral no 7º Exército. A chegada de um relatório detalhado ao quartel-general de Eisenhower foi a gota d'água. Patton foi mandado à Inglaterra, depois de ter que se desculpar publicamente com todos os envolvidos. Como Mercúrio está em quadratura com o Meio do Céu, podemos ver que o que ele falava punha em risco sua carreira. Com a oposição entre Mercúrio e Plutão, seu discurso era incisivo, e ele falava "das coisas como elas são": raramente mostrava tato ou diplomacia. Esse aspecto provavelmente contribuiu para sua tendência a se acidentar. Caiu muitas vezes do cavalo jogando polo; quando estava na cavalaria, foi derrubado, escoiceado e atropelado por cavalos. Diz seu biógrafo Blumenson: "Provavelmente, ele desenvolveu o que os médicos hoje chamam de hematoma subdural (*sic*)..., um ferimento e uma pancada na cabeça (que) podem causar mudanças na personalidade". Como Plutão na sua casa 12 rege o Sol, e Mercúrio rege o Ascendente, o aspecto desafiador entre os dois planetas nas casas da saúde foi responsável, até certo ponto, pelos acidentes físicos que Patton sofreu.

Com **Sagitário** na cúspide da **casa 7**, Patton procurava numa parceira alguém independente, companheira e compreensiva, que tivesse a mesma formação geral que ele e entendesse sua necessidade de independência, capaz de se suster sozinha e cuidar da família enquanto ele estivesse combatendo no exterior. Isso se deduz pelo posicionamento de Júpiter, regente da casa 7, na casa 4. No casamento, o companheirismo era mais importante que o sexo; embora tivesse encontrado a parceira ideal bem jovem, não fez um casamento precipitado, o qual, assim, durou a vida inteira. Evidentemente a esposa dele era muito compreensiva, capaz de enfrentar as longas separações e o falatório acerca do marido.

Apesar das escapadelas sexuais, Patton sempre voltava para Bea e a enaltecia em todas as cartas que escrevia. Para ele, ela era como um farol na escuridão, como a luz de sua alma. Era uma mulher forte, que se esforçava por manter Patton sob controle, quando ele estava por perto. Mais que ninguém, conseguia aplacar sua fúria com uma palavra suave e acalmá-lo nas horas de turbulência.

Em certa ocasião, quando era coronel durante a I Guerra Mundial, Patton desobedeceu ordens. O problema criado foi resolvido apenas com uma repreensão formal. Seu oficial comandante, entretanto, sabendo que ele só se curvava diante de Bea, escreveu-lhe uma carta pedindo-lhe que advertisse o marido rebelde. A sra. Patton, que conhecia a propensão do companheiro aos acidentes (Plutão e Mercúrio em quadratura com Marte), passou muitos anos da vida de casada em completa angústia, temendo pelo marido – e isso não só quando estava na guerra, mas também quando dirigia o carro imprudentemente ou saltava obstáculos com seus cavalos. Ele era muito obstinado, mas sabia quanto a mulher se preocupava e sempre tentava esconder dela as escapadelas mais arriscadas.

Vênus em Capricórnio é um pouco inseguro e tenta compensar o sentimento de inadequação por meio da ambição e da busca de *status*. Em vez de torná-lo frio e calculista em relação às associações, parece que esse posicionamento de Vênus na casa 7 (onde está em dignidade acidental) confirma o fato de Patton ter passado muito tempo longe da esposa e da família. Orgulhoso e reservado em público, não há dúvida de que ele foi bem-sucedido, mas a quadratura entre Vênus e Urano, além da oposição a Saturno, ajudaram, com toda probabilidade, sua vergonhosa deposição do posto de chefe das forças da Sicília depois do episódio do esbofeteamento do soldado. Essa colocação de Vênus indica repressão exterior das emoções e da sensibilidade, além de lascívia e sensualidade interiores. Isso é reforçado pela posição do Sol em Escorpião na casa 5. Embora Bea não fosse nem muito mais velha nem muito mais nova que Patton, como acontece frequentemente com Vênus em Capricórnio, era madura e constituiu-se numa influência muito estabilizadora na vida dele. Sem dúvida, era fiel e dedicada, e Patton foi feliz no casamento (Vênus na casa 7 em trígono com Marte).

Os aspectos desafiadores a Vênus com certeza fizeram com que Patton acumulasse ressentimentos. Isso ficou muito evidente em seu comportamento em relação ao marechal de campo inglês Montgomery. Na África, na Sicília e na Alemanha, Patton achava que Montgomery era um concorrente direto. Os dois eram teimosos, egoístas e discordavam completamente quanto aos métodos de aplicação das táticas de batalha. É bem possível que o posicionamento de Vênus no mapa de Patton, como regente da casa 12, levasse quase a um complexo de perseguição. Quando Eisenhower apoiou as decisões de Montgomery em detrimento das suas, Patton se sentiu usado, maltratado e explorado. Escreveu em seu diário no dia 15 de abril de 1943: "A guerra é muito simples, direta e implacável. Para fazê-la, é preciso um homem simples, direto e implacável". Sem dúvida achava que esse homem era ele – e não Monty.

O quincunce entre Vênus e Plutão indica que Patton precisava aprender a moderação nos relacionamentos, coisa de que parecia incapaz. Esse aspecto também contribuiu para sua crença no ocultismo e na reencarnação e aumentou sua excelente capacidade de comunicação escrita e falada. Não diminuiu, entretanto, a irreverência de seu linguajar. O sextil de Vênus com o Meio do Céu mostra que ele, em geral, gozava de bom conceito profissional. Os colegas sabiam que era competente e confiável.

Capricórnio na cúspide da **casa 8** revela coragem e capacidade de ficar firme diante da adversidade, o que Patton demonstrou muitas vezes. Em geral, esse posicionamento é indicação de vida longa e dificilmente de morte súbita, mas isso é refutado por várias outras indicações do mapa. Saturno, regente da casa 8, está posicionado na casa 1 em quadratura com Urano na casa 4 (que indica o fim da vida), mostrando maior probabilidade de uma morte inesperada num acidente; além disso, Mercúrio, regente da casa 4, está em oposição a Plutão e em quadratura com Marte.

A **Lua** em Capricórnio mostra a necessidade de ser reconhecido como alguém importante e poderoso. Embora fosse extremamente sensível em termos emocionais, Patton era muito crítico em relação aos outros e a si mesmo, mas infatigável e atencioso quando estava interessado ou envolvido. Esse posicionamento lunar enfatiza a reserva e a frieza e tornou-o demasiadamente sensível em relação a insultos reais ou imaginários. A grande ambição de vencer foi realizada pelos aspectos muito bons da Lua (trígono com Netuno, sextil com o Sol).

Fanático e obsessivo, conquistou a popularidade e a notoriedade que esse posicionamento da Lua aparentemente proporciona. Achamos que a Lua em Capricórnio muitas vezes indica forte ligação com um dos avós, o que é verdadeiro no caso de Patton (seu avô Smith). Os bons aspectos lunares lhe deram capacidade de liderança e de administração, mas também contribuíram, com o quincunce com o Ascendente, para sua necessidade de conquistar o poder a qualquer custo e sem preocupação pelos outros. Fazia inimigos com facilidade, o que prejudicava sua reputação.

Sua mãe era bastante tradicionalista e conservadora, prática e eficiente, mas também muito voltada para a vida social. Como a Lua no mapa de um homem mostra o que ele precisa encontrar na esposa, essas qualidades estavam presentes em Bea. Ela promovia sua ambição social, mantinha uma casa confortável e administrava o orçamento doméstico.

A Lua na casa 8 mostra necessidade inerente de segurança, que Patton conquistou com a carreira militar. Afeto, amor e sexo eram importantes, porém nos termos dele, não tanto por causa dos aspectos da Lua, mas por causa do teor geral do mapa. O trígono da Lua com Netuno na casa 12 aumentou a capacidade de Patton de usar o talento psíquico para promover a carreira (Netuno rege a casa 10), indicando também alguns desejos incomuns, a tendência a idealizar excessivamente e se enganar e a atração pela poesia, literatura e arte.

Depois da morte de Patton, vários de seus biógrafos apontaram suas tendências homossexuais. O exame do horóscopo mostra que é bem possível que estivessem certos. Saturno, regente da casa 8, está em quadratura com Urano, em oposição com Vênus, regente da casa 5; Plutão está na casa 12. Todos esses posicionamentos são considerados possíveis indícios de homossexualidade. O Sol em oposição a Netuno pode ser mais uma indicação. Entretanto, Vênus em Capricórnio, em geral, é bastante austero; Júpiter, regente da casa 7, em trígono com Netuno, fez com que Patton enaltecesse um pouco seus relacionamentos.

Com o quincunce entre a Lua e o Ascendente, ele era muito melindroso e tinha dificuldade em sublimar os sentimentos, o que não tornava fácil o convívio com terceiros. Nunca aprendeu, de fato, a lidar com a raiva sem se abandonar às emoções e jamais controlou o gênio violento e a língua sarcástica.

A Lua está no decanato de Touro; Vênus (regente de Touro) está na casa 7 de Patton, comprovando a ligação íntima com a esposa e a devoção a ela. A Lua está na dodecatemória de Leão, reforçando sua necessidade emocional de reconhecimento e seu desprezo pelo perigo (Sol na casa 5, Lua na casa 8).

Aquário na cúspide da **casa 9** revela imaginação vivaz. Embora Patton não fosse escritor profissional, tinha grande capacidade de comunicação e se expressava de forma clara e sucinta, falando ou escrevendo. Tinha muita curiosidade a respeito da vida e nunca parou de aprender. Devorava livros, tendo predileção por história e filosofia; tinha fascinação por culturas estrangeiras. Quando queria, conseguia encantar qualquer pessoa. Urano, regente da casa 9 na 4, indica que iria morar no exterior em alguma época da vida.

Com **Peixes** na cúspide da **casa 10**, Patton tinha grande visão em relação à carreira, e como Netuno está em trígono com Júpiter e com a Lua há forte indicação de sucesso. Netuno na casa 12 mostra que ele era muito bom em táticas e manobras de bastidores e, naturalmente, comprova suas tendências intuitivas e ocultistas. O **Nodo Sul** na casa 10 tornou fácil, para ele, assumir postos de comando e fugir das vicissitudes da vida, mantendo-se constantemente ocupado no exercício de cargos de chefia e responsabilidade.

Áries na **casa 11** fez com que se envolvesse com grandes organizações (o exército) e escolhesse os amigos entre os militares. Marte na casa 4 regendo a casa 11 aumentou sua capacidade de chefiar outras pessoas e de se tornar líder. Sentia-se bem na liderança – colegas e subalternos o admiravam e respeitavam, embora nunca soubessem o que o velho "Georgie" ia fazer em seguida. A família e os amigos íntimos o tratavam por Georgie, mas ele nunca estimulava essa forma de tratamento. Na realidade, as pessoas que o tratavam desse modo compunham um grupo bastante seleto.

Com Marte regendo a casa das circunstâncias, sobre as quais se tem pouco ou nenhum controle, muitas vezes Patton se viu à mercê dos outros. Marte recebeu aspectos muito desafiadores. Diz seu biógrafo Farago: "A glória, para Patton, foi aquela coisa trágica e brilhante que significa domínio. [...] Teve grande quinhão e esperava muito mais. [...] Acontecia-lhe com muita frequência. Não lhe foi possível ver um triunfo muito maior na Itália seguir-se à sua vitória na Sicília. E, em 1944, quando abriu caminho para Paris, foi outro homem que teve a honra de entrar na cidade libertada".

Com **Touro** na cúspide da **casa 12**, Vênus em Capricórnio e Gêmeos no Ascendente, a chave que abriu o subconsciente de Patton eram o senso comum e a lógica, não a emoção. Tinha um lado teimoso que o fazia resistir à mudança; mas como o regente, Vênus, estava em trígono com Marte em Virgem a lógica e a tática o sensibilizavam, e, na maioria das vezes, ele conseguia provar logicamente seu raciocínio. Sua maior força residia na capacidade de ser prático e previdente, de confiar em sua visão e em seus sonhos proféticos – em resumo, de confiar em sua teimosia.

Netuno em Touro mostra uma abordagem estética da ciência e da arte, o que era muito evidente no seu modo de ser. Era sensível à beleza, à música e à poesia; também podemos dizer que tinha tino para os negócios, principalmente no que diz respeito à condução da guerra. Não há notícia de que fosse descuidado em relação a dinheiro, o que poderia ter acontecido com a oposição entre o Sol e Netuno. Sempre esteve em boa situação financeira, de modo que isso não tem muita importância em nosso delineamento. O posicionamento de Netuno na casa 12 tornou-o muito sensível ao subconsciente e à psique; todas as vezes em que deu a isso aplicação prática, sua visão intuitiva o ajudou a enfrentar a realidade. Apesar do tipo de vida que escolheu, foi muito solitário e, em algumas ocasiões, sofreu de profundo isolamento.

Netuno estava retrógrado no mapa de Patton, indicando que a ação dirigida ao interior poderia gerar enorme percepção, e que ele pôde usar seu talento com facilidade ainda relativamente jovem. Esse posicionamento também aumentou a tendência ao martírio, que seus atos e suas observações impensadas auxiliavam.

Plutão em Gêmeos indica personalidade inquieta, impetuosa, particularmente perceptível no caso de Patton, porque Plutão rege seu Sol em Escorpião. Ele procurou novas maneiras de se expressar e de expandir o intelecto; como Plutão estava retrógrado na casa 12, os canais de que dispunha passavam pelo subconsciente e pelos sonhos proféticos. Ele "sabia" que havia vivenciado todos esses acontecimentos antes. Os aspectos desafiadores a esse posicionamento de Plutão proporcionaram a George Patton o amor pela guerra, o ódio pela mediocridade e a crença de que só poderia viver a vida a contento numa profissão especializada como a de soldado.

Módulo 14
ERNEST HEMINGWAY:
Um Autêntico Americano

E le foi um dos grandes escritores do século XX. Nasceu em 21 de julho de 1899 e durante 62 anos experimentou ao máximo as alegrias e tristezas da vida. Entretanto, o orgulhoso garotinho que aos 2 anos gritava "não tenho medo de nada" aprendeu que havia um bocado a temer e a suportar. Um dia, ele mudou o lema de sua vida: de *Il faut d'abord durer* (antes de tudo é preciso aguentar) para *Il faut après tout mourir* (depois de tudo é preciso morrer), e no dia 2 de julho de 1961 encostou uma espingarda na cabeça e se matou. Seu nome era Ernest Hemingway.

Esse "autêntico americano", como muitas vezes era chamado, realizou a maior parte de sua grande obra no exterior, como um dos "expatriados" de Paris (com Gertrude Stein, Scott Fitzgerald, Ezra Pound e outros), resistindo às forças de Franco na Espanha ou vivendo em sua *finca* (casa) em Cuba. Esse homem exuberante, que buscava o perigo e a aventura da mesma forma que outros passam uma noite bem-dormida, era basicamente um sujeito tímido, sensível e até mesmo gentil. Era mestre com as palavras e a língua, mas desajeitado escritor de cartas que brigava com a ortografia e lutou a vida inteira para vencer um pequeno defeito de fala (pronunciava os eles e erres como se fossem "als"). Esse homem, que definiu o orgulho como "pecado mortal", gabava-se de sua masculinidade, de sua perícia atlética, de sua capacidade de beber, de sua competência como caçador e pescador. Esse feroz individualista, cuja presença jamais passava despercebida, temia qualquer pessoa que assumisse uma postura possessiva em relação a ele. Teve quatro mulheres e, embora quisesse que todos o chamassem de "Papa", não foi um pai muito dedicado aos três filhos. Sempre quis ter uma filha e tratava todas as mulheres bonitas por "filha".

Já se escreveu muito sobre Ernest Hemingway, de modo que vai ser fácil comprovar o que encontramos no horóscopo. Nossas referências biográficas são: *Ernest Hemingway – A Life Story* e *Ernest Hemingway: Selected Letters 1917-1961*, de Carlos Baker; *Papa Hemingway*, de A. E. Hotchner; *How it Was*, de Mary Welsh Hemingway, e mais algum conhecimento pessoal adquirido por intermédio de amigos comuns.

O resumo biográfico da vida de Hemingway provavelmente seria assim: nascido em 21 de julho de 1899, às 8 horas, em Oak Park, Illinois, nas imediações de Chicago, sendo o segundo de seis filhos. O pai era médico; a mãe, cantora que desistiu da carreira para se casar. Saiu de casa antes dos 18 anos, arrumou um emprego de repórter no *Kansas City Star* e com 19 anos, apesar de ter sido rejeitado pelo exército americano por causa de um defeito de visão, apresentou-se como voluntário e serviu como motorista de ambulância no *front* italiano, onde foi gravemente ferido. Em 1920, casou-se com Hadley Richardson, com quem teve um filho, John, apelidado de Bumby. Viviam em Paris, onde ele escreveu *O Sol Também se Levanta*. Divorciaram-se em 1927, e ele se casou com uma redatora do *Paris Vogue,* Pauline Pfeiffer, a mãe de seus dois outros filhos, Patrick e Gregory, apelidados de Monsy e Gigi. Compraram uma casa em Key West, na Flórida, onde ele escreveu *Adeus às Armas*, *Ter e não Ter* e vários contos.

Ernest Hemingway
21 de julho de 1899
8:00 CST
Oak Park, Illinois, EUA
41N53 87O47

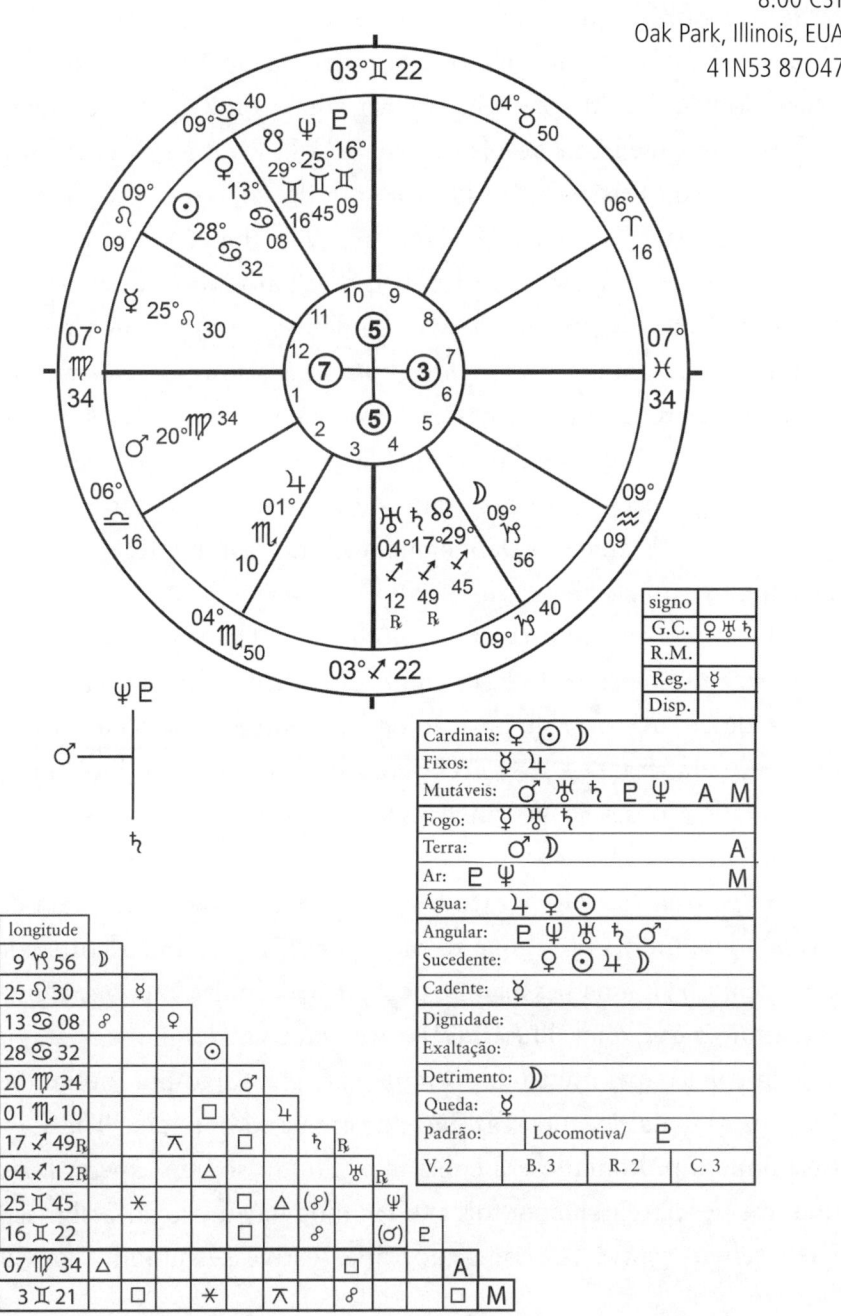

signo	
G.C.	♀ ♅ ♄
R.M.	
Reg.	☿
Disp.	

Cardinais: ♀ ☉ ☽			
Fixos: ☿ ♃			
Mutáveis: ♂ ♅ ♄ ♇ ♆ A M			
Fogo: ☿ ♅ ♄			
Terra: ♂ ☽			A
Ar: ♇ ♆			M
Água: ♃ ♀ ☉			
Angular: ♇ ♆ ♅ ♄ ♂			
Sucedente: ♀ ☉ ♃ ☽			
Cadente: ☿			
Dignidade:			
Exaltação:			
Detrimento: ☽			
Queda: ☿			
Padrão:	Locomotiva/	♇	
V. 2	B. 3	R. 2	C. 3

longitude									
9 ♑ 56	☽								
25 ♌ 30		☿							
13 ♋ 08	☌		♀						
28 ♋ 32				☉					
20 ♍ 34					♂				
01 ♏ 10				□		♃			
17 ♐ 49 R			🜍	□			♄ R		
04 ♐ 12 R				△				♅ R	
25 ♊ 45		*		□	△	(☌)			♆
16 ♊ 22				□		☌		(♂)	♇
07 ♍ 34	△									A
3 ♊ 21		□		*	🜍	☌				□	M

219

Foi para a Espanha como correspondente especial na Guerra Civil, e as experiências que viveu constituíram a base de *Por Quem os Sinos Dobram*. Pauline divorciou-se dele, que pôde, então, se casar com a escritora Martha Gellhorn, substituída em 1946 pela escritora Mary Welsh. Serviu na II Guerra Mundial como correspondente e ganhou uma medalha de bronze em 1948. Viveu em sua *finca* em Cuba até que Castro o obrigou a sair de lá; fixou-se, então, em Ketchum, Idaho. O livro *O Velho e o Mar* lhe garantiu o prêmio Pulitzer em 1953, e em 1954 recebeu o prêmio Nobel de Literatura. Entre um livro e outro, viajou extensamente, pescou atuns e marlins, caçou grandes animais, frequentou touradas e sofreu vários ferimentos e acidentes, incluindo duas quedas de avião quase fatais.

Que aparência tem o resumo astrológico? (Veja o mapa na página anterior.) Como ressaltamos no Volume I e descrevemos no Módulo 20, "Etapas do Delineamento", do Volume II, começamos com uma visão geral.

Hemingway tem divisão harmônica de planetas *acima* e *abaixo* do horizonte, mostrando bom equilíbrio entre a extroversão e a necessidade de melhorar de posição *versus* o subjetivismo e o instinto. Tem sete planetas a *leste* e três a *oeste* do meridiano, indicando a capacidade e o desejo de tomar conta da própria vida e exercitar o livre-arbítrio.

O *padrão locomotiva* (todos os planetas posicionados em dois terços, deixando um segmento vazio de 120° no horóscopo) descreve, em geral, uma pessoa que põe em ação muita energia, a fim de conseguir o que quer. Plutão (o motor) motiva Hemingway a agir e desempenha papel muito importante em seu mapa, porque também é o planeta mais elevado e faz parte de uma poderosa cruz T mutável. Esse ímpeto plutoniano era constante (Plutão só tem aspectos desafiadores) e aparentemente forçava Hemingway a provar a si mesmo que o chefe estava no comando, quer estivesse lutando com um marlim no amado barco *Pilar*, atirando em leões num safári na África ou treinando leões para um circo. Conforme conta A. E. Hotchner:

> *Notei que Ernest tinha três arranhões longos e profundos no braço e perguntei o que era. "Gatinhos" disse ele. "Armaram um circo aqui perto com dois belos gatões de 5 anos. Era uma beleza ouvi-los rugir de manhã. Fiz amizade com o domador, e ele me deixou trabalhar com eles com um jornal enrolado – mas você tem que tomar cuidado para nunca virar de costas!" Eu disse que domar leões era um negócio um pouco perigoso para um escritor que quisesse continuar na profissão. "Dona Mary concorda com você", disse Ernest. "Prometi a ela que não vou mais domar gatinhos até terminar o livro. Mas não conheço nenhum lugar melhor para correr riscos!"*

Plutão gosta de se arriscar – tudo ou nada –, e Gêmeos adora contar a história!

A ênfase por *casas* está bem distribuída nesse mapa, com dois planetas nas casas da vida, três nas casas dos bens, dois nas casas do relacionamento e três nas casas das conclusões. A única ênfase que encontramos foi a de cinco planetas em casas angulares, confirmando o potencial de Hemingway para a ação dinâmica e sua necessidade de tomar iniciativas e realizar as coisas.

Os elementos estão bem divididos, e não existe *marca final*; mas as qualidades mostram que, com cinco planetas, mais o Ascendente e o Meio do Céu, em signos mutáveis, Hemingway era muito versátil e muitas vezes instável, simpático e dotado de muita intuição. Tinha flexibilidade e engenhosidade. Carlos Baker assim o descreve:

> *Um sentimental de lágrimas fáceis e um valentão que manejava a raiva como se fosse um porrete; eterno estudante,*

devorador de livros, naturalista brilhante, inquiridor curioso, observador de boa memória, expositor meticuloso e professor temperamental.

Não existe *dispositor final* ou *recepção mútua*, mas o *regente do mapa*, Mercúrio, em Leão na casa 12 explica muita coisa. Mostra um homem naturalmente retraído, dedicado à vida particular e ao desconhecido; a qualidade de Leão, entretanto, requer drama, *status*, romance, orgulho, dignidade, criatividade e vontade de brilhar. Esses sentimentos divergentes tornaram Hemingway um homem complexo, a vida inteira lutando com suas dicotomias. Diz Hotchner:

> *Apesar das proezas corajosas e da magnífica aparência, Ernest era um homem tímido. Recusava-se a falar em público por causa da enorme timidez; seu discurso de agradecimento ao receber o Prêmio Nobel foi lido em Estocolmo pelo embaixador americano na Suécia.*

Uma das chaves do seu mapa é a *cruz T* com Plutão e Netuno em Gêmeos na casa 10, em oposição a Saturno em Sagitário na casa 4, e os três em quadratura com Marte em Virgem na casa 1. A cruz T mutável torna a pessoa voltada a ideias e pessoas. A indecisão ou oscilação que muitas vezes acompanha uma mutabilidade acentuada é diminuída nesse caso, já que a cruz T é angular e, portanto, completamente voltada à ação. Tendo Marte como planeta focal, Hemingway dispunha de energia à altura da configuração; Marte, porém, tem três quadraturas e nenhum canal de vazão (sextis ou trígonos), podendo-se esperar muito vapor (Marte é um planeta de Fogo; Plutão e Netuno são planetas de Água) e muita poeira (Marte/Fogo – Saturno/Terra).

    O braço vazio da cruz T sempre é um ponto muito sensível. No caso de Hemingway, estava na casa 7, explicando, em parte, sua necessidade de relacionamento a dois e suas quatro tentativas nesse sentido. A cruz T assume importância ainda maior quando percebemos que há pouquíssimos aspectos interplanetários; quanto menos aspectos há, tanto mais peso adquirem os existentes. Vamos analisar a cruz T mais detalhadamente à medida que prosseguimos, mas essa visão geral já lhe dá boa percepção do homem Hemingway.

A esta altura, podemos introduzir mais alguns esclarecimentos. Vocês podem observar que Plutão, a 16° de Gêmeos, está sobre a *estrela fixa* Rigel, que indica "capacidade artística"; Vênus a 13° de Câncer está em conjunção com Sirius, sugerindo "ambição, orgulho, riqueza e fama"; Marte a 21° de Virgem está sobre Denebola, mostrando a capacidade de ser "crítico e perseverante". Pode-se dar ênfase adicional a Vênus, Urano e Saturno, pois estão em *graus críticos*. Vênus é o planeta de *aparição oriental*, tornando os princípios venusianos de amor, afeto, parcerias, arte, beleza, valores e impulso social parte fundamental da personalidade de Hemingway. Todos esses itens serão confirmados em seguida na análise detalhada do horóscopo. (Estrelas fixas, graus críticos, planetas de aparição oriental etc. estão no Volume II.)

Indo um pouco mais fundo, começamos com a "Personalidade interior" – o **Sol**, que está em **Câncer** na **casa 11**. O regente é a Lua em Capricórnio na casa 5. Embora Hemingway fosse ligado ao lar e à família, o posicionamento na casa 11 tornou-o bastante sociável e menos maternal. Era imaginativo, consciencioso e receptivo e se importava muito com o que os outros pensavam a seu respeito. Precisava sentir-se necessário, como mostra seu relato, tantas vezes repetido, de como salvou a vida da esposa Mary quando os médicos já não tinham esperanças e seu amor e cuidado por animais abandonados. Eis um relato de Hotchner:

> *Ernest montou na garagem o quartel-general da coruja machucada. Arrumou uma caixa e enfiou nela uma vareta para*

> *servir de poleiro. Estava tão preocupado com a alimentação dela que caçava ratos toda noite para que a coruja tivesse carne fresca no desjejum; na hora do almoço, dava-lhe cabeças de pato e de coelho, porque ela precisava de pele e penas que estimulavam a função intestinal. Aí Ernest começou a se preocupar se a coruja estaria evacuando direito. "Comer é uma coisa, eliminar é outra"; só depois de ter a prova de alguns montinhos concretos foi que começou a relaxar. A coruja e Ernest se tornaram bons amigos; ele a chamava para se empoleirar em sua mão, e só de vez em quando a coruja ficava de mau humor e tentava tirar um pedaço do dedo dele.*

Este relato de Hotchner é muito mais comovente e descreve ainda melhor o lado canceriano, pacífico e carinhoso da natureza de Hemingway:

> *Black Dog, que era quase um* springer spaniel *puro, entrou uma tarde na cabana de esqui de Ernest em Sun Valley, gelado, morrendo de fome, apavorado, um espectro de cachorro – um cão de caça que se pelava de medo de armas de fogo. Ernest o levou para Cuba e, com paciência e amor, restaurou seu peso, sua confiança e seu afeto, a ponto de Black Dog acreditar que ele mesmo era um escritor consumado. "Ele precisa de dez horas de sono, mas está sempre exausto, porque segue fielmente minha rotina. Quando estou no intervalo entre livros ele fica feliz, mas quando estou trabalhando é uma dureza. Ele gruda em mim desde que o dia nasce e mantém os olhos fielmente abertos, mas não gosta disso."*

A segurança emocional, principalmente com o regente do Sol em Capricórnio, era uma das necessidades primordiais da vida de Hemingway, que a qual buscou diligentemente tentando ser alguém, e tentando, à base de manipulação, obter das esposas o amor que achava que a mãe lhe negara; mas, acima de tudo, encontraria a segurança na criatividade, nos casos amorosos, no romance, nos prazeres, na diversão e nos jogos – assuntos da casa 5, onde está colocado o **regente** do Sol. Como ressalta Hotchner:

> *Quando estava escrevendo, Ernest trabalhava arduamente; quando não estava escrevendo, exercia com igual dedicação a arte do relaxamento. Nunca tinha pressa a ponto de deixar de saborear os prazeres ao seu alcance.*

O **matiz Capricórnio** do Sol de Hemingway acrescentava ambição e dedicação séria a tudo que fazia. Como ele mesmo disse: "Você precisa se devotar ao trabalho como se fosse um sacerdote de Deus".

O **decanato de Peixes** do seu Sol dá peso maior à sua sensibilidade, um lado de sua personalidade visto apenas pelos amigos (Sol na casa 11). Vejam, por exemplo, essa compreensão intuitiva dos problemas de Scott Fitzgerald, numa carta que escreveu a Max Perkins, editor dos dois:

> *É uma coisa horrível ele ter amado tanto a juventude a ponto de passar direto dela para a senilidade, pulando a maturidade. O trabalho poderia ajudá-lo; trabalho não comercial – um parágrafo de cada vez. Mas ele julgava os parágrafos em termos do dinheiro que podia ganhar com eles e se direcionou nesse sentido porque obtinha satisfação imediata.*

Para Fitzgerald, escreveu:

> *Esqueça sua tragédia pessoal. Somos todos amaldiçoados desde o nascimento, e você, principalmente, tem que sofrer o inferno antes de poder escrever de verdade. Mas, quando conseguir esse maldito sofrimento, use-o – não trapaceie. Seja fiel a ele como um cientista...*

Esse nível de preocupação e percepção eram parte integrante de Hemingway, porém raramente podia ser detectado pelas pessoas à sua volta.

O **Sol** na **casa 11**, em geral, é voltado a objetivos, e Hemingway não fugia à regra. Sabia lidar com desafios e os inventava quando não surgiam com a frequência desejada. Excelente organizador, adorava se encarregar de viagens, safáris e caçadas. Seu Ascendente em Virgem e a Lua em Capricórnio confirmam essa tendência. Como acontece muitas vezes quando o Sol está na casa 11 aquariana, ele foi líder em sua área, iniciando um estilo literário inédito nos Estados Unidos.

O **Sol em quadratura com Júpiter** contribuiu para torná-lo egoísta, o que é mostrado pelo regente do mapa em Leão. Como Júpiter sempre exagera e faz tudo em demasia, pode inflacionar a necessidade de ser alguém, além da psique, e, muitas vezes, induz ao excesso de comida, sexo ou bebida. Hemingway teve problemas de peso a vida toda. Media 1,80 metro e raramente pesava menos de 95 quilos, chegando, às vezes, até 117 quilos. Chegar aos 77 quilos era uma verdadeira façanha (que ele conseguiu no fim da vida, comendo apenas comida de hospital), e, em geral, ficava felicíssimo quando atingia os 86 quilos. Com o temperamento que tinha, achava quase impossível fazer regime. Conforme ele contou numa carta a Harry Breit, quando estava em Cuba, em 1952, uma vez se sentiu deprimido, encontrou um amigo no bar predileto, o "Floridita", e durante a tarde consumiu dois sanduíches de carne e 18 daiquiris duplos "Papa" especiais gelados (sem açúcar). Isso equivale a dois litros de rum! Depois foi para casa, tomou algumas cápsulas de vitamina B e leu a noite toda. Escreveu a seu editor Charles Scribner:

> *Não tenho como cortar açúcar e amidos, porque nunca como isso. Já consumo bastante açúcar no álcool que bebo.*

Hemingway bebia constantemente. De vez em quando embebedava-se e consumia doses maciças de vitaminas, na crença de que neutralizariam o efeito do álcool e impediriam que se tornasse um alcoólatra triste, como o velho amigo Scott Fitzgerald.

O **Sol em trígono com Urano** contribuiu para sua popularidade, indicando grande entusiasmo e talento incomum, o que, no caso de Hemingway, é confirmado pelo sextil entre Mercúrio e Netuno, a quadratura entre Marte e Netuno e o trígono entre Júpiter e Netuno. Esse trígono pode fazer a pessoa bastante interessada em causas, o que aconteceu com Hemingway. Odiava todos os políticos, a burocracia, a propaganda e, acima de tudo, a tirania. Acreditava que o melhor governo é o que menos governa. Sofria com a invasão da civilização moderna no mundo selvagem em declínio e combatia essa invasão com palavras e atos.

Com o **Sol em sextil com o Meio do Céu,** o sucesso em sua área foi relativamente fácil, depois de definidos os objetivos e as prioridades; na verdade, o sucesso aconteceu quando Hemingway decidiu abandonar a profissão de repórter e se dedicar à literatura.

O Sol é o coração do mapa – a principal expressão do indivíduo. O lugar onde está o Sol é onde você deseja brilhar. Hemingway queria brilhar entre os amigos e na sociedade; entretanto, o que os outros viam era apenas em parte o Sol – que precisa ser combinado com os outros planetas, sobretudo com o Ascendente. Para exemplificar, eis a versão de Hemingway de seu encontro com Marlene Dietrich:

Sabe como nos conhecemos, Chucrute e eu? No meu tempo de miséria, eu estava viajando de cabine [classe econômica] no Île [Île de France, um navio de luxo], mas um amigo meu, que viajava de primeira, me emprestava seu smoking *de reserva, e eu entrava de penetra na hora das refeições. Uma noite, estávamos jantando, quando surgiu, no alto da escada, esse incrível espetáculo branco. Chucrute, naturalmente. Com um vestido longo, justo, branco-pérola sobre aquele corpo. Em matéria do que se conhece como pausa dramática, ela pode ensinar qualquer um. Então ela faz aquela pausa dramática na escada, desliza devagarinho pelos degraus e vai se encaminhando para o lugar onde Jock Whitney estava dando uma festa. É claro que ninguém no salão tinha colocado uma migalha na boca desde que ela entrara. Chucrute chega à mesa, e todos os homens se colocam de pé num salto, segurando-lhe a cadeira, mas ela está contando – doze. Naturalmente ela se desculpa, recua e diz que sente muito, mas é muito supersticiosa em relação ao número treze em qualquer coisa, e se vira para sair – mas me coloco à altura da situação e me ofereço magnificamente para salvar a festa, tornando-me o número catorze. Foi assim que nos conhecemos. Bem romântico, né? Talvez eu devesse vender essa cena a Darryl F. Panic.*

Essa história é bem representativa de um Sol na casa 11, com o regente do mapa em Leão e o do Sol na casa 5. Mas vejam a versão de Marlene "Chucrute":

Esse belo jovem se ofereceu para resolver meu problema, sentou-se à mesa e não disse mais nada a noite toda.

Virgem em elevação com o regente na casa 12: a visão de Marlene *versus* a de Hemingway.

O próximo passo é entender a personalidade emocional; assim, examinamos a **Lua**, que está em **Capricórnio** na casa 5 e cujo regente, Saturno, está em Sagitário na casa 4. Para entender as emoções, precisamos entender os desejos e as necessidades básicos. O que sentimos a nosso respeito, nossa autoimagem, nossa capacidade de projetar sentimentos e emoções se baseiam, em grande parte, na percepção que temos de nossos pais. Sentimo-nos amados por eles? Eles nos deram tanta ternura e atenção quanto acreditávamos merecer? Em Astrologia, o Sol e a Lua representam, respectivamente, o pai e a mãe. As casas 4 e 10 também indicam os pais, assim como Vênus e Saturno, e vamos falar de tudo isso à medida que prosseguirmos. Mas, antes de examinarmos a personalidade emocional, precisamos entender qual é o tipo de modelo parental do nativo e como ele via os pais. Examinando primeiro o papel arquetípico do Sol e da Lua, podemos interpretar melhor as outras funções lunares.

No caso de Hemingway, o **Sol** está em Câncer, e ele percebia o pai como alguém amoroso, protetor e carinhoso. Com o Sol em quadratura com Júpiter, a imagem do genitor assumia proporções exageradas, e o trígono com Urano fazia com que parecesse imaginativo, intuitivo e divertido. Acrescente-se a isso a imagem de um homem que sabe para onde está indo (Sol em sextil com o Meio do Céu), sério e dedicado (regente em Capricórnio) e, ao mesmo tempo, muito divertido, que valoriza a recreação e a descontração (regente na casa 5). Como o Sol está na casa 11, Hemingway via no pai um amigo, um homem de equipe, um idealista com altas expectativas na vida e acentuado senso de justiça (características aquarianas).

De acordo com todos os seus biógrafos, Hemingway adorava o pai, e todas as obras do início de sua carreira foram baseadas em lembranças alegres de saídas com ele; a série *Nick Adams* é a mais conhecida. Foi o pai que lhe ensinou a atirar, a remar, a pescar, a prestar atenção, a ficar quieto e a sentir a natureza.

A mãe, vista como a **Lua** em Capricórnio na casa 5, parece um pouco fria e exigente, rigorosa e tradicionalista, e até conservadora no tocante à educação dos filhos. O posicionamento na casa 5 tornou-a dramática, às vezes divertida. Como o regente, Saturno, está em Sagitário na casa 4, ela desempenhou papel fundamental na primeira infância de Hemingway, imbuindo-o de códigos morais honrados, porém rígidos, e de exigências intelectuais. Entretanto, precisamos nos lembrar de que Saturno é o segundo princípio masculino e, assim, também descreve algumas exigências que Hemingway sentia virem do pai. O outro princípio feminino é Vênus, que está em oposição à Lua, indicando distanciamento da mãe. Na cabeça de Hemingway, a mãe era muito possessiva e exigente e, de alguma forma, fazia-o sentir que não poderia corresponder às suas expectativas. Contudo, o trígono com o Ascendente indica que a mãe foi fator importante, apoiando-o e dando-lhe um bom impulso na vida. Os sentimentos contraditórios que ele tinha em relação à mãe tiveram papel importante em seu relacionamento posterior com as mulheres.

Examinando as outras funções lunares, observamos que, com a Lua em Capricórnio, Hemingway queria ser reconhecido como alguém importante e poderoso. Embora muito sensível, era crítico em relação aos outros, mas muito atencioso quando estava pessoalmente interessado ou envolvido. Tímido e inseguro quanto ao próprio valor, tinha muitos medos subconscientes e era demasiado sensível a ofensas reais ou imaginárias. Sua mente reagia rapidamente às impressões sensoriais, com raiva e antagonismo ou, com a mesma frequência, com amor e afeto. Conforme afirma Baker:

> *Ele era capaz de ser o mais leal dos amigos e de brigar sem motivo nenhum; podia ser caloroso e generoso e se transformar num inimigo implacável e insolente.*

Nos momentos de fraqueza, a dicotomia da Lua nutriz no signo frio e reservado de Capricórnio pode levar a uma capitulação diante dos apetites. Como o regente Saturno está em Sagitário na casa 4, Hemingway obtinha muita satisfação emocional no lar e nas raízes e antecedentes. Suas emoções eram menos austeras do que se poderia supor com Capricórnio, pois se misturavam com os sentimentos independentes, abertos e idealistas de Sagitário.

A posição da **Lua na casa 5** mostra mais um lado do homem Hemingway. Era um romântico nato (confirmado pelo regente do mapa em Leão) em busca do prazer, desejoso de provar a vida através de amor, romance, diversões, filhos, férias, *hobbies*, passatempos, jogos etc. A imaginação poética e a capacidade criadora são confirmadas pelo sextil entre Mercúrio e Netuno. Todas essas áreas representavam necessidades que Hemingway se empenhou em preencher durante toda a vida, seja apostando nas corridas em Auteuil, assistindo a touradas em Pamplona, esquiando na Áustria, administrando uma fazenda recreativa em Wyoming, excursionando nas montanhas da África ou procurando ação na guerra.

A **oposição entre a Lua e Vênus** pode causar negligência na forma de dar afeto – o amor vai e vem como as marés. Faça o que fizer, a pessoa sempre se sente desafiada pelos outros, de modo que pode igualmente fazer o que bem lhe aprouver. Foi exatamente o que fez Hemingway. Muitas vezes um complexo de inferioridade é suplantado por uma forte necessidade de brilhar, que, sem dúvida, era uma das motivações fundamentais da vida de Hemingway. Com cinco planetas angulares, sempre era mais fácil para ele agir a refletir sobre seus sentimentos subconscientes de inadequação.

O **trígono entre a Lua e o Ascendente** ajudava Hemingway a demonstrar seus sentimentos, além de atrair os outros com seu charme e sua personalidade extrovertida. Esse posicionamento confirma mais uma vez que ele gostava de brincar e de se divertir com os amigos e com a família. Também fez com que se tornasse relativamente fácil capitalizar seus talentos.

Para completar a trindade básica, examinaremos agora o Ascendente, para descrever personalidade exterior de Hemingway. O Sol é onde você começa a vida como ser humano ou indivíduo. O Ascendente mostra quando o dia nasceu – o seu dia – e, assim, descreve seu começo no sentido físico. É o seu corpo, a face que você deseja mostrar ao mundo, a embalagem que escolhe para você. Hemingway tem **Virgem ascendendo** e o regente **Mercúrio** em Leão na casa 12. As características mais evidentes de Virgem lhe deram disciplina e senso de ordem e de organização para ficar sentado dias a fio escrevendo. **Leão/Mercúrio na casa 12** acrescenta inspiração, criatividade e capacidade de trabalhar sozinho e nos bastidores. Citando Hotchner:

> *Embora a dedicação à atividade de escrever fosse um lado de Ernest que o público nunca via, era o aspecto mais importante de seu caráter. Escrever, para ele, era uma prova árdua, tonificante, que exigia o máximo do que ele chamava seu "sumo". Um livro em andamento consumia-o totalmente; no final de cada dia, ele contava o número de palavras que havia escrito e anotava-o num diário. [Virgem]*

Como acontece com muitas pessoas com forte combinação Gêmeos/Virgem, escrever ou se comunicar de alguma forma torna-se a linha mestra da personalidade. O Sol em Câncer ajudou, porque lhe dava memória quase infalível. Na hora certa, ele era capaz de pegar um acontecimento passado e encaixá-lo numa história repleta de vida, agradável e crível. Como afirma Hotchner:

> *Ele não guardava agendas nem jornais, mas sua memória fenomenal arquivava metodicamente lugares, nomes, datas,*

> *fatos, cores, roupas, aromas e quem venceu a corrida de bicicleta de seis dias em 1925 no Hipódromo.*

Tímido em público, Hemingway brilhava na companhia de amigos e das pessoas queridas. Tinha padrões muito elevados para si mesmo e, à típica moda virginiana, esperava que os outros correspondessem a esses padrões. Caso contrário, ele os corrigia sem meias-palavras – se não cara a cara, por meio de alguma carta. Dispensou Mary McCarthy escrevendo:

> *Ela escreve como a mais inteligente pulga amestrada.*

Achava que James Faulkner tinha

> *O maior talento, mas ele precisa de uma espécie de consciência – se nenhum país pode existir metade livre e metade escravo, nenhum homem pode escrever metade sujeiras e metade coisas sérias.*

De si mesmo, esperava a perfeição total:

> *Assistir a todo nascer do sol da minha vida; levanto com as primeiras luzes e começo lendo e corrigindo tudo que escrevi, até o ponto onde parei. Dessa forma, reviso um livro centenas de vezes, burilando-o até ficar afiado como a espada do toureiro.*

Para o pai, escreveu:

> *Estou tentando, em todas as minhas histórias, transmitir o sabor da vida real. Não só descrever a vida – ou criticá-la –, mas efetivamente torná-la viva.*

Para seu editor:

> *As histórias são tão bem costuradas que a alteração de uma palavra pode desfazer a trama total da história.*

Para Scott Fitzgerald:

> *Não existe desculpa para um livro ruim. Acontece que estamos num negócio muito duro, onde não existem álibis. É bom ou é ruim, e as centenas de razões que interferem para tornar um livro tão bom quanto possível não são desculpas se ele não for bom...*

Não há palavras melhores para descrever a necessidade virginiana de perfeição.

O **Ascendente em quadratura com Urano** fez com que Hemingway desejasse ser diferente e até rebelde desde pequeno. A necessidade de se firmar nos próprios pés e de se libertar da mãe ou do pai (Urano na casa 4) levou-o a sair de casa tão logo terminou o ensino médio. Isso explica sua inata necessidade de liberdade e, assim, seu desagrado por pessoas que poderiam tentar dirigir sua vida. A originalidade e a criatividade também inerentes à quadratura ajudaram-no a utilizar a fluidez do trígono entre o Ascendente e a Lua.

Marte está em **Virgem** na casa 1, o que não só acentua todas as qualidades virginianas como também acrescenta o amor pelo trabalho e o grande entusiasmo com que Hemingway fazia qualquer coisa. Com esse posicionamento, ele conseguia se desincumbir bem das tarefas mais monótonas. Confirma, ainda, sua capacidade de trabalhar de maneira tão cuidadosa e sistemática. Enfatiza o que diziam de Hemingway amigos e inimigos:

Por mais que parecesse descuidado em relação à vida, era obsessivamente cuidadoso em relação ao que escrevia para ser publicado, um artesão infatigável, ciente da revolução que estava provocando na prosa americana.

O posicionamento de **Marte na casa 1** descreve perfeitamente a face que Hemingway exibia ao mundo – positivo, arrogante, combativo, ativo, turbulento e propenso a acidentes. O grande vigor físico e a energia dinâmica faziam com que entrasse de cabeça nas coisas; a quadratura de Marte com Saturno, Netuno e Plutão introduziu perigo, excitação e violência em sua vida.

Marte em quadratura com Saturno é, provavelmente, o aspecto mais desfavorável desse mapa. Para um homem, Marte é o símbolo da sexualidade, e, portanto, a aceitação como homem, amante, agressor e líder pode ser avaliada pelos aspectos formados entre Marte, o Sol e Saturno. No caso de Hemingway, a quadratura entre Marte e Saturno significava que, inconscientemente, ele se sentia inadequado como homem e tentava se supercompensar para provar sua masculinidade, repetidamente, como se pudesse adquirir confiança afirmando seu poder. Pode ser que tenha observado o pai, seu primeiro modelo masculino, e visto como parecia ser dominado pela mulher forte que era a mãe. Em consequência, temos Hemingway, o pai, usando a vida toda o apelido de "Papa"; Hemingway, o amante, o grande caçador branco, o pugilista, o homem famoso por correr atrás do perigo – Hemingway provando ao mundo e a si mesmo que era HOMEM.

A **quadratura entre Marte e Netuno** se expressou de forma bem diferente. Proporcionou a Hemingway uma forte imaginação (confirmada, entre outros fatores, pelo sextil entre Mercúrio e Netuno e pela Lua na casa 5) e capacidade criativa. O sextil com Mercúrio lhe deu a oportunidade de ser criativo, enquanto a quadratura desafiou-o a usar o talento e a inspiração. Mas também fez com que procurasse problemas, como se a vida já não oferecesse o bastante. O tipo de imaginação manifestada por essa quadratura é maravilhosamente exemplificado numa carta que Hemingway escreveu a John dos Passos:

> *Estamos no bar do salão do famoso 21 Club, ou talvez na sala de redação do New Republic, ou em qualquer lugar onde se reúne a boêmia literária. De repente, surge um gordo barbudo empunhando uma metralhadora. É – não há dúvida – Ernest Hemingway. Brrup-bup-bup-bup-bup-bup! O chão fica coberto de editores, revisores e críticos literários...*

Essa quadratura (Marte/Netuno) também levou Hemingway a problemas de alcoolismo, e no fim da vida foi um dos fatores responsáveis por seus enganos e seu complexo de perseguição.

A quadratura entre **Marte** e **Plutão** acentua novamente a agressividade demonstrada por Hemingway com tanta frequência. Ajuda a explicar por que ele tratava os outros a pontapés e se tornava grosseiro quando frustrado. Essa quadratura acrescentou forte impulso sexual e o gosto pela temeridade à necessidade de provar sua masculinidade. Baker menciona:

> *Segundo quem o conheceu, ele foi um amante perfeitamente satisfatório sem ser um Don Juan. Entretanto, gabava-se, um tanto ambiguamente, de ter tido todas as mulheres que quis.*

Gostava de contar histórias sobre suas conquistas e, de acordo com suas cartas, com o passar do tempo, tornou-se cada vez mais irreverente e obsceno; tudo isso pode ser atribuído a essa quadratura.

Como seu Marte na casa 1, dignificado pela posição na casa, não tem trígonos ou sextis geradores de fluidez e suavidade,

Hemingway teve que usar as energias e os desafios ao máximo. Foi o que fez e o que se tornou sua marca registrada.

A cúspide da casa 1 é considerada o início da vida da pessoa, existindo, portanto, uma sensação de frescor, de novidade e de curiosidade que se transporta para o planeta regente, chamado o **regente do mapa**. A localização desse planeta por casa e signo é onde você se sente mais à vontade. No caso de Hemingway, vemos um possível conflito. **Mercúrio**, regente da cúspide em Virgem, está em **Leão**, mas na **casa 12**. Leão é dramático, extrovertido, orgulhoso, romântico e quer brilhar; por outro lado, a casa 12 provoca solidão, reclusão, restrição e atividades de bastidores. É um pouco difícil brilhar nos bastidores. Mercúrio representa o impulso intelectual e a forma de expressão, e foi assim que Hemingway conseguiu conciliar essas necessidades divergentes. Brilhou como escritor, colocando em cada palavra o sangue de sua vida, o que ele chamava seu "sumo".

Sua vida era escrever; quando sentiu que estava perdendo a razão, perdeu o propósito na vida. Hotchner conta uma de suas últimas visitas a Hemingway na Clínica Mayo em Rochester:

> *"Não vai haver outra primavera, Hotch, nem outro outono." Seu corpo todo tinha afrouxado. Ele continuou e se sentou num bloco caído de um muro de pedras. Achei que nessa hora devia tocar no assunto rapidamente, e foi o que fiz, mas falei com delicadeza. "Papa, por que você quer se matar?" Ele hesitou só por um momento e depois respondeu no antigo jeito decidido: "O que você acha que acontece com um homem caminhando para 62 anos quando percebe que nunca vai escrever os livros e as histórias que prometeu a si mesmo?". "Mas por que você não pode deixar a literatura de lado por enquanto?... [Hotchner menciona todos os livros e contos escritos por ele.] Você cumpriu o trato que*

fez consigo mesmo, a única pessoa que importa. Pelo amor de Deus, por que não se satisfaz com isso?" "Porque – ... Veja, não tem importância se eu não escrever um dia, um ano, dez anos, desde que tenha sólida convicção, dentro de mim, de que posso escrever. Mas um dia sem essa convicção ou sem ter certeza é uma eternidade."

Mercúrio em Leão pensa dramaticamente e sempre com o coração. Hemingway sabia como colocar essas qualidades no papel. Também sabia encobrir certa falta de autoconfiança (Marte em quadratura com Saturno, Vênus em quincunce com Saturno, Saturno em oposição a Plutão) com a linguagem bombástica de Leão. Marte na casa 1 faz isso muito bem. Com o regente da casa 1 na casa 12, ele aprendeu a confiar em sua força interior.

O aspecto mais exato de um horóscopo sempre indica o caráter básico da pessoa e, muitas vezes, revela as tendências à carreira. Aqui temos **Mercúrio** a 25°30' de Leão em **sextil com Netuno** a 25°46' de Gêmeos, órbita de 16 minutos. Esse sextil deu a Hemingway seu estilo imaginativo e, como se irradia da casa 12 para a 10, propiciou a oportunidade de usar essa capacidade em sua profissão. Com Netuno em Gêmeos, a comunicação fazia parte integrante de seu interesse profissional.

A **casa 2** mostra, entre outras coisas, as questões financeiras, a capacidade de ganhar dinheiro, o senso de valores e os recursos internos. Com **Libra** na cúspide e o regente **Vênus em Câncer** na **casa 11**, percebemos que Hemingway gostava de um ambiente bonito (Libra), com um toque aconchegante e doméstico (Câncer), e apreciava repartir o que tinha com amigos e conhecidos (casa 11).

Hotchner conta:

Na nossa primeira visita à finca [a casa de Hemingway em Cuba], minha esposa e eu devíamos ficar alojados na casa de

> *hóspedes, que não estava preparada; Mary Hemingway nos recebeu com desculpas: "Jean-Paul Sartre apareceu de repente com uma amiga, e os lençóis ainda não foram trocados". Mais tarde, descobrimos que o duque e a duquesa de Windsor tinham estado lá na semana anterior. Naquela época, os convidados habituais para o jantar eram um espanhol calvo, surdo, vigoroso, porém afável; um capitão de navio basco, malicioso, barulhento, bêbado e divertido; outro basco, um padre católico chamado de o Padre Negro; um nobre espanhol, um jogador dos velhos tempos em Key West, um clandestino antibatista e a esposa, um jogador de futebol que já tinha sido famoso e outros mais.*

Grande parte de suas fontes se baseava na fenomenal lembrança que tinha das proezas e aventuras realizadas com os amigos e da juventude (Câncer e Vênus/mãe, Sol/pai e a casa 11), recontadas em livros ou contos. Ganhou dinheiro escrevendo, uma das profissões mais artísticas condizentes com a cúspide em Libra e confirmada por Gêmeos no Meio do Céu. A combinação Libra/Câncer explica o gosto de Hemingway por colecionar o que achava bonito.

Júpiter na **casa 2** enfatiza todas as qualidades já mencionadas. Em vez de repartir com um ou dois amigos, Júpiter fez com que Hemingway repartisse com dez ou vinte; e ele não repartia só comida ou alojamento, mas também dinheiro. Deu o dinheiro de seu prêmio Nobel a um velho amigo doente, Ezra Pound. Sempre havia uma meia dúzia de amigos em dificuldades que recebiam dele quantias regulares. A localização de Júpiter também aumentou seus ganhos.

Júpiter em Escorpião acrescentou-lhe profundidade e generosidade de espírito, coragem e marcada intransigência em relação às crenças e ao estilo de vida. "Se eu não puder viver nos meus termos, a vida será impossível" – assim ele expôs seu ponto de vista a Mary Welsh Hemingway.

Júpiter em trígono com Netuno confirma que Hemingway gostava de ajudar os outros, além de mostrar a literatura como uma das opções profissionais óbvias. Com esse aspecto (e mais alguns do mapa), ele poderia ter optado pela área do ocultismo ou do misticismo, mas não o fez. Pode ser que as severas normas religiosas do pai (não podia brincar ou jogar com os amigos aos domingos e era obrigado a frequentar a igreja e a escola dominical) o impedissem de levar em consideração esse caminho.

O **quincunce entre Júpiter e o Meio do Céu** exigiu alguns ajustes entre diversão e dever. Uma vez que Júpiter rege a casa 4, a influência dos pais estava em ação, e durante grande parte da vida foi preciso que Hemingway decidisse que valores eram mais importantes. A fim de ganhar dinheiro (casa 2) e atingir seu objetivo profissional (Meio do Céu), precisou superar alguns dos excessos jupiterianos.

A **casa 3** mostra como a pessoa se comunica, se adapta ao aprendizado e a ideias novas e se relaciona com o ambiente próximo e os irmãos. Com **Escorpião** na cúspide, Hemingway era um observador sagaz que usava as palavras com cuidado; era capaz de ser mordaz, lacônico, espirituoso ou terno. Tinha mente incisiva e analítica e aprendia rapidamente (confirmado pelas fortes tendências Virgem/Gêmeos). Escorpião nessa cúspide dá mais uma indicação de sua memória fantástica.

Plutão, regente da **casa 3** de Hemingway, está em Gêmeos, na casa 10, explicando sua grande necessidade de ser ouvido, de verbalizar seus pensamentos e ideias. A autoexpressão era sua forma de projetar as necessidades de seu ego. Quando não estava escrevendo livros ou contos, escrevia cartas. Baker calcula que tenha escrito mais de seis mil. Plutão mostra onde a pessoa é obsessiva. Aparentemente, escrever cartas servia de consolo a Hemingway no intervalo entre projetos ou quando as coisas iam mal e mantinha alto seu nível de confiança quando tudo ia bem. Como Plutão faz parte da cruz T,

Hemingway também gostava de notoriedade, saboreando as fofocas a seu respeito e a respeito dos outros. Muitas vezes, o ferrão escorpiano ficava à mostra. Achava que T.S. Eliot era "um poeta danado de bom, mas nunca deu uma grande tacada na vida e não seria ninguém se não fosse o bom e velho Ezra". Esse mesmo Ezra (Pound) era "um poeta adorável e um traidor estúpido". *A Um Passo da Eternidade*, de James Jones, desencadeou uma torrente de comparações repugnantes, como esta: "Não preciso nadar num rio de catarro para saber que é catarro". A combinação Escorpião/Gêmeos é poderosa.

A necessidade que Hemingway tinha de se comunicar e se expressar tomou conta da maior parte das energias manifestadas pela casa 3, deixando pouco tempo disponível para envolvimentos com as irmãs e o irmão. De acordo com a maior parte do material biográfico disponível, o irmão, desejado por muito tempo, nasceu tarde demais para ser um companheiro; e Hemingway nunca passou muito tempo com as irmãs, a não ser na primeira infância. Foi um irmão e, mais tarde, um tio negligente, oferecendo hospitalidade ou dando assistência financeira quando necessário, mas sem se envolver de verdade. Provavelmente foi melhor assim, já que os aspectos tensos de Plutão poderiam levar a muitas brigas nos relacionamentos íntimos.

Sagitário ocupa a cúspide da **casa 4** de Hemingway, que mostra a família de onde ele veio, suas raízes e o lar que formaria para si. Também representa um dos genitores, o mais protetor. Pelo que sabemos a seu respeito, o pai representou o ímpeto religioso (Sagitário). Era médico (regente Júpiter em Escorpião) e adorava os grandes espaços ao ar livre. Citando Baker:

> *Ed lhe ensinou a fazer fogueira e a cozinhar ao ar livre, a usar um machado para construir um abrigo no mato com ramos de pinheiro, a preparar iscas artificiais e a temperar peixes e aves para fritar. Insistia no manuseio correto das*

> *armas, varas e linhas, e ensinou ao filho os rudimentos da coragem e da resistência física. [Sagitário]*

Era um grande disciplinador (Saturno na casa 4). Baker afirma:

> *Grace era mais liberal. Dizia constantemente que queria que os filhos aproveitassem a vida. No fim das contas, isso significava, para ela, conhecimento das coisas do espírito e das artes. Providenciou para que todos tivessem aulas de música. Comprava ingressos para que eles fossem aos concertos sinfônicos, às apresentações de ópera e às melhores peças teatrais que iam para Chicago; estimulava-os, desde bem pequenos, a se familiarizar com as pinturas e desenhos do Chicago Art Institute. A crença arraigada que tinha na criatividade fez com que desejasse desenvolver o talento dos filhos o máximo possível.*

O parágrafo anterior é uma boa descrição de Gêmeos na cúspide da casa 10, com Netuno nessa casa e o regente Mercúrio em Leão, e nos faz supor que, nesse caso, a casa 4 representa o pai, e a 10, a mãe.

Com Sagitário na casa 4, Hemingway apreciava tanto as atividades mentais como as físicas. Também lhe agradava o fato de ser tratado de modo especial, mesmo sendo um entre seis filhos. Com o regente Júpiter na casa 2, da renda, ganhou a vida trabalhando em casa. A abertura de espírito sagitariana fez com que se sentisse igualmente em casa em Paris, em Key West, em Cuba ou em Ketchum. A descrição que Hotchner faz da *Finca Vigia* (Fazenda Vigia) é aquela perfeita de Sagitário na casa 4 com boa contribuição de Urano e Saturno:

> *A propriedade era cercada e consistia em 13 acres de canteiros de flores e hortaliças, um pasto com meia dúzia de vacas,*

árvores frutíferas, uma quadra de tênis abandonada, uma grande piscina e uma vila baixa, de pedra de calcário outrora branca, um pouco dilapidada, porém majestosa. À pequena distância da casa principal ficava uma casa de hóspedes de vigas brancas. De um dos lados, atrás da casa principal, havia uma torre nova, reluzentemente branca, de três andares, com uma escada circundando-a por fora. As paredes da sala de jantar e quase 15 metros da sala de estar da casa principal estavam repletas de cabeças de animais com magníficos chifres; sobre o chão de ladrilhos havia vários tapetes bem gastos de pele de animais. Do lado de dentro da porta de entrada, havia um enorme porta-revistas, constantemente inundado de periódicos americanos e estrangeiros. Depois da sala de estar, ficava uma grande biblioteca abarrotada de livros que cobriam as paredes do chão até o teto de pé-direito alto; o local continha mais de cinco mil volumes. Em cima da cama dele, na parede, ficava uma de suas pinturas favoritas, O Guitarrista, de Juan Gris. A equipe de empregados da finca normalmente consistia num ajudante, um motorista, um cozinheiro chinês, três jardineiros, duas empregadas e o tratador dos galos de briga. [...] Havia também um bando de 30 gatos que moravam no andar térreo da torre, com lugares especiais para dormir, comer e amamentar os filhotes. Alguns favoritos, como Crazy Christian, Friendless Brother e Ecstasy, tinham o privilégio de frequentar a casa...

Urano em **Sagitário** na **casa 4** não só provoca altos e baixos na vida doméstica, muitas mudanças de residência e de parceiros e circunstâncias fora do comum no lar (30 gatos e um galo de briga!?) como também mostra necessidade de liberdade de expressão, gosto pelas viagens e desejo de expandir os horizontes mentais e físicos – tudo isso característico de Hemingway. Explica a graça que ele achava em desestabilizar os outros, sempre imaginando qual seria a próxima maluquice. Isso é confirmado pela oposição entre Urano e o Meio do Céu, que, muitas vezes, provoca conduta afrontosa ou o desrespeito pelas convenções, além de ser outra razão de sua acentuada necessidade de liberdade emocional.

Saturno em **Sagitário** na **casa 4** descreve não só a formação tradicional e rígida de que já falamos, mas também dotou Hemingway de disciplina intelectual e de excelente poder de concentração. Acrescentou franqueza à sua forma de expressão, tornou-o muito melindroso quando se sentia injustamente acusado, mas, acima de tudo, explica sua ansiedade em relação à velhice. Saturno na casa 4 muitas vezes inclina a sentimentos de insegurança ou inadequação, com origem na infância, e a compensação no esforço redobrado para atingir a realização. Hemingway não fugia à regra. Do ponto de vista psicológico, Saturno na casa 4 pode trazer instabilidade emocional, sentimento inconsciente de não ter sido amado o bastante, e, como Saturno faz parte da cruz T, Hemingway pode ter achado que os pais esperavam dele mais do que podia oferecer. A quadratura com Marte, que já discutimos, pode ter feito um estrago em sua má interpretação da masculinidade, forçando-o a provar constantemente a própria "masculinidade".

A **oposição** próxima entre **Saturno** e **Plutão** e a oposição mais ampla a **Netuno** acrescentaram mais tensão emocional, fazendo-o desejar, em qualquer situação, estar sempre encarregado, no controle ou no comando, e o impulsionaram na busca de poder e autoridade.

Saturno em **quincunce com Vênus** envolvendo a casa 4 (raízes) foi um aspecto doloroso de lidar. Indica medo de rejeição causado por desentendimentos com a mãe na infância, impregnando todos os encontros românticos subsequentes de certa desconfiança e inata defensividade sexual. Também denota dificuldade na expressão do amor e tendência a prodigalizar amor e atenção a grupos (casa 11), em vez de se arriscar ao envolvimento emocional com uma só pessoa, ficando, assim, mais vulnerável à rejeição.

O **Nodo Norte** em **Sagitário** também ocupa essa casa; o **Nodo Sul** está em **Gêmeos** na **casa 10**. Se devemos crescer na área onde está localizado o Nodo Norte, em vez de sermos vítimas dos sentimentos de *déjà-vu* do Nodo Sul, então Hemingway não vivenciou todo seu potencial. Seu verdadeiro crescimento deveria estar na compreensão de suas raízes profundas, de sua alma, e isso deveria ser feito por intermédio de Sagitário, introduzindo novos princípios morais, por exemplo. Parece que Hemingway escolheu a saída mais fácil, procurando a fama e a satisfação do ego (casa 10) por meio da literatura (Gêmeos).

Casos amorosos, filhos, criatividade, prazeres, risco e perigos pertencem ao domínio da **casa 5**. Com **Capricórnio** na **cúspide** e o regente Saturno em Sagitário na casa 4, Hemingway achava que tinha de trabalhar arduamente para conseguir tudo de que precisava, o que, portanto, era recebido por merecimento. Com a típica atitude de supercompensação que aparece quando Saturno rege essa casa, Hemingway se jogou em todos os assuntos da casa 5. Os casos amorosos eram polidos, sendo objeto de conversas e ostentação mesmo quando não eram consumados. Por exemplo, veja o que ele disse a Hotchner sobre Marlene Dietrich:

> *O que acontece entre Chucrute e mim é que estamos apaixonados desde 1924, quando nos encontramos pela primeira vez no Île de France, mas nunca fomos para a cama. Espantoso, porém verdadeiro. Vítimas de uma paixão não sincrônica. Quando eu estava sem amor, ela estava mergulhada em alguma atribulação romântica; e nas ocasiões em que ela vinha à superfície e estava nadando por aí com aqueles olhos maravilhosamente convidativos eu é que estava submerso.*

Saturno na casa 4 proporcionou a Hemingway a oportunidade de encontrar canais criativos baseados em suas raízes e expressos em seu lar. Muitos escritores têm o **regente da casa 5 na casa 4**, mas não, necessariamente, Saturno. As palavras de Hemingway, ao aceitar o Prêmio Nobel de Literatura em 1954, resumem a necessidade saturnina de perfeição:

> *Para o verdadeiro escritor, cada livro deveria ser um novo começo, em que ele tenta algo que está além da realização. Ele deveria sempre tentar algo que nunca foi feito ou que outros já tentaram e fracassaram. É porque tivemos tantos grandes escritores no passado que o escritor é levado para muito além de onde pode ir, para onde ninguém pode ajudá-lo.*

A excessiva busca de diversão, riscos e perigo por parte de Hemingway foi revelada em muitas áreas do horóscopo, e a casa 5 serve como confirmação. Já discutimos anteriormente a localização da Lua aqui e percebemos que ela, também, contribuiu para seus altos e baixos emocionais (Lua em oposição a Vênus) com as mulheres. É interessante observar que Hemingway usou intensamente a casa 5 em todas as áreas, exceto com os filhos. De alguma forma, eles ficavam em seu caminho. "A coisa mais importante para um bebê é ter uma boa babá", era como ele descrevia a criação dos filhos. Passou relativamente pouco tempo com eles durante o crescimento, mas saiu de férias com os três e sempre recebia a visita deles onde quer que estivesse morando. Depois de adultos, os três se tornaram bons amigos dele, mas nunca ocuparam o papel importante reservado à literatura, ao amor e aos *hobbies*.

Urano na casa 4 rege a cúspide da casa 6 de Hemingway, e, naturalmente, ele se envolveu com um tipo de trabalho que podia ser executado em casa. A combinação de **Aquário na casa 6** e Virgem ascendendo fez com que Hemingway se orgulhasse muito do trabalho, esforçando-se mais que qualquer outra pessoa. Apesar dessa dedicação, nunca foi particularmente arrumado nem limpo [Virgem]. A qualidade de Aquário combinada com Urano em Sagitário se desentendia muitas vezes com o Ascendente Virgem. Hotchner descreve o ambiente de trabalho de Hemingway na *finca*:

> *As paredes do quarto de dormir de Ernest, onde ele trabalhava, também estavam cobertas de livros. Havia uma grande escrivaninha cheia de pilhas de cartas, recortes de jornais e revistas, um pequeno saco com dentes de carnívoros, dois relógios sem corda, calçadeiras, uma caneta vazia num suporte de ônix, uma zebra, um javali, um rinoceronte e um leão entalhados em madeira, todos enfileirados, e um enorme sortimento de lembranças, suvenires e amuletos. Ele nunca trabalhava na escrivaninha; em vez disso, trabalhava de pé num arranjo que bolara com a parte de cima de uma estante perto da cama. Sua máquina de escrever portátil ficava bem encaixada ali, com papéis espalhados dos dois lados por toda a extensão da estante. Usava uma prancheta para escrever a mão. Nas paredes do quarto também havia algumas cabeças de animais, e, decorando o chão de ladrilhos, havia uma pele de antílope, gasta e rasgada. A torre branca, construída por Mary na tentativa de tirar de casa os 30 gatos e dar a Ernest um local de trabalho mais condizente do que esse canto improvisado do quarto de dormir, funcionou com os gatos, mas não com Ernest. O andar de cima da torre, com extensa vista de topos de palmeiras e morros verdes e mais nada até o mar, fora mobiliada com uma imponente escrivaninha, adequada a um "escritor de alta posição", estantes e confortáveis cadeiras para leitura, mas*

> *Ernest raramente escrevia uma linha naquele lugar, a não ser quando, ocasionalmente, corrigia algumas provas.*

O próprio Hemingway explicou a Hotchner:

> *Gosto de escrever de pé – para diminuir a velha barriga e porque de pé você fica com mais vitalidade. Quem é que dá dez voltas sentado no traseiro? Escrevo as descrições à mão porque, para mim, isso é mais difícil, e escrevendo à mão você fica mais próximo do papel; mas uso a máquina para os diálogos, porque as pessoas falam como a máquina de escrever funciona.*

A **casa 6** é a da saúde, e com Aquário na cúspide Hemingway tinha um sistema nervoso muito ativo. Quando seus esforços não se canalizavam para o trabalho, ele dava muita atenção à saúde, chegando ao ponto de ser hipocondríaco. Tanto Baker como Hotchner repararam nessa tendência, e Hotchner disse tudo neste parágrafo:

> *Seu banheiro era espaçoso e atulhado de remédios e parafernália médica, lotando os armários e todas as superfícies. O cômodo estava realmente precisando de uma pintura, o que se tornava impossível, porque as paredes estavam cobertas de anotações a tinta, na meticulosa caligrafia de Hemingway, de medições datadas de pressão arterial, peso, números de receitas e outras informações médicas e farmacêuticas.*

A **casa 7** descreve os relacionamentos a dois. Não importa o número de relacionamentos – a atitude básica em relação a eles e ao casamento sempre é a mesma. Os parceiros – no caso de Hemingway, a enfermeira Agnes von Kurowsky (protótipo da heroína Catherine

Barkley, de *Adeus às Armas*) e as quatro esposas – são descritos pelas casas alternadas, a contar da 7.

Embora Hemingway não tenha sido casado com Agnes, esse relacionamento foi mais que um caso da casa 5 – foi um compromisso; eles moraram juntos, comeram juntos, dormiram juntos; só faltou a certidão de casamento. Quando Agnes decidiu terminar o relacionamento, a tensão emocional de Hemingway foi quase tão acentuada como em seus divórcios legais posteriores.

Quando o **regente** da **casa 7** está na **casa 10**, em geral a pessoa precisa de um parceiro para preencher alguma das necessidades do ego – que, sem dúvida, foi o que Hemingway fez, com **Peixes** na cúspide e o regente **Netuno em Gêmeos na casa 10**. Ele precisava de alguém com quem pudesse se comunicar, que fosse opositor intelectual (Netuno faz parte da cruz T) e que, ao mesmo tempo, pudesse entender e, portanto, estimular suas necessidades como escritor. Três de suas esposas eram também escritoras, e todas o estimulavam a escrever. Peixes nessa cúspide geralmente indica a procura da união perfeita – a princesa encantada capaz de alimentar e amar, quando necessário, e deixá-lo à vontade e aguentar-se sozinha quando ele não quer amor. Essa é uma combinação um tanto difícil, que nem todas as mulheres conseguem suportar; o fato de Hemingway ter a Lua (a forma como percebe as mulheres em geral) no signo austero e exigente de Capricórnio, em oposição a Vênus, não melhorou suas chances de relacionamentos duradouros.

Peixes na casa 7 descreve bastante bem o primeiro compromisso amoroso de Hemingway, Agnes. Ela era uma moça alta e morena, enfermeira diplomada, de Washington, cuja primeira missão na Cruz Vermelha foi na Itália. Todos os jovens soldados do posto de Agnes a adoravam e queriam sarar logo para poder sair com esse "anjo da misericórdia" dotado de senso de humor quase malicioso. Hemingway, mesmo sendo sete anos mais novo que ela, teve sucesso onde os outros fracassaram. Foi Agnes quem terminou o relacionamento, para grande mágoa dele.

Hadley, seis anos mais velha que Hemingway, também era alta, com longos cabelos ruivos. (O cabelo era um item importante na avaliação que Hemingway fazia das mulheres.) O pai se suicidara quando ela estava com 11 anos, e desde então Hadley morou com a mãe e uma irmã casada. A mãe morreu quando ela tinha 28 anos, e ela parecia estar prestes a se tornar solteirona. Havia se diplomado numa escola particular para moças e depois frequentou um ano o Bryn Mawr, nove anos antes. Achava que sua vida era segura e sem incidentes e julgava-se inexperiente. Hemingway a considerava adorável, de bom coração e sincera; ela se preocupava com o bem-estar dele, com o que comia, como dormia, mesmo depois do divórcio. Na realidade, continuaram bons amigos até o fim. Essa é uma descrição bem adequada para Touro na cúspide da casa 9 com o regente Vênus em Câncer na casa 11.

A segunda esposa foi Pauline. "Baixa, pernas esguias como um passarinho delicado e cabelo curto com franja" – assim Hemingway descreve a primeira impressão dela. Trabalhava na edição parisiense da revista *Vogue*, era chique, bem-vestida e se expressava de modo correto. Era católica devota e frequentara o Visitation Convent, em St. Louis, e se diplomara pela Universidade do Missouri. Mary Welsh Hemingway escreveu:

> *Ernest tinha me falado muito de seu casamento satisfatório com Pauline Pfeiffer. ... Pauline cuidou de uma casa elegante e bem-arrumada em Key West e lhe deu dois ótimos filhos. Era educada, inteligente e lia livros. Sei alguma coisa sobre o amor e a consideração que ele lhe devotava...*

Para perturbar essa relação de amor entre Hemingway e Pauline (Câncer na casa 11, Lua em Sagitário na casa 5) apareceu Martha

Gellhorn. O caso se desenvolveu a pleno vapor durante vários anos. Conheceram-se em 1936, mas foi só em 1940 que ele se divorciou de Pauline, casando-se com Martha no ano seguinte. Alta, loira, jovem e ambiciosa, ela também era escritora e trabalhava como jornalista no *Collier's*, viajando extensamente para fazer a cobertura de áreas conturbadas no mundo. Esta é a descrição de Martha que Hemingway fez a Hotchner:

> *Era a mulher mais ambiciosa que já existiu, sempre viajando para cobrir alguma guerra não convencional para o* Collier's. *Queria que tudo fosse higiênico. [Martha é representada pela casa 1 de Hemingway, Virgem, com Mercúrio em Leão na casa 12.] O pai era médico, de modo que ela fazia nossa casa parecer, ao máximo, um hospital. Nem falar em cabeças de animais, por mais bonitas que fossem, porque eram anti-higiênicas.*

Para fazer justiça a Martha, devemos acrescentar que ela descobriu a *finca*, restaurou-a e transformou-a num lugar que Hemingway adorava. Ele também admitiu que ela se esforçava muito para que seus filhos se sentissem à vontade. Entretanto, ressentia-se de sua constante ausência e caçoava dela por voltar para "tomar um golinho de domesticidade". De certo modo, esperava que ela pudesse lhe dar a filha tão desejada. A seu ver, isso poderia justificar o fato de ter deixado Pauline. Em vez disso, sua vida doméstica transformou-se num grande campo de batalha.

Conheceu Mary Welsh (casa 3, Escorpião na cúspide, Plutão em Gêmeos na casa 10) em Londres, em 1944. Era uma loura *mignon* que trabalhava como redatora no *Daily Express*. Também trabalhava no escritório de Londres de *Time, Life* e *Fortune*. Tiveram uma ligação rápida e séria e, depois de se divorciarem dos respectivos parceiros, casaram-se em 1946. Aparentemente, Mary satisfazia muitas das necessidades de Hemingway. De fato, comunicavam-se bem. Embora como escritora ela fosse capaz de entender os problemas dele, desistiu de grande parte da carreira para se tornar a sra. Hemingway e cuidar dele. O casamento teve brigas e altos e baixos, mas durante os anos difíceis do fim da vida Hemingway sabia que Mary estava lá com ele.

Mary é maravilhosa,

disse a Hotchner na Clínica Mayo,

agora e sempre. Maravilhosa. Ela é tudo o que resta para me dar alegria. Eu a amo, eu a amo de verdade. Ela sabe como sofro e sofre tentando me ajudar. Olha, Hotch, não importa o que aconteça, qualquer coisa – ela é boa e forte, mas lembre-se de que, algumas vezes, as mulheres mais fortes precisam de ajuda.

Áries ocupa a cúspide da **casa 8** de Hemingway – a de apoio dos outros, sexo, impostos, heranças, morte e transformação. **Marte**, o regente, está na **casa 1**. Hemingway quis morrer (casa 8) pelas próprias mãos (casa 1), e assim o fez. Muitos astrólogos acham que o lugar do mapa onde se encontra Áries é o verdadeiro início como pessoa. Hemingway disse a seu próprio respeito:

Só gostei mesmo de fazer três coisas na vida – caçar, escrever e fazer amor.

Entretanto, o amor que sentia por essas coisas estava profundamente vinculado à sua atitude em relação à vida e à morte. Conforme explicou numa conversa com a atriz Ava Gardner:

"Vou lhe dizer a verdade, Filha, os analistas me apavoram."
"Quer dizer" – perguntou Ava, incrédula – "que você nunca foi a um analista?". *"Claro que sim – Corona Portátil nº 3" [sua máquina de escrever]. "Ela tem sido meu analista. Vou te contar, mesmo não acreditando em análise: passo tanto tempo matando animais e peixes que não vou me matar."*

Morte e suicídio rondavam Hemingway constantemente. A maioria de suas façanhas envolvia perigo e, de acordo com observadores bem informados, fazia parte de um desejo subconsciente de morrer. Marte, o planeta focal da cruz T, localizado na casa 1, traçou-lhe o caminho desde a infância. Muitas vezes ele anotava reflexões sobre o suicídio:

> *Quando estou deprimido, gosto de pensar na morte e nas várias maneiras de morrer. A não ser que você consiga morrer dormindo, acho que a melhor maneira seria pular de um navio durante a noite. Haveria apenas o momento do salto, e, para mim, é muito fácil dar qualquer tipo de salto [Marte na casa 1]. Também ninguém saberia, com certeza, o que aconteceu... até poderiam achar que tinha sido um acidente.*

Muitas vezes ele falava de amor e morte como se fossem a mesma coisa. Numa homenagem aos 67 mortos do 22º Regimento de Infantaria, escreveu:

> *Agora ele dorme com a velha prostituta, a Morte, que ontem negou duas vezes. Você aceita essa velha prostituta, a Morte, como sua legítima esposa? Repita comigo. Sim. Sim. ... Sessenta e sete vezes.*

Depois dos dois desastres de avião na África, os jornais publicaram obituários prematuros que ele, segundo a esposa Mary, devorou com "gozo imoral". Gostou especialmente do recorte de um jornal alemão que, numa linguagem *Gotterdammerung*, anunciou que o desastre fatal foi nada menos que a realização do bem conhecido desejo de morrer de Hemingway, ligado ao leopardo metafísico que ele colocara no alto do monte Kilimanjaro, no conto *As Neves do Kilimanjaro*.

Mencionava, muitas vezes, o suicídio do pai, em geral pondo a culpa na mãe. Vejam como seu tato não era, de fato, dos melhores:

> *No Natal, recebi um embrulho de minha mãe. Continha o revólver que meu pai usou para se matar. Havia um cartão dizendo que ela achava que eu gostaria de ficar com ele; não sei se era um presságio ou uma profecia.*

Com **Áries** na **casa 8** e **Marte** em **Virgem**, Hemingway alternava sentimentos de insegurança e períodos de temeridade. Em grande parte, isso já foi discutido na interpretação da cruz T. A descrição de Hemingway como amante "satisfatório", por mulheres que o conheceram, provavelmente iria feri-lo sobremaneira. Sua forte imaginação exigia muito mais do que isso.

> *Alta, pele de café, olhos de ébano e pernas paradisíacas. A noite estava muito quente, mas ela usava um casaco de pele negra, os seios dando formas ao casaco como se ele fosse de seda. [...] Ela se soltou dele [seu parceiro na dança] e veio para mim. Tudo que havia por baixo daquele casaco se comunicou instantaneamente comigo. Eu me apresentei e perguntei seu nome. "Josephine Baker", disse ela. Dançamos sem parar o restante da noite. Ela ficou o tempo todo com o casaco de pele. Só quando o bar fechou foi que ela me disse que não vestia nada por baixo.*

A **casa 9** se relaciona com a mente superior, a filosofia de vida e os ideais, as viagens longas e a religião. Hemingway tinha **Touro** na cúspide e o regente **Vênus** em **Câncer** na **casa 11**. A combinação de Touro e Câncer exigia princípios morais e crenças religiosas que fizessem sentido e pudessem ser provados (principalmente com Virgem no Ascendente), porém o caráter é dotado de sensibilidade e poesia, além da adesão a elevados padrões e princípios. Como Vênus só tem aspectos desafiadores, Hemingway esteve sempre às voltas com conflitos de consciência em muitas áreas da vida, sobretudo em relação à postura religiosa. Por exemplo:

> *O breve encontro com Don Giuseppi, o padre que lhe ministrara a extrema-unção quando se feriu em 1918, serviu para despertar novamente sua sensibilidade religiosa. O fim do casamento com Hadley ainda estava muito vivo em sua mente. Parou o carro num santuário de beira de estrada, onde se ajoelhou e rezou por um tempo que pareceu muito longo, voltando ao carro com lágrimas no rosto.*

Hemingway foi batizado na Primeira Igreja Congregacional; seus pais eram protestantes tradicionais (Sagitário na casa 4), sendo o pai um pouco mais rigoroso que a mãe. Hemingway, com sua imaginação de escritor, conseguia mudar de religião e filosofia à vontade. Para se casar com Pauline pelo rito católico, insinuou que Hadley era ateia e que, portanto, seu casamento na Igreja Protestante não era válido. Escreveu numa carta a um padre dominicano:

> *Sou católico, embora tenha me afastado bastante entre 1919 e 1923. Mas agora, definitivamente, coloquei a casa em ordem. Tenho tanta fé que odeio examiná-la.*

Por outro lado, ele tinha fama de ser cínico em relação à religião, fato que no fim da vida admitia com orgulho. Quando servia como correspondente na II Guerra Mundial, o capelão da divisão, fascinado pelas opiniões de Hemingway, sempre aparecia para ouvi-las. Hemingway, certa vez, perguntou-lhe se acreditava na afirmativa muito "batida" de que não há ateus nas trincheiras. "Não, sr. Hemingway", disse o capelão. "Não, desde que conheci o senhor e o Coronel Lanham." A resposta encantou Hemingway e passou a integrar sua coleção de anedotas.

Todavia, o conflito entre religião e ateísmo reforçou sua natureza inatamente supersticiosa. Uma vez, na hora de apostar nos cavalos em Auteuil, disse: "Não contem comigo. Estou com um problemão. Não consigo achar meu talismã!". Durante um bombardeio na II Guerra, ao mesmo tempo que ridicularizava "essa droga" de premonições, batia na madeira. Baker afirma: "Por mais que afirmasse o contrário, era tão supersticioso quanto um camponês da Idade Média".

Como o **regente** da **casa 9** está na **11** e não tem aspectos fluentes, Hemingway tinha tendência a desperdiçar tempo e energia em viagens e festas com amigos e conhecidos. Hotchner conta:

> *Nadamos em Key West, caçamos aves em Idaho, fizemos o circuito dos touros na Espanha, apostamos nos cavalos em Paris, percorremos as ladeiras varridas pelo vento do Escorial e rodamos pelas adoráveis estradas francesas, que ele percorrera de bicicleta com Scott Fitzgerald...*

Os Marte, Saturno e Plutão proeminentes de Hemingway sempre o chamavam de volta para satisfazer às suas verdadeiras necessidades pessoais, de suas raízes e do ego.

A vida profissional de Hemingway – sua posição e reputação – é revelada pela **casa 10**. Naturalmente, já falamos sobre isso antes.

O horóscopo é um todo abrangente. O ser humano não pode ser totalmente compartimentalizado; as áreas se entrelaçam. Cada área, isoladamente, tem sua validade, serve para confirmar o restante do delineamento e ressalta os traços menos óbvios do caráter, facilmente omitidos numa interpretação mais superficial.

Gêmeos está na cúspide da **casa 10**; o **regente, Mercúrio**, está em **Leão** na **casa 12**; Plutão e Netuno em Gêmeos estão na casa 10. Sabemos que versatilidade é a palavra-chave para o lugar que Gêmeos ocupa no mapa, e Hemingway não fugiu à regra. Tirar proveito das características literárias, inteligentes e expressivas de Gêmeos apenas para escrever não era o bastante; Hemingway entregou-se de corpo (Mercúrio e Leão) e alma a tudo que fez. Mesmo sendo exibido e sociável (combinação Gêmeos/Leão), era totalmente sério e dedicado quando se tratava de escrever. Tirou o máximo proveito do posicionamento do regente Mercúrio em Leão na casa 12. Trabalhava sozinho e dava tudo de si no trabalho. O sextil exato entre Mercúrio e Netuno também teve seu papel. Hemingway disse a Hotchner:

> *Só sei de duas coisas absolutas em relação a escrever: uma é que, se você faz amor enquanto está bloqueado num trabalho, corre o risco de deixar as melhores partes na cama; a outra é que a integridade para um escritor é como a virgindade para uma mulher – depois que se vai, nunca mais é recuperada. Sempre me perguntam qual é meu "credo" – Cristo, que palavra! Bem, meu credo é escrever tão bem quanto posso a respeito de coisas que conheço e sinto profundamente.*

Plutão e **Netuno** estão em **Gêmeos na casa 10**, envolvidos na cruz T. São os planetas mais elevados do mapa, regendo as casas da comunicação (casa 3) e dos parceiros (casa 7), respectivamente; revelam muito da saga de Hemingway. Plutão, aqui, acrescentou ainda mais afirmação e autodeterminação ao seu caráter já forte. Tornou-o muito corajoso (o que observamos antes, com Marte na casa 1), líder em seu círculo, com a necessidade obsessiva (Plutão) de ser o melhor. Era um perfeccionista que exigia de si sem descanso. Como disse o crítico Charles Chaplin numa resenha:

> *O autorretrato que Hemingway vai aos poucos compondo nessas cartas não é apenas do exagerado beberrão/amante/ aventureiro/guerreiro, porém – ainda mais convincentemente – o do escritor obsessivo para quem apenas importava o ato de escrever e o julgamento que fazia de sua qualidade. Não era um aventureiro brincando de ser escritor; era um escritor que descansava e se renovava na ação.*

Netuno na **casa 10** ajudou a formar uma aura de encantamento em torno dele, além de aumentar o prazer que sentia em apresentar ao mundo uma imagem incomum. É interessante a constatação que temos feito de que as pessoas com Netuno na casa 10 aparentemente se realizam ou conseguem as coisas sozinhas, sem a ajuda dos pais. Foi o caso de Hemingway. A participação de Netuno na cruz T é outra confirmação das dúvidas sobre si mesmo que o atormentavam.

Você pode ter notado que não delineamos Plutão ou Netuno em Gêmeos, mas, sim, seu posicionamento na casa 10. Plutão transitou por Gêmeos durante vinte anos (1883 a 1913), e Netuno, de 1887 a 1901, durante catorze anos. Ao longo desse período, milhões de pessoas tiveram os planetas no mesmo signo, e a interpretação deveria se referir a gerações, não a indivíduos. Porém, a posição por casa é específica para Hemingway, assim como o fato de que Plutão, regente da casa 3, está na casa 10 em Gêmeos, e só aí poderíamos acrescentar as qualidades geminianas. O mesmo se aplica a Netuno. Ao interpretar Netuno, pensamos apenas em sua localização na casa 10, em termos de influência pessoal sobre Hemingway. Quando delineamos a cúspide da casa 7, discutimos a possibilidade de várias parcerias, porque o regente Netuno está em Gêmeos na casa 10.

Com **Câncer** na **casa 11** e a **Lua** em Capricórnio na casa 5 (em oposição exata à cúspide) e Vênus e o Sol em Câncer na casa 11, percebemos que ter amigos e estar com eles era algo essencial na vida de Hemingway. O posicionamento de Vênus mostra o que você realmente aprecia, e o do Sol, onde você quer brilhar. A casa 11 (amigos, desejos e esperanças) em Câncer indica disposição para ajudar (alimentar) os outros e vontade de bancar o "Papa", como Hemingway adorava fazer.

Como o regente estava na casa 5, Hemingway amava os amigos e era amado por eles – enquanto tudo ia bem. Como a Lua em oposição a Vênus na casa 11, ele variava de amizades com a mesma facilidade com que variava de amores. Entretanto, exigia fidelidade incondicional dos outros, de acordo com Hotchner:

> *Era um traço comum a todos com quem mantinha relacionamentos longos e duradouros. A essa altura, já eram poucos. A taxa de mortalidade era tão elevada quanto os padrões de Ernest, e se você perguntasse sobre alguém que tinha ficado pelo caminho Ernest simplesmente lhe dizia que ele, ou ela, "não estava à altura". Ernest exigia autenticidade, e era essa a virtude que prezava acima de todas.*

Vênus em Câncer contribuiu para que Hemingway desfrutasse das coisas boas, além de colaborar para sua autoindulgência. Era muito sensível e se magoava com facilidade, mas escondia de todos, exceto dos mais íntimos, esses sentimentos. Sua reação básica em relação à vida era sempre instintiva e emocional, o que fazia dele um escritor interessante e uma companhia divertida. Os montes de lembranças acumuladas na escrivaninha e no quarto descrevem não apenas a característica colecionadora do Sol em Câncer, mas também o inato sentimentalismo de Vênus nesse signo. Apesar de Hemingway ser conhecido como um homem que apreciava a companhia de homens (Sol na casa 11), tinha muitas amigas – Marlene "Chucrute", Ava Gardner etc. Isso é mais ou menos típico de Vênus na casa 11. De acordo com Baker,

> *Ernest resplandecia no papel de amigo. Quando serviu no exterior, durante a II Guerra, às vezes se autointitulava o velho Ernie Hemorroidas, o Ernie Pyle dos pobres.*

Enquanto ainda morava em Paris na década de 1920, Scott Fitzgerald foi visitá-lo com a filha Scotty.

> *À certa altura, a menina disse que precisava fazer xixi. Meu banheiro era no andar de baixo, que Scott achou muito longe e mandou a filha fazer no corredor. Quando o gerente protestou em altos brados, Scott ficou tão bravo que começou a rasgar o papel de parede do meu quarto, já meio estragado. O senhorio me fez pagar o papel de parede do quarto todo. Mas Scott era meu amigo, e você aguenta um bocado de coisas em nome da amizade. Afinal, foi Scott quem insistiu para que Max Perkins [editor do Scribners] lesse minha história, e, como ele já era bem conhecido, sua opinião tinha muito peso.*

Por um amigo verdadeiro, Hemingway aguentava praticamente tudo. Também adorava gente que o fizesse rir e gostava, em especial, de histórias ou piadas picantes, que o faziam se sentir bem. Riu às gargalhadas quando recebeu essa carta de Herman Levin, em 1955:

> *... que você está examinando a hipótese de vender alguma de suas obras para o teatro da Broadway. Acho que a ideia é*

excelente, baseado em minha experiência de vários anos como produtor. [Entre outras coisas, produziu Os Homens Preferem as Loiras.*] Depois de pensar cuidadosamente no assunto, tive uma ideia que pode ser bem explosiva. Considerando a enorme popularidade que está tendo* O Velho e o Mar, *imagine como essa história, transformada numa comédia musical em grande estilo, iria atrair o público! Já discuti a ideia com dois compositores, Al Lerner e Fred Loewe, e os dois ficaram tão entusiasmados que puseram mãos à obra e bolaram alguns números que podem entrar nesse show: "Com uma pequena isca", "Leve-me já para a praia" e "Espere só, Izaak Walton, espere só". Nós três ficamos um bocado empolgados com isso tudo. Acho que com algumas pequenas adaptações (por exemplo, transformar o esquife num barco bem grande para acomodar o corpo de dança), a escolha do astro certo (vejo Rex Harrison como o "velho") e um título novo e chamativo (alguma coisa assim – "O anzol, a linha e a chumbada"), poderíamos produzir um verdadeiro sucesso...*

Agora chegamos à casa mais difícil de interpretar, a 12. Ela descreve o subconsciente, a personalidade oculta, a força e os medos ocultos, as atividades de bastidores. É o lado oculto onde tentamos enganar o mundo, mas muitas vezes acabamos enganando a nós mesmos. Até que ponto desejamos encarar e aceitar essa parte mais íntima depende do livre-arbítrio; sob esse aspecto, alguns mapas são mais fáceis que outros, e alguns revelam maior necessidade de consciência e sintonia.

Hemingway tem **Leão** na cúspide da **casa 12**, e o regente, o Sol, está em Câncer na casa 11. Leão, na verdade, não gosta de ser relegado aos "bastidores" – aprecia ficar instalado no trono, não ser o poder oculto. Hemingway, porém, usou bastante bem o lado prático de Leão na cúspide da casa 12; deixou que seus livros brilhassem

(Sol/Leão) por ele. Podia manter oculta parte maior ou menor de si mesmo, conforme sua vontade; nunca precisou revelar o que era verdade e o que era ficção, o que era autobiográfico e o que era inventado. Além disso, com Mercúrio em sextil naquela casa com Netuno, pôde utilizar sua poderosa imaginação sem que ninguém o acusasse de exagero ou o obrigasse a distinguir o sonho da realidade.

Com todo material de que dispomos sobre Hemingway, o escritor, e Hemingway, o homem, ainda não sabemos, com efeito, quão profundamente ele olhou para dentro de si, quantas deficiências enfrentou ou tentou mudar, porque o orgulhoso Leão nunca admitiria em público nem a metade do que descobrisse e não fosse lisonjeiro. De vez em quando, a vulnerabilidade do homem vinha à tona, mas isso era raro. Numa conversa com Hotchner, falando dos primeiros trabalhos em Paris, disse:

> *Todo dia chegavam manuscritos rejeitados. Na sala vazia, caíam pela caixa de cartas no assoalho, trazendo anexas as mais brutais das censuras – os formulários impressos de recusa. Eu sentava à velha mesa de madeira e lia um daqueles formulários frios que tinham sido anexados a uma história que eu havia amado, que elaborara com muito esforço, e não conseguia evitar o choro."* "Nunca imagino você chorando", disse Hotchner. "Eu choro, rapaz", disse Ernest. *"Quando dói bastante, eu choro.*

O posicionamento do **regente da casa 12** na **casa 11** confirma sua necessidade de amigos e seu constante envolvimento com eles, além de causar estranho desvio na paranoia de Hemingway – um pouco antes de sua morte, ele acreditava estar sendo perseguido por organizações secretas como o FBI e a CIA. Em vez de ser um manipulador desses grupos, como muitas vezes acontece quando o regente da casa 12 está na 11, ele se sentia manipulado por eles.

A depressão que muitas vezes aparece com Leão na cúspide da casa 12 também cobrou seu tributo. A partir de 1960, surgiram sintomas de extrema depressão nervosa, medo, solidão, tédio, desconfiança das motivações dos outros, insônia, culpa, remorso e falhas de memória. As histórias sobre suas desilusões cresciam a cada dia.

A casa 4 descreve o fim do corpo físico; a casa 8 mostra a liberação da alma ou morte; a casa 12 indica a morte da razão – os resultados do curso de vida que escolhemos. Hemingway decidiu tirar a própria vida (regente da casa 8 na casa 1). Sua morte física (casa 4) foi rápida (Urano na casa 4), causada por crenças que tivera a vida toda e pelo antigo desejo de se suicidar (Saturno na casa 4); sua morte racional (casa 12) começou um ano antes de ele efetivamente se matar. Hotchner escreveu:

> *Os incontáveis danos causados pela vontade temerária de viver ao máximo cobraram seu tributo.*

E Baker finaliza:

> *O domingo amanheceu brilhante e sem nuvens. Ernest acordou cedo, como sempre. Vestiu a "túnica do imperador" vermelha e desceu suavemente pela escada acarpetada. Foi na ponta dos pés até o porão e abriu o depósito. Escolheu uma espingarda Boss de cano duplo e grande impacto. Pegou algumas balas de uma das caixas do depósito, fechou e trancou a porta, e subiu a escada do porão. Atravessou a sala de estar até o vestíbulo, uma entrada parecida com um santuário, de 1,50 m por 2 m, com paredes revestidas de carvalho. Introduziu as duas balas, abaixou cuidadosamente a coronha da espingarda até o chão, inclinou-se para a frente, encostou o cano duplo na testa, bem acima das sobrancelhas, e puxou o gatilho.*

Módulo 15
PRINCESA DIANA DE GALES:
Um Conto de Fadas que se Tornou Realidade

A interpretação deste mapa provavelmente se assemelha aos que a maioria dos astrólogos encontra no dia a dia. Aparece um cliente, amigo ou parente e pede o delineamento de um mapa natal; você, o astrólogo, já conhece a realidade que a pessoa está vivendo ou faz algumas perguntas a respeito. Agora, cabe a você descobrir os talentos e o potencial disponíveis, a razão para os problemas existentes, as possíveis soluções e a forma de evitar o aparecimento de novos problemas.

Aqui estão os fatos: "A tímida Di se desinibe" – berram as legendas de uma foto da então *lady* Diana Spencer, posterior Princesa de Gales, cobrindo parte do rosto e espiando furtivamente por entre os dedos.

Quem é "a tímida Di", como a imprensa a apelidou – equivocadamente, de acordo com as pessoas que a conhecem? "Meu nome é Diana", diz ela tranquilamente quando alguém a trata pelo diminutivo: ela é afável, apesar das pressões que suporta, e tem maturidade impressionante numa moça de 19 anos.

A pompa e a solenidade do matrimônio real, considerado o "casamento do século", reviveram, em 29 de julho de 1981, as antigas

Princesa Diana
1º de julho de 1961
19:45 BST
Sandringham, Inglaterra
52N50 0L30

signo	♉ 9
G.C.	♆
R.M.	
Reg.	♃
Disp.	

Cardinais:	♄ ☉ ☿			M
Fixos:	♃ ☽ ♀ ♅ ♆			
Mutáveis:	♂ ♇			A
Fogo:	♅			A
Terra:	♄ ♀ ♂ ♇			
Ar:	♃ ☽			M
Água:	☉ ☿ ♆			
Angular:	☉ ☿ ♆			
Sucedente:	♄ ♃ ♀			
Cadente:	☽ ♅ ♂ ♇			
Dignidade:	♄ ♀			
Exaltação:				
Detrimento:	♅			
Queda:				
Padrão:	Locomotiva/			
V. 4	B. 3	R. 3	C. 0	

longitude									
25 ♒ 02	☽								
03 ♋ 12ᴿ	(△)	☿ ᴿ							
24 ♉ 24	□		♀						
09 ♋ 40		♂		☉					
01 ♍ 39	☍	✶	□		♂				
05 ♒ 06ᴿ	⊼		⊼	⊼		♃ ᴿ			
27 ♑ 49ᴿ		△		⊼	♂	♄ ᴿ			
23 ♌ 20	☍		□			⊼	♅		
08 ♏ 38ᴿ	△	△		□				♆ ᴿ	
06 ♍ 03	✶		✶	♂	⊼		✶	♇	
20 ♐ 24					△				A
23 ♎ 03	△	⊼			□	✶		✶	M

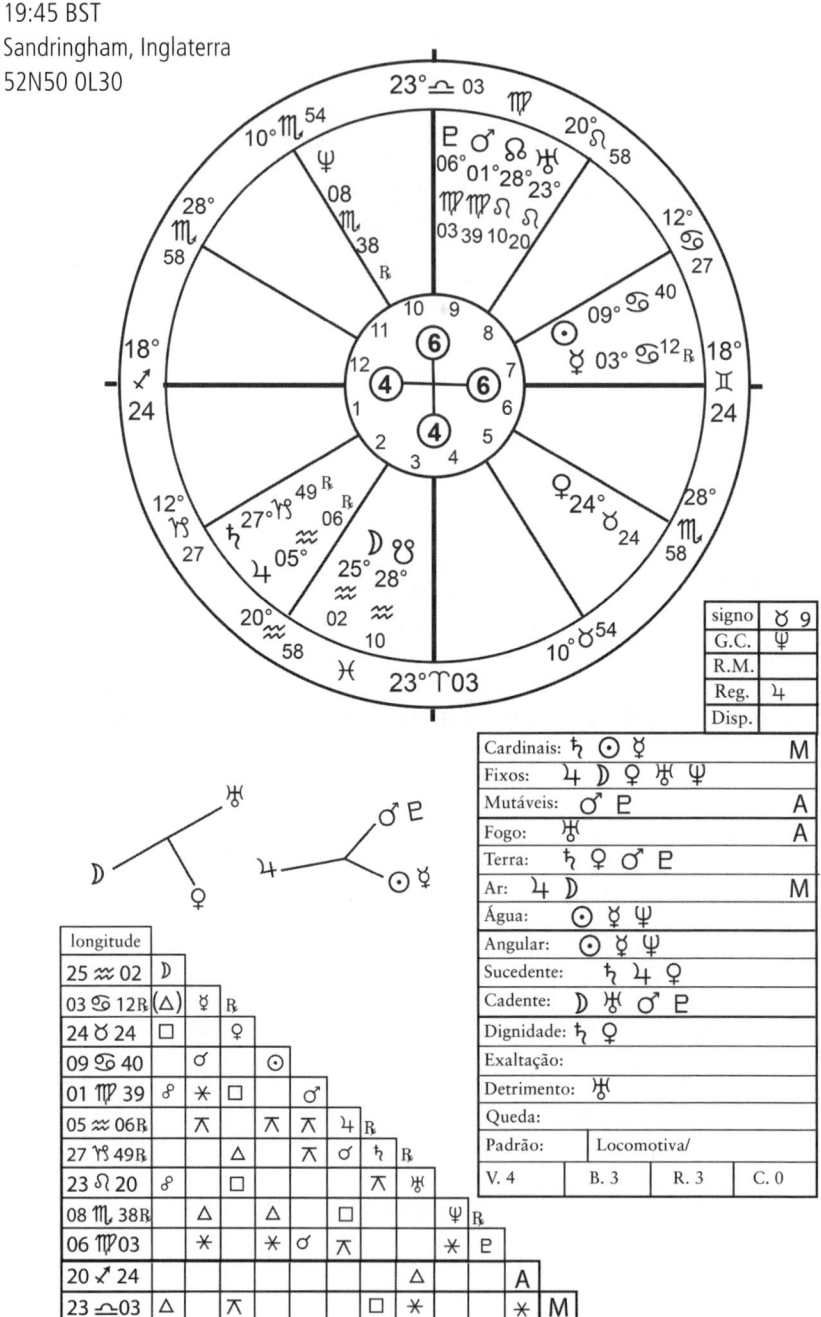

glórias da Inglaterra, num breve lampejo de Camelot. Diana Spencer acabara de completar 20 anos. Tinha toda uma vida pela frente.

De acordo com informações recebidas do Palácio de Buckingham, por cortesia de Charles Harvey, da Associação Astrológica de Londres, Diana nasceu no dia 1º de julho de 1961, às 19h45 min (18h45min GMT), em Park House, parte de uma propriedade real de 20 mil acres em Sandringham, Norfolk, alugada pela coroa à família Spencer.

Os Spencer fizeram parte da realeza por centenas de anos. O pai de Diana, o oitavo conde Spencer, ocupou um cargo de oficial da casa real sob George VI e Elizabeth II. Esta ilustre linhagem vai até o reinado de Charles I. Nascida com título automático, Diana era *lady* ao nascer. Na realidade, segundo um artigo do *Time* de 20 de abril de 1981,

> *Ela tem mais sangue real que o príncipe Charles, seu primo de 16º grau. Quatro de suas antepassadas foram amantes de reis ingleses. Três foram namoradas de Charles II (1633-1685), um conquistador compulsivo cujas atividades amorosas produziram mais de um quarto dos 26 ducados da Inglaterra e da Irlanda. A quarta concubina real, Arabella, filha do primeiro* sir *Winston Churchill, era a preferida de James I e deu-lhe uma filha. Em resumo, o sangue de Diana continua azul, mas está misturado com o vermelho de cortesãs e o preto de ovelhas negras.*
>
> *Também dignas de nota são duas filhas do primeiro conde Spencer: Georgiana, a bela duquesa de Devonshire, mais conhecida como "Duquesa das Covinhas", que desfrutou dos prazeres extraconjugais com o futuro George IV, e sua bela irmã Henrietta, que se gabava de que, "aos 51 anos, sou cortejada, seguida, elogiada e amada, en toutes formes, por quatro homens".*

Nem todos os Spencer eram tão descontraídos. George, irmão do terceiro conde Spencer, converteu-se ao catolicismo romano e, como padre Ignatius da Ordem Passionista, tinha a reputação de ser santo. Sua beatificação já foi proposta. Uma das tias-avós de Diana era afilhada da rainha Vitória. Sua avó, *lady* Fermoy, é dama de companhia da rainha-mãe, que a considera uma de suas amigas mais íntimas. Quando Diana se mudou para Clarence House, a residência da rainha-mãe, para fazer um curso intensivo de "realeza", a presença da avó foi valiosa e tranquilizadora.

O irmão de Diana é afilhado da rainha Elizabeth e cresceu chamando a rainha da Inglaterra de "tia Lilibet". Diana tem duas irmãs mais velhas, Sarah e Jane, e um irmão mais novo, Charles. Um segundo irmão morreu logo após o nascimento, em 1960. Ela foi criada em Park House, Norfolk, bem perto da propriedade real de Sandrigham. As duas propriedades eram separadas por um pequeno muro de pedras, que os três príncipes e a princesa pulavam regularmente para ir nadar na pequena piscina ao ar livre dos Spencer.

Depois do difícil (segundo o *Newsweek*, "confuso") divórcio dos pais, quando Diana tinha 8 anos, o conde Spencer e os filhos se mudaram para a casa dos antepassados, Althorp, em Northamptonshire, propriedade de 15 mil acres com uma mansão de 100 quartos. Durante algum tempo, Diana e os irmãos viajaram constantemente da casa do pai para a da mãe, e vice-versa.

Diana frequentou o Westheath, internato caro, onde se sobressaiu nos esportes e na dança, com notas médias nas outras disciplinas. De acordo com o *London Observer*, nem ela nem Charles eram muito bons em matemática. Aos 16 anos, Diana saiu da escola e foi terminar os estudos na Suíça, mas ficou lá por menos de três meses, surpreendendo a todos.

Quando decidiu se fixar em Londres e aceitar um emprego de meio período como professora num jardim de infância, pai lhe comprou um apartamento de 200 mil libras, que ela dividia com três amigas. O pai e a mãe já estavam no segundo casamento. Em 1976, o pai se casou com uma condessa, filha da romancista Barbara Cartland. A mãe se casou com o herdeiro do magnata do papel de parede, sendo acusada de adúltera, e mora atualmente na Austrália.

Apesar de terem sido vizinhos na infância, os treze anos de diferença entre Charles e Diana fizeram com que vivessem em círculos totalmente diferentes. O romance só começou em julho de 1980, quando descobriram uma paixão comum pela pesca de salmão, e quando Charles percebeu que a garotinha engraçada da casa ao lado tinha se transformado numa bela jovem. Apesar de a imprensa ter descoberto a história e caçar Diana sem tréguas, o casal conseguiu despistar os jornalistas e se encontrar muitas vezes às escondidas. O anúncio do noivado e o subsequente casamento já fazem parte da história.

Esses são os fatos conhecidos até agora, **mas quem é Diana?**

O quadro astrológico mostra um sensível **Sol** em **Câncer** na **casa 7**, uma fria e reservada Lua em Aquário na casa 3, e um livre e jovial Sagitário no Ascendente. A divisão entre seis planetas acima e quatro abaixo do horizonte, quatro a leste e seis a oeste do meridiano é mais ou menos igual; Diana, obviamente, tem bom equilíbrio entre a necessidade que sente dos outros e a capacidade de se manter sobre os próprios pés, e entre a extroversão e a necessidade de ser alguém e a subjetividade e o desejo de trabalhar nos bastidores.

Diana tem três planetas, mais o Meio do Céu, em signos cardeais, cinco em fixos e dois, mais o Ascendente, em signos mutáveis. Com o predomínio de quatro planetas no elemento Terra, sua marca final é Touro (terra fixa), o que lhe acrescenta um bocado de determinação e a torna bastante obstinada – mais que o Sol em Câncer ou o Ascendente em Sagitário indicariam à primeira vista. Isso se confirma pela poderosa cruz T envolvendo a Lua, Vênus, Urano e Marte, que vamos discutir mais adiante.

A submarca (predomínio por posicionamento de casa) revela quatro planetas em casas cadentes e quatro em casas da vida, igual a Fogo mutável, ou seja, ênfase interna em Sagitário/casa 9. Esta natureza interior entusiasta, amante da diversão e idealista é confirmada pelo Ascendente Sagitário e pelo tamanho (mais de 62° da casa 9).

Examinando os posicionamentos por casa de Diana, observamos que ela não tem planetas nas casas de conclusão. Mesmo atenuada pela presença do Sol, de Mercúrio e Netuno em signos de Água, essa ausência pode indicar certa dificuldade, ou até relutância, em olhar para dentro de si mesma. É interessante que sua sogra, a rainha Elizabeth, tem a mesma ausência. E digna de nota a enorme diversidade no tamanho das casas. A casa 3 e a 9 medem mais de 62°, enquanto a 4, a 5, a 10 e a 11 têm aproximadamente 18° cada. Esse espaçamento pode levar a uma vida privada (4 e 5) e pública (10 e 11) mais ou menos restrita, mas também poderia indicar a grande importância que a comunicação, em todas as formas (3), e as relações públicas, seus ideais, seus princípios morais, sua vida e as viagens (9) assumiriam para Diana.

O mapa não tem padrão definido, o que, de certo modo, a deixa em liberdade para moldar o futuro, em vez de ser obrigada a seguir um padrão determinado. Netuno está a quase 9° de um signo fixo, chamado grau crítico. Isso dá ainda mais ênfase a Netuno, já forte por ser o planeta mais elevado do mapa e o único que não faz parte de uma configuração, dando a Diana certo carisma de mistério e fazendo com que projete uma imagem cheia de encanto.

O mais importante é que Diana tem duas fortes configurações: uma **cruz** T envolvendo a Lua a 25° de Aquário oposta a Urano a 23° de Leão, ambos em quadratura com Vênus a 24° de Touro. Essa cruz T quase exata também envolve Marte, aproximadamente a 2° de Virgem. Assim, estão interligados e desafiando um ao outro: a Lua (emoções) na casa 3 regendo a 8; Urano (necessidade de liberdade) na casa 9 regendo a 3; Marte (planeta da ação) na casa 9 regendo a 4; e Vênus (natureza afetiva e valores sociais) na casa 5 regendo a 5 e o

Meio do Céu. Vamos discutir separadamente cada aspecto da cruz T, mas é evidente, numa rápida olhada, que essa moça delicada tem coragem, pensa por si mesma, sabe o que quer e como chegar lá.

A segunda configuração é um *yod* envolvendo seis planetas. O dedo é Júpiter a 5° de Aquário, em quincunce com Mercúrio e o Sol em Câncer na casa 7 e em quincunce com Marte e Plutão em Virgem na casa 9. Saturno, a cerca de 28° de Capricórnio, também é atraído para a configuração, já que faz quincunce com Marte a quase 2° de Virgem e está dentro de uma órbita mais ou menos ampla (5° 23') de um quincunce com Mercúrio. Novamente temos muitas áreas da vida envolvidas. Júpiter é o regente do mapa, regendo o Ascendente, e como tal expressa muito da personalidade de Diana; entretanto, quando ela estabelece seus valores (Júpiter na casa 2), de maneira muito individualista (Aquário), os quatro quincunces mostram ser necessários ajustes, concessões e reorganização na vida pública e nos relacionamentos diretos (Sol e Mercúrio na casa 7), nas crenças e princípios (Marte e Plutão na casa 9). Nascer com um título e fazer parte da realeza trazem consigo restrições, tensão e muitos ajustes.

O **Sol** de Diana está em **Câncer** na **casa 7**. Instintivamente, ela ama o lar, é patriota e maternal. Como o regente do Sol, a Lua, está em Aquário na casa 3, sua necessidade de proteger amplia-se em autêntico interesse pela humanidade. Devido à colocação do Sol em Câncer, Diana se importa com o que os outros dizem ou pensam dela; mas, com o matiz de Aquário, sabe se colocar, quando necessário, acima disso. (Lembrem-se do episódio do vestido transparente, na primeira aparição com Charles, que causou certo *frisson*.) O que ela realmente necessita é de segurança emocional (confirmada pelo envolvimento da Lua na cruz T) e de um lugar tranquilo para se refugiar.

Existe uma dicotomia entre o Sol em Câncer, que gosta de ser dependente, e o regente em Aquário, que quer ser independente. Isso é reforçado pelo posicionamento do Sol na casa 7, que torna de enorme importância as parcerias e a dependência de outra pessoa. O casamento tem grande significado para Diana; com o parceiro certo, pode ser um caminho de aprendizado e crescimento. (Seu mapa e o do príncipe Charles têm conexões extremamente interessantes, que vamos discutir num próximo livro sobre comparações e combinações.) O desejo de Diana de se relacionar equipara-se à sua tenacidade e vontade de conservar o parceiro. Sua grande sensibilidade (Câncer) é protegida pela capacidade de se distanciar (Aquário) quando as coisas ficam de fato difíceis. Entretanto, a flutuação de humor sempre presente com o Sol em Câncer fica ainda mais pronunciada com o regente no signo muitas vezes errático de Aquário. Quando está feliz, ela fica muito, muito feliz – mas, quando está triste, fica muito, muito triste!

A **conjunção entre o Sol e Mercúrio** aumenta sua necessidade de se expressar (Sagitário ascendendo, regente do mapa em Aquário, uma casa 3 muito ampla). Por ter a capacidade de raciocínio e a individualidade interior na mesma casa e no mesmo signo (Câncer), suas opiniões e seu enfoque geral da vida são bastante subjetivos.

O **Sol em quincunce com Júpiter** confirma o conflito entre dependência e independência, além de mostrar um sentimento inato de inadequação (reforçado pela cruz T), fazendo com que Diana sinta necessidade de provar algo a alguém. Em consequência, esforça-se em dobro para ser atenciosa e amável; as amigas dizem que ela nunca se esquece de enviar cartões de aniversário nem de telefonar quando alguém fica doente. O uso negativo desse quincunce pode fazer com que Diana assuma mais compromissos que o necessário ou se torne autocomplacente. O uso positivo pode levá-la a ajustar seus valores (Júpiter na casa 2) às necessidades existentes e a usar de moderação, o que não é fácil com nenhum contato Sol/Júpiter.

O **Sol** de Diana em **trígono** próximo com **Netuno** indica criatividade inata e grande imaginação. Também faz dela uma romântica nata e confirma sua natureza terna, o amor pelo lar, pelo parceiro e pela família, já revelados pelo Sol em Câncer. Como o Sol está na casa 7, do público, e Netuno está na 10, ainda mais pública, esse aspecto lhe dá muito carisma em relação ao povo, que a vê como a "princesa encantada". Na vida particular, ela pode usar seu talento criativo para escrever (Netuno rege o signo interceptado na casa 3), pintar ou se comunicar de alguma forma. O uso negativo desse aspecto pode levá-la a sonhar acordada ou a outras formas de escapismo.

Existe um agradável **sextil** entre o **Sol e Plutão**, indicando boa capacidade de recuperação, engenhosidade e confirmando sua vontade forte, já determinada pela marca de Touro. Também pode lhe dar a oportunidade (sextil) de compartilhar alguns de seus princípios morais (Plutão na casa 9) com o público (Sol na casa 7) e de fazer viagens longas (casa 9) com o marido (casa 7).

O Sol de Diana, sensível e emocional, faz contraste nítido com sua natureza emotiva, percebida através da **Lua** a 25° de **Aquário na casa 3**. A Lua nesse posicionamento é capaz de se distanciar quando a situação fica difícil, mas em Aquário não está completamente impassível, sobretudo porque o regente Urano está em Leão na casa 9, e ambos fazem quadratura com Vênus. Na verdade, Diana passa rapidamente da euforia à depressão, e é muito importante encontrar um canal de libertação para essa energia, para que ela não se sobrecarregue emocionalmente. Embora o lado aéreo e intelectual de Aquário lhe possibilite encarar os problemas de forma filosófica (regente na casa 9) ou abordá-los por intermédio do raciocínio e da lógica (Lua na casa 3). Uma forma de ajudá-la a aliviar a tensão pode ser encontrada em causas ou projetos; como futura rainha, ela tem a oportunidade de se ocupar de uma quantidade de boas causas, principalmente porque as causas humanitárias ou religiosas a atraem por instinto.

Diana é amiga e companheira encantadora, além de interlocutora divertida. Às vezes é original, tem imaginação fértil e muita energia à disposição – a ponto de que gostaríamos de insistir em sua necessidade de se dedicar a *hobbies* ou a projetos, para não sobrecarregar o sistema nervoso. Diana é tolerante e idealista e, à sua maneira, gosta de ser pouco convencional. O Sol em Câncer pode gostar de passar despercebido, mas a Lua em Aquário, com o regente em Leão, adora um pouco de teatralidade. Apesar do falatório por causa do vestido transparente, Diana escolheu os mesmos estilistas – um casal praticamente desconhecido – para confeccionar seu vestido de noiva, preferindo-os aos costureiros habituais da coroa. Essa dicotomia entre a individualidade interior (Sol) e a personalidade emocional (Lua) se evidencia não apenas em sua vontade de ser dependente, por um lado, e independente, por outro, como já mencionamos, mas também no aconchegante envolvimento pessoal canceriano *versus* o comportamento aquariano, impessoal e sempre imprevisível, de amor por toda a humanidade, não por uma pessoa em particular.

A colocação da Lua na casa 3 muitas vezes indica a falta de capacidade de concentração, sobretudo nos estudos. Pode ter sido por isso que ela abandonou os estudos aos 16 anos. Provavelmente, aprende melhor ouvindo. Sempre inquieta, gosta de estar em movimento; com Urano na casa 9, as viagens longas fazem bem seu estilo. É claro que, como herdeiros do trono britânico, ela e o marido vão fazer inúmeras viagens. Essa pode ser uma boa saída para algumas de suas energias. Com a Lua na casa 3, encontramos, muitas vezes, certo envolvimento íntimo e emocional com os irmãos. Diana era bastante ligada a eles, tendo em vista que filhos de pais divorciados, em geral, se unem muito.

Como a **Lua** está a 25° de Aquário e **Mercúrio** a 3° de Câncer, o **trígono** entre os dois planetas é muito amplo para ter impacto forte na personalidade básica de Diana, mas precisamos nos lembrar de que a Lua está próxima do aspecto, e que o trígono era exato mais ou menos quando ela tinha 8 anos, o que deve tê-la ajudado a superar profundos ressentimentos na época do divórcio dos pais. Isso também contribui para que seja uma ouvinte simpática, atenuando um pouco da aspereza de uma Lua na casa 3 com Sagitário no Ascendente.

Um perfil totalmente diferente resulta da poderosa **cruz T** envolvendo a **Lua** de Diana em oposição ao regente **Urano** e a **Marte** e em quadratura com **Vênus**. A Lua não descreve apenas emoções e sentimentos, mas também a reação a si mesma como mulher e a visão que se tem da mãe. Com a quadratura com Vênus e a oposição com Marte, o modelo do papel masculino/feminino não era dos melhores, e logo cedo Diana deve ter sentido a tensão entre os pais, que culminou no divórcio. Pode ser que agora ela veja a mãe mais como amiga que como uma imagem materna arquetípica (Lua em Aquário na casa 3). Não há dúvida de que a mãe tentou criar Diana para ser uma pessoa independente, mas a quadratura com Vênus (o outro planeta que descreve a mãe) mostra que Diana nutriu ressentimentos em relação à mãe. Como resultado, pode ser que não tenha segurança verdadeira em relação à própria feminilidade, e relute em criar laços emocionais íntimos. (O Sol em Câncer também gosta de proteger sua vulnerabilidade.) É possível que essa relutância explique por que Diana nunca teve um namorado firme, apenas saídas ocasionais. *Lord* Fermoy, seu tio, disse sem rodeios: "ela nunca teve amantes!".

A **oposição entre a Lua e Marte** indica que Diana tem sentimentos muito intensos; quando despertados, ela é capaz de revidar de verdade. Tem temperamento explosivo e pode ser incrivelmente sarcástica e ferina. Provavelmente, não aceita bem nenhum tipo de crítica e logo se sente atacada. Para seu bem, seria melhor que pudesse superar essa tendência, pois como personalidade pública sem dúvida sofre muitos ataques da imprensa e do público. Naturalmente, o desafio evidenciado pela oposição pode ser canalizado e usado corretamente, o que daria a Diana energia capaz de mover montanhas. Assim como Vênus é outro símbolo da mãe, Marte é símbolo masculino secundário para o pai – os principais são o Sol e Saturno. Diana pode ter sentido o pai como carinhoso (Sol em Câncer) e autoritário (Saturno em Capricórnio), mas emocionalmente (Lua) achava que ele não entendia suas necessidades nem as da mãe. Mais tarde, provavelmente, a energia marciana vai ser usada, sobretudo, para adquirir consciência (oposição) de suas necessidades como mulher, principalmente em matéria de sexo, pois a Lua rege a casa 8.

A **oposição entre a Lua e Urano** é igualmente desfavorável. Aqui temos o regente se opondo ao planeta regido; até Diana se conscientizar da polaridade entre Leão e Aquário, os fatores divergentes dos dois signos vão impulsioná-la em várias direções. O resultado é uma frequente tensão e agitação (sabemos que ela rói as unhas), muito melindre e impulsividade constante. O Ascendente Sagitário é um reforço a isso. Diana pode ter-se decepcionado com a mãe, achado que ela raramente estava presente quando precisava. É provável que esse sentimento tenha sido anterior ao divórcio, e que a separação só tenha reforçado a sensação de não ser de fato amada. Pelo lado mais positivo, essa oposição dota Diana de boa cabeça e imaginação ímpar, que poderia ser expressa criativamente pela casa 5, onde está Vênus, o ponto focal da cruz T. De certo modo, ela começou a usar essa energia positiva ao se tornar professora de jardim de infância (assunto da casa 5).

O **trígono com o Meio do Céu** é um canal fácil para a **Lua**: à medida que Diana se tornar personalidade mais pública, vai despertar uma reação positiva nas pessoas, o que, por sua vez, vai ajudá-la a se sentir mais segura, dando-lhe senso de confiança e realização.

Para descrever a personalidade externa de Diana, a aparência física e a forma de se apresentar ao mundo, observamos que o Ascendente está a 18° de Sagitário, e o regente, Júpiter, está em Aquário na casa 2. Sagitário e Aquário precisam de liberdade – muita liberdade. Liberdade para pensar por si mesmos e expressar esses pensamentos; liberdade para se movimentar e agir. "Ela tem as próprias ideias e não se deixa levar com facilidade", dizem os amigos de Diana. Aí está um sério obstáculo, um dos muitos ajustes necessários, indicados nitidamente pelos quatro quincunces ao regente do mapa, Júpiter. Sagitário em elevação revela sempre uma pessoa aberta e franca; na realidade, se Diana fosse nossa cliente, nós a aconselharíamos a tomar cuidado com o que diz e quando diz, para não ofender ninguém sem querer.

O **trígono entre o Ascendente e Urano** mostra que ela gosta de dizer ou fazer coisas ousadas ou singulares, o que torna ainda mais difícil controlar sua natureza inerentemente impulsiva. Por outro lado, sua atitude jovial e amistosa a aproxima dos outros, que perdoam suas inúmeras intromissões inofensivas. Generosa e otimista, falante e animada, encantadoramente ingênua, dificilmente passa despercebida numa multidão, não só porque é alta (como Sagitário ascendendo quase sempre o é), mas também pelo estilo peculiar que chama a atenção. Podemos atribuir, em parte, ao Ascendente sagitariano o amor de Diana pelos espaços abertos, pela pesca e pelos esportes em geral. O lado menos positivo, válido para todos que têm esse Ascendente, é a possibilidade de engordar na maturidade.

O posicionamento por casa do regente do Ascendente é onde a pessoa realmente deseja estar. Com Júpiter na casa 2, vemos que Diana é impulsionada para outra direção. A casa 2 representa a capacidade de ganhar dinheiro, os recursos internos e externos e, portanto, o impulso de segurança. Assim, por um lado, Diana precisa se sentir segura e ganhar o próprio dinheiro para se sentir autoconfiante e independente. Entretanto, Aquário também adora ser rebelde e balançar o barco de vez em quando; a qualidade leonina do regente Urano acrescenta um toque de teatralidade. Em outras palavras, Diana gosta de ser o centro das atenções, mas pode, com a mesma facilidade, querer se refugiar em seu seguro pequeno mundo. Como o regente de Júpiter, Urano, está na casa 9, enfatizando que as ideias, os ideais e os princípios morais são a espinha dorsal de sua personalidade, achamos que uma maneira de sair do impasse seria envolver-se com causas sociais e humanitárias e inspirar o povo. Desse modo, seria possível unir a grandeza jupiteriana à capacidade aquariana de descobrir maneiras novas e interessantes de lidar com os assuntos rotineiros e, assim, satisfazer à consciência social.

Júpiter na casa 2 é, muitas vezes, promessa de posses materiais – na realidade, quase sempre, acima das necessidades; a não ser que haja colapso de todo o sistema financeiro, Charles e a família real sempre serão muito ricos em propriedades e renda. Diana, com toda probabilidade, vai viver em grande estilo, com mais empregados do que possa esperar, uma casa em Londres, uma propriedade de 347 acres na bela região de Costwolds e um bangalô nas ilhas Scilly. Isso só para começar. Diana também usufruirá da renda de Charles, de 1,25 milhão de libras por ano.

Como dissemos antes, Júpiter é o dedo de um forte *yod*, apontando para a necessidade de Diana reorganizar muita coisa na vida (ao todo, são oito quincunces), se quiser ser o que se espera de uma princesa. O **quincunce entre Júpiter e Mercúrio** diz que ela precisa aprender a não falar tudo, e sim a pensar antes de falar (o que não é fácil para Sagitário ascendendo). O **quincunce entre Júpiter e Marte** significa que ela não pode ser impulsiva como ordena sua natureza. O **quincunce entre Júpiter e Plutão** indica que deveria abrir mão do controle, deixando os outros assumirem o comando. Para Diana, isso é especialmente difícil, pois, para ela, falta de controle é sinônimo de vulnerabilidade. Durante sua fase de desenvolvimento, esses quincunces funcionaram em outro nível. Com o quincunce entre Júpiter e Mercúrio, provavelmente ela tendia a ser descuidada em relação às tarefas, precisando aprender a se disciplinar e a melhorar os hábitos. Com o quincunce com Marte, é possível que tenha assumido riscos exagerados e se jogado destemidamente em muitas situações para as quais não estava preparada. Também é possível que tenha se exposto demais e assumido mais do que deveria – o que pode fazer outra vez, à medida que vai ficando mais velha. O quincunce com Plutão só se manifesta totalmente depois de se atingir certo nível de maturidade; antes disso, muitas vezes, aparece como vontade de dominar, e é possível que Diana tenha tentado manipular os irmãos ou os colegas de escola. O ajuste mais satisfatório poderá ser encontrado mais tarde pela ajuda aos menos afortunados ou pela luta por justiça social.

A **quadratura entre Júpiter e Netuno** não nega o potencial criativo encontrado no contato entre esses dois planetas, mas exige que Diana se concentre em canalizar a energia e evitar a autocomplacência comum a esse aspecto. Pode ser que coloque os ideais num plano muito elevado e se exponha a muitos desapontamentos.

A **casa 2** tem **Capricórnio** na cúspide, e Saturno está dignificado em Capricórnio nessa casa. Apesar da máscara exterior de descontração (Sagitário no Ascendente), Diana se preocupa bastante com as posses (comprovado pela presença do regente do mapa na casa 2) e os bens materiais. Raramente sua generosidade vai se estender às suas posses – o que é dela continua sendo dela e será resguardado. Na verdade, ela é bastante prática e prudente, não extravagante. Mesmo nascendo rica, nunca procurou Gucci, Pucci e outros nomes da alta--costura, como acontece com a maioria das mulheres de sua classe social. Calças, saias e blusas elegantes fazem muito mais seu gênero. Tendo o regente da cúspide no mesmo signo e casa, ela tem os pés firmemente plantados no chão e aprendeu cedo que a verdadeira segurança interna depende da confiança em seus talentos e recursos. Por mais dispersiva ou idealista que seja em outras áreas da vida, a vontade capricorniana de vencer vai ajudá-la nas muitas ocasiões em que as exigências reais parecerem quase esmagadoras.

Saturno em Capricórnio faz de Diana uma pessoa prática e cuidadosa, quando isso realmente vale a pena, e lhe dá a capacidade de se revestir de uma aura de dignidade surpreendente numa pessoa tão jovem, mas muito útil, levando-se em consideração a personalidade pública que se espera que seja. Essa posição de Saturno permite que Diana se aplique com seriedade a tudo que faz, obtendo prazer com isso. Valoriza a herança familiar e vai fazer muito em prol da tradição (confirmado pelo Sol e Mercúrio em Câncer).

Embora Diana venha de família rica e tenha nascido em berço de ouro (Júpiter na casa 2), onde encontramos Saturno é onde nos sentimos inseguros e tendemos a nos supercompensar; assim, apesar do dinheiro e dos antecedentes aristocráticos, parece que Diana não está segura de seus valores ou de seu próprio valor e vai se aplicar arduamente para se firmar como pessoa, ou indivíduo, por conta própria. Como Saturno está parcialmente envolvido num *yod* com Júpiter, será necessário fazer uma série de ajustes e muitas concessões.

O **quincunce entre Saturno e Marte** é particularmente desfavorável, porque divide Diana entre a responsabilidade com a família (Marte rege a casa 4), ela mesma e a imagem que quer projetar ao público (Marte está na casa 9). No intuito de fazer a coisa "certa", pode ser que ela se exceda, na expectativa de obter aplausos.

O **quincunce entre Saturno e Urano** mostra que Diana precisa e quer ser aprovada, mas, muitas vezes, se sente dividida entre as velhas tradições e os novos conceitos, sua necessidade básica de liberdade e a consciência de que, em sua posição, nunca vai poder fazer o que realmente quer. Isso pode ser muito frustrante, mas Sagitário ascendendo e Saturno em Capricórnio são capazes de um senso de humor maravilhosamente irônico, e, quando aprender a se controlar e a baixar a guarda, Diana logo vai começar a dar risada de algumas situações. Como os quincunces com Marte e Urano emanam da casa 9, devemos concluir que sua falta de educação superior aumenta o sentimento de inadequação, e que ela precisa aprender a encontrar novas formas de expressar a mente superior.

Saturno em trígono com Vênus é considerado o aspecto clássico da mulher que procura um companheiro mais velho ou mais maduro que possa respeitar, com frequência para compensar um relacionamento não totalmente harmonioso com o pai. Parece ser esse o caso de Diana, e o príncipe Charles deve estar apto a desempenhar esse papel. Com Vênus na casa 5, Diana, sem dúvida, será boa mãe. Já observamos seu pendor artístico (Sol em trígono com Netuno), que o trígono Saturno/Vênus confirma. Isso também mostra seu apreço pela arte, que pode enriquecer sua vida. Diana toca piano, e Charles, violoncelo; por certo podem fazer juntos uma bela música. Com Vênus em Touro na casa 5, a pintura e a cerâmica podem ser outras saídas artísticas.

A **quadratura entre Saturno** e o **Meio do Céu** pode indicar o ressentimento que Diana sentiu em relação ao pai quando pequena, principalmente na época em que os pais não se davam bem e se divorciaram. Também mostra a tensão que sente quando precisa apresentar uma imagem em público como Lady Di ou Princesa de Gales.

A **casa 3** é muito grande (quase 63°) com **Aquário** na cúspide e a Lua nessa casa, dando-lhe muita motivação para se comunicar; na realidade, Diana coloca muito de si, emocionalmente, quando se expressa. Fica feliz quando encontra formas originais de apresentar suas ideias (Aquário na cúspide, Urano na casa 9) e verbaliza muito as causas que abraça. Com Peixes interceptado na casa 3, pode ser que ela tenha tendência a dispersar em muitas direções sua energia mental ou intelectual, porém essa interceptação acrescenta profundidade a seu pensamento e enfatiza, mais uma vez, sua sensibilidade, sobretudo com Netuno em Escorpião. Como os regentes da casa 3 estão nas casas 9 e 10, ela vai viajar a lugares distantes por causa da carreira (como princesa) e também será capaz de comunicar algumas de suas ideias e ideais (9) ao povo (10).

A **casa 4** representa um dos genitores. Classicamente, Marte – regente de Áries na casa 4 – é um princípio masculino, enquanto Vênus – regente da casa 10 em Libra – representa a figura feminina. Entretanto, sabemos que, na infância, Diana via o pai como protetor (Sol em Câncer), e a mãe como intelectual e distante (Lua em Aquário). Também sabemos que foi a mãe quem saiu de casa, e que Diana e os irmãos ficaram com o pai; assim, poderíamos dizer que a mãe desestabilizou o lar (Marte regente da casa 4), enquanto o pai tentou manter a harmonia e uma aparência de vida familiar (Libra no Meio do Céu). Marte e Vênus fazem parte da cruz T, mostrando desafios e tensões na atitude de Diana em relação aos pais. Honestamente, não sabemos a resposta, e pode ser que nem Diana tenha certeza. Muitas pessoas com eixo semelhante casa 4/10 afirmam não terem argumentos suficientes para definir qual casa representa o pai e a mãe, e que – assim como Diana – encaravam pai e mãe como "Pais", alternadamente protetores (casa 4) e autoritários (casa 10).

As origens e raízes de Diana, vistas pelo prisma da casa 4, mostram uma adolescência agitada e muitas vezes difícil, com a sensação de não ter recebido amor e ternura suficientes (Marte em Virgem). Como o regente está na casa 9, podemos conjecturar que Diana recebeu sólida formação religiosa, e que os pais tentaram instilar nela ideais e padrões morais elevados. Com Áries na cúspide da casa 4, Diana quer tomar as rédeas do lar. Pode ser que isso não seja possível por causa da posição que escolheu; o envolvimento de Marte na cruz T e no *yod* confirmam a possibilidade de ela ter de enfrentar alguns desafios (batalhas reais!). Até poder resolver esse problema. A **conjunção de Marte e Plutão** serve para intensificar o problema, mas também lhe dá mais força interior e energia exterior.

A **casa 5**, das crianças, do amor e do romance, da diversão e da recreação, tem **Touro** na cúspide, e o regente Vênus em Touro nessa casa. Touro é leal, estável, artístico e muito sensual. Como a marca do mapa de Diana também é Touro, podemos ver que grande parte de sua personalidade vai se expressar através dos assuntos da casa 5. Ela já demonstrou inclinação por alguns aspectos dessa casa: artístico (dança), recreativo (esportes) e crianças (professora de jardim de infância). Touro nessa casa mostra que Diana é muito amorosa e romântica, e podemos supor que terá filhos e vai amá-los. Tem o sentido do tato muito desenvolvido; precisa tocar as coisas para apreciá-las na plenitude. Touro é o signo mais sensual do zodíaco, e com Vênus (aquilo de que você realmente gosta) na casa 5 pode ser que ela e Charles fiquem surpresos com a natureza forte de seus desejos. Vênus dignificado em Touro é responsável por suas maneiras encantadoras e por sua boa aparência. Confirma sua ligação com a natureza e a inata inclinação artística, mas também revela uma sociabilidade orientada ao prazer, que poderia se tornar excessiva, sendo Vênus o ponto focal da cruz T.

As quadraturas não negam os assuntos da casa 5, mas indicam que podem demandar esforço. A **quadratura entre Vênus e Marte** é particularmente desfavorável, pois Marte rege a casa 4, indicando não apenas as desavenças já mencionadas entre os pais, mas também o fato de que Diana pode ser bastante explosiva em casa e demonstrar raiva intensa quando sua opinião diverge daqueles a quem ama. Aparentemente, oscilações de amor e ódio são parte de sua natureza.

A **quadratura entre Vênus e Urano** gera o mesmo nível de tensão; como Urano rege a casa 3, as explosões verbais de Diana surpreendem aqueles que não a conhecem na intimidade. Entretanto, Urano e Marte esquecem e perdoam rapidamente, e para ela é mais saudável exteriorizar as frustrações. (Pode ser que Charles não concorde!) Pelo lado positivo, essa quadratura torna Diana uma pessoa empolgante e a dota de incrível senso de humor.

O **quincunce entre Vênus e o Meio do Céu** prova sua forte necessidade de ser amada e aceita pelo pai, o que na maturidade pode ser transferido para o marido. Vai ser preciso que Diana aprenda quanto de si pode doar ao povo sem se exaurir. Como Vênus, regente da casa 5, está na casa 5 em quadratura com a Lua, pode ser que ela tenha problemas nos partos.

Touro também ocupa a cúspide da **casa 6**, dando mais ênfase à importância de Vênus no mapa. Touro, em geral, é prova de boa energia física; apesar da cruz T, é provável que Diana se recupere total e facilmente de qualquer doença. Supomos que tenha tido inflamações de garganta ocasionais durante a infância, como acontece com muitas pessoas que têm Touro na cúspide da casa 6. Diana faria bem em cuidar da silhueta mais tarde, pois a combinação de uma casa 6 venusiana e um Ascendente jupiteriano muitas vezes causa problemas de peso. Como o regente da casa 6 está localizado na casa 5, o trabalho e o serviço são duas áreas de que ela gosta, e o trabalho é mais gratificante quando envolve alguma atividade artística. Outra interpretação poderia ser que um de seus deveres (6) será ter filhos (regente na 5).

Na **casa 7** encontramos mais contradições. Na cúspide temos **Gêmeos**, aéreo, comunicativo e independente; porém o regente, Mercúrio, está no sensível, tímido e dependente signo de Câncer, na casa 7, onde também está o Sol. A faceta geminiana exige companheirismo intelectual, enquanto Mercúrio em Câncer requer apoio emocional, proteção e louvor. Gêmeos precisa de liberdade de pensamento e de fala; Câncer necessita de um tipo de expressão cauteloso e publicamente aceitável. Como a casa 7 descreve a atitude de Diana em relação ao casamento e às associações, parece que Charles tem vários papéis a cumprir. Muitas vezes, a pessoa com Mercúrio na casa 7 casa-se cedo, o que aconteceu com Diana. Como Mercúrio tem poucos aspectos desafiadores, ela deve ter facilidades com o casamento e com o relacionamento com o público.

O sextil entre Mercúrio e Marte torna Diana muito curiosa, capaz de usar muita imaginação para se expressar. Como é sempre muito amistosa, os outros gostam dela e toleram sua franqueza. O **trígono entre Mercúrio e Netuno** tem efeitos bons e maus. Geralmente dificulta o estudo de disciplinas abstratas, como as ciências ou a matemática, mas dá abordagem nova e diferente ao que poderia ser uma rotina entediante ou banal. Ao amadurecer, esse trígono, com o **sextil com Plutão**, pode dar a Diana grande profundidade de compreensão, perspicácia e sinceridade no relacionamento com os outros.

Mercúrio em Câncer enfatiza mais uma vez o fato de o raciocínio de Diana estar profundamente misturado com as emoções; embora não seja grande intelectual, é uma jovem brilhante e imaginativa. Com o regente da casa 7 na casa 7, Diana se identifica muito com o parceiro, sendo capaz de um relacionamento duradouro. Como Mercúrio está envolvido no *yod*, ela precisa se ajustar à vida de casada para que possa crescer e amadurecer (Júpiter).

Na **casa 8** procuramos o apoio recebido do parceiro e, em menor grau, do público, além das atitudes em relação ao sexo. Como a Lua, regente da casa 8, está na casa 3, Diana deve obter muito apoio verbal e intelectual do público (Lua em trígono com o Meio do Céu) e de Charles, embora a quadratura entre a Lua e Netuno e a oposição entre a Lua e Marte/Urano possam significar conflitos ocasionais na perspectiva filosófica. Sexualmente, essas mesmas quadraturas podem ser usadas de forma positiva como maravilhosos desafios e excitante tensão. A atitude de Diana em relação ao amor é muito sensual (Vênus em Touro), e o sexo, para ela, é uma experiência emocional (Câncer na cúspide); ela não deve, entretanto, se esquivar das experiências (Lua em Aquário). Com as quadraturas e oposições da Lua, pode ser que, de vez em quando, ela tenha dúvidas e precise de reafirmação. Aos olhos do público, ela e Charles podem passar como o casal ideal (Lua em trígono com o Meio do Céu), mas na vida privada pode ser que Diana não obtenha o mesmo reconhecimento.

    Com **Leão** na cúspide da **casa 9** e Sagitário ascendendo, a verdade e o idealismo são um esteio importante de sua filosofia e de sua abordagem basicamente otimista da vida. Como o regente, o Sol, está em Câncer na casa 7, Diana deseja um parceiro que compartilhe de suas opiniões ideológicas e entenda sua formação. Charles parece satisfazer a esses critérios. Esse posicionamento também indica grande amor pelas viagens, de preferência com o marido ou uma companhia. Como futura rainha, Diana terá mais do que pediu, já que a família real ainda viaja até os confins do mundo, e mais de uma vez!
    A casa 9 também é a casa da educação superior, que, no caso de Diana, não é intelectual ou universitária. Ela estudou culinária e francês na escola suíça, e evidentemente se aborreceu bem depressa, preferindo trabalhar. Leão na casa 9 quase sempre indica bons professores; Diana ensinava criancinhas, trazendo à cena a casa 5. A casa 9 e a 3 são as maiores do mapa, e a 9, que contém Urano, Marte e Plutão, assume muita importância na vida de Diana. A visão de seu papel e a inspiração que pode levar aos outros significam mais para ela que os rituais que vai executar em público. Afinal de contas, seu marido é o herdeiro da coroa, e ela, apenas sua esposa, representando (Netuno na casa 10) o papel de princesa.
    Urano em Leão na casa 9 faz com que Diana tenha abordagem da vida um pouco diferente das ideias correntes entre sua turma. Recusou-se a debutar e nunca tinha a menor intenção de "sair". Nunca foi vista em boates ou discotecas. Não toma chá na Fortnum and Mason, confeitaria londrina privativa. Raramente bebe, a não ser um copo de vinho de vez em quando, e não fuma. Na realidade, de acordo com o *London Observer*, é difícil ver exatamente em que ela combina com a vida social de Londres. É uma livre-pensadora – na

cerimônia de casamento, a palavra "obedecer" foi eliminada –, podendo tornar-se excelente reformadora social, e, com o **sextil com o Meio do Céu**, muitas de suas ideias podem ser aceitas pelo povo.

Marte acrescenta bastante atividade à casa 9. Como está em Virgem, Diana gosta de trabalhar e de prestar serviços e fica entusiasmada quando pode contribuir para uma boa causa. Provavelmente tem pouca paciência com os exibicionistas sociais de seu círculo; no máximo, pode ser que precise superar a tendência a criticar demais os outros. **Marte na casa 9** indica, muitas vezes, problemas com a família do marido; com Marte e Urano integrando a cruz T, e com Plutão também nessa casa, isso parece definitivamente possível. Marte na casa 9 confirma a adesão mais ou menos obstinada ao que ela considera ser certo, sua empolgação e seu gosto pelas viagens.

Inquieto, ansioso e aventureiro, **Plutão em Virgem na casa 9** capacita Diana a fazer experiências novas, sonhar muitos sonhos impossíveis (9) e talvez torná-los realidade (Virgem). Sente-se fascinada por viagens e pelo exterior; sua curiosidade inata faz com que formule muitas perguntas e vá fundo na procura das respostas sobre os assuntos que lhe interessam. Esse posicionamento de Plutão confirma mais uma vez sua boa intuição e lhe dá compreensão inata da natureza humana.

Como o **sextil entre Plutão e Netuno** é de geração (válido por cerca de 13 anos), não traz nenhum esclarecimento adicional sobre o caráter básico de Diana. Todas as pessoas nascidas nesse período desejam lideranças e governos mais abertos, justiça social e têm visão menos puritana do sexo. No caso de Diana, como esse sextil se irradia da casa 9 para a 10, podemos acrescentar que o apelo de massa plutoniano pode ajudá-la a obter reconhecimento público com facilidade.

A **casa 10** contém a chave das honrarias que Diana poderá receber, sua reputação e seu *status*, sua carreira e as necessidades de seu ego. Com **Libra** na cúspide e Vênus em Touro na casa 5, ela é muito sensível à beleza e provavelmente é uma romântica incurável, capaz de se sacrificar por amor (casa 5). Diana reveste suas aparições em público de charme e criatividade; tanto pode obter reconhecimento por meio dos filhos (casa 5) como por si mesma. Como Vênus é um dos braços da cruz T, é possível que provoque controvérsias. O trígono com Saturno, porém, vai ajudá-la a desincumbir-se bem e facilmente de suas responsabilidades.

Netuno em Escorpião nessa casa aumenta o encanto de sua imagem como rainha, e essa projeção um tanto incomum provavelmente lhe agrada. Esse posicionamento faz com que Diana tenha facilidade em servir à humanidade (Netuno tem muitos aspectos fluentes) e em inspirar, sobremaneira, o povo. Ela mesma vai precisar de inspiração, pois, como a primeira princesa de Gales desde 1910, sua agenda tem automaticamente cerca de 170 compromissos oficiais por ano: o grande prêmio real de Ascot, a homenagem militar às cores da bandeira, a abertura do Parlamento, a exposição de flores de Chelsea, o torneio de tênis de Wimbledon, o torneio de *badminton*, festas, regatas, visitas a fábricas, inaugurações e outras cerimônias. É uma perspectiva assustadora, talvez muitas vezes arrasadora, mas esperamos que o trígono Vênus/Saturno a auxilie a se manter à altura.

Escorpião na cúspide da **casa 11** pode dar um toque de fatalismo à personalidade de Diana. Como essa casa pode indicar circunstâncias sobre as quais ela não tem controle nenhum, pode ser que ela decida escolher o caminho mais fácil e "seguir o fluxo". Como o regente, Plutão, está em Virgem na casa 9, a parte religiosa e filosófica de sua natureza vai aceitar o que precisa ser aceito, incluindo o envolvimento em atividades grupais e humanitárias.

Num nível mais particular, Diana tem intensa necessidade de amigos. Em suas próprias palavras, de que ela mais detestou abrir mão foi "das tardes gostosas com os amigos que deixei para trás no

Coleherne Court nº 60", indo com eles ao supermercado perto do apartamento, comprando *grapefruit* e leite para o café da manhã, indo às compras na Harrods ou esquiando na Europa. Ao deixar o apartamento, Diana se despediu com as seguintes palavras: "Pelo amor de Deus, telefonem para mim, vou precisar de vocês!".

Um aspecto interessante entre os mapas de Charles e Diana (existem muitos, que vamos discutir num próximo livro) é que o Sol de Charles cai na casa 11 de Diana; podemos deduzir que ele vai se tornar seu amigo autêntico.

Diana encontra muito apoio e força em suas crenças e ideais, pois Plutão, regente da **casa 12**, está na casa 9. Plutão em Virgem faz com que ela tenha bastante autocrítica. Tendo Escorpião nessa casa, Diana anseia por alguma privacidade e algum tempo para si mesma. É muito sensível, chora com facilidade, como vimos quando foi perseguida implacavelmente pela imprensa e quando o cavalo favorito de Charles se machucou. Entretanto, detesta demonstrar publicamente suas emoções. Sagitário ascendendo, com o regente Júpiter em Aquário, quer aparecer como o rochedo de Gibraltar, imperturbável; com Escorpião na casa 12, sua vontade é guardar exclusivamente para si suas mágoas e sentimentos pessoais.

Essa Diana muito reservada nunca mais ficará totalmente sozinha; um segurança armado a acompanha com discrição em todos os lugares. Este é preço da realeza. E o que dizer do subconsciente da Princesa de Gales e de sua satisfação interior do futuro? Escorpião na casa 12 com o regente na casa 9 pode, eventualmente, tornar-se um dínamo, iluminando o caminho para a mente inconsciente. Os muitos sextis de Plutão vão dar a Diana a oportunidade de recarregar as baterias quando estiver sozinha, e, se necessário, ela precisará roubar alguns minutos por dia para atingir esse equilíbrio interior.

Com o **Nodo Norte em Leão na casa 9** e o **Nodo Sul em Aquário na casa 3**, a devoção a um ideal e a fé em Deus e no país (o Sol, regente de Leão, está em Câncer) são proveitosos para Diana. Seus princípios morais vão ajudá-la a se expandir e a adquirir respeito por si própria. Pode ser que ache mais fácil viver num ambiente restrito (casa 3) e refugiar-se no pensamento abstrato (Aquário), porém seu potencial de crescimento está em sintonia com sua mente superior.

Nota do editor:

A primeira edição deste livro foi publicada pela primeira vez em 1982, o que significa que a análise anterior do mapa da princesa Diana foi escrita quinze anos antes de sua trágica morte num acidente automobilístico, assim como antes do rompimento do casamento com o príncipe Charles, em 1995-1996. Só se sabia que havia problemas no casamento deles. Ainda assim, para fins de instrução astrológica, o material permanece interessante e válido, por isso o mantivemos como as autoras o escreveram.

Para um estudo mais aprofundado, pode-se trabalhar com o mapa de Diana mais a fundo, com o conhecimento do que aconteceu nos anos após a publicação original deste livro, em 1982, e datas e detalhes são certamente fáceis de encontrar, uma vez que muito foi escrito sobre ela.

Módulo 16
BARBRA STREISAND:
A Intérprete das Intérpretes

Esta é outra maneira de delinear um horóscopo. Alguns mapas apresentam características que parecem saltar aos olhos, e, nesse caso, usamos um processo que denominamos "ampliação". Com esse método, ampliamos os fatores destacados e, em seguida, vamos encaixando o restante do mapa para comprovar e confirmar nossas conclusões. Para aumentar a compreensão, empregamos também alguns instrumentos raramente usados, como as Partes Arábicas, as estrelas fixas etc.

Vamos usar o mapa de Barbra Streisand para exemplificar esse método. De acordo com a revista *Predictions,* de agosto de 1967, Barbra nasceu no Brooklyn, Nova York, às 5:04, em 24 de abril de 1942.

A primeira coisa que se nota no mapa dela é o **padrão tigela,** com todos os planetas, exceto um, abaixo do horizonte. Esse planeta, Vênus, ocupa a casa 12. Tal padrão, muitas vezes, torna a pessoa subjetiva e reservada, como é o caso de Barbra, a despeito de sua profissão bastante pública. No Volume II, dissemos que a pessoa com o padrão tigela é muita retraída e frequentemente convencida. O retraimento é bem verdadeiro em relação a Streisand, mas o convencimento, não.

Com Áries no **Ascendente,** ela é definitivamente empreendedora, lutando sempre por maior reconhecimento e realizações. No padrão

Barbra Streisand
24 de abril de 1942
5:04 EWT
Brooklyn, Nova York, EUA
40N38 73O56

signo	♉
G.C.	♀
R.M.	
Reg.	♂
Disp.	

Cardinais:							M A
Fixos:	☉ ☿ ♄ ♅ ♇ ☽						
Mutáveis:	♀ ♂ ♃ ♆						
Fogo:	♇ ☽						A
Terra:	☉ ☿ ♄ ♅ ♆						M
Ar:	♃ ♂						
Água:	♀						
Angular:	☉ ☿						
Sucedente:	♄ ♅ ♇ ☽						
Cadente:	♃ ♂ ♀ ♆						
Dignidade:							
Exaltação:	♀						
Detrimento:	♃ ♆						
Queda:	♅						
Padrão: tigela I							
V. 4		B. 3		R. 2		C. 1	

longitude									
25 ♒ 02	☽								
03 ♋ 12ʀ	□	☿							
24 ♉ 24		♀							
09 ♋ 40	□	♂	☉						
01 ♍ 39			✶	♂					
05 ♒ 06ʀ		□	(♂)	♃					
27 ♑ 49ʀ					♄				
23 ♌ 20					♂	♅			
08 ♏ 38ʀ			□	□	△	△	♆ʀ		
06 ♍ 03	♂	□		□	✶	✶	✶	♇	
20 ♐ 24	△						△	A	
23 ♎ 03		△	△	⚹	⊼	⊼	□	⊼	□	M

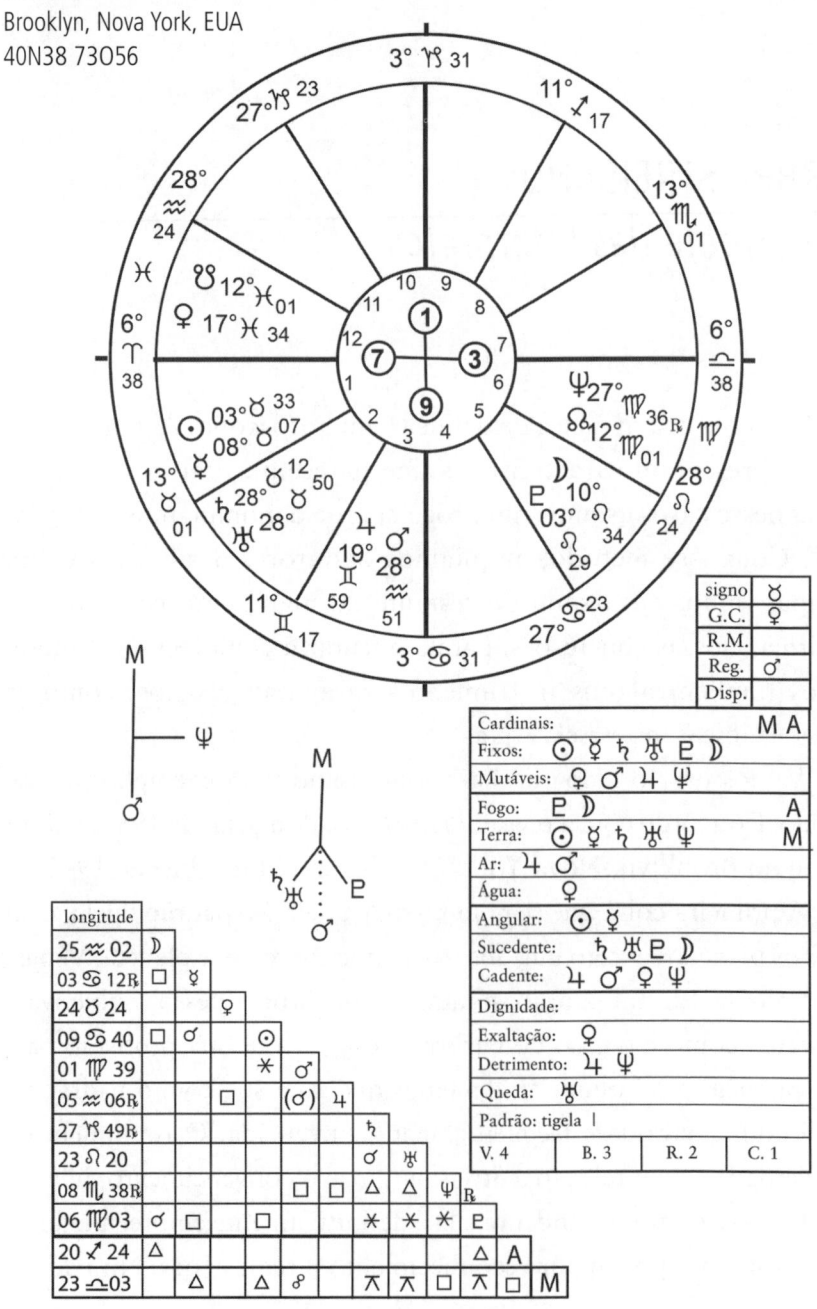

tigela, a porção vazia do mapa se transforma num desafio – a área em que a pessoa precisa compreender a si mesma para poder funcionar adequadamente. Streisand tem necessidade de se preencher através da área compreendida entre as casas 7 e 11, a metade pública do mapa.

Outro fator bem claro é a **ausência de planetas cardeais** em seu mapa. Se essa qualidade estivesse totalmente ausente no horóscopo, a iniciativa cardeal, a ação, o espírito de pioneirismo e a rapidez não seriam evidentes. No caso de Barbra, essa ausência é compensada pelo Ascendente Áries e pelo posicionamento do Sol e de Mercúrio na casa 1. Na realidade, ela supercompensa essa falta de cardinalidade com agressividade, atitudes oportunistas e uma compulsão para se sobressair que raia à obsessão. A quadratura exata entre o Sol e Plutão comprova isso.

Também é digno de nota o *stellium* em Touro, formado pelo Sol, Mercúrio, Saturno e Urano ao lado da cúspide da casa 2, ou a casa de Touro. Isso aumenta a compulsão de Barbra em ser a melhor em tudo que faz e a torna muito materialista e bastante inflexível. A energia evidenciada por esse *stellium* e o Ascendente em Áries são quase esmagadores; ela irrita os outros com sua honestidade e sua abordagem direta. É fanática pelo trabalho e perfeccionista, característica fortemente taurina.

O **Sol** (o âmago do seu ser) e a **marca do mapa** (resultado da soma de planetas nas qualidades e elementos) são Touro, o que indica que Barbra é muito sensual e tem abordagem prática da vida; entretanto, também pode torná-la possessiva, inclinada a discussões e autoindulgente. Muito obstinada, demonstra com frequência um temperamento excessivamente confiante, acompanhado de tanta autoestima que desconcerta os outros. Isso se deve, em parte, à intensidade da Lua em conjunção com Plutão em Leão e, em parte, à colocação do Sol na casa 1. O posicionamento do Sol mostra onde a pessoa quer brilhar, e Barbra brilha por meio da forte personalidade. Muitas vezes, é calma e reservada (apesar do Ascendente em Áries);

outras, mas sua verdadeira personalidade só transparece para as pessoas mais próximas.

Al Coombes, num artigo no *Ladies Home Journal*, diz que Barbra tem personalidade complexa e conflitante que desencadeia reações diferentes por parte das pessoas. Algumas têm por ela profundo respeito e admiração, e outras a veem com intensa hostilidade e ressentimento. Rosalind Kind, sua irmã, argumenta que a irritabilidade de Barbra é uma forma de impedir que os outros se aproximem demais. Ela é uma trabalhadora fanática que "tem que conseguir o dinheiro" – uma boa descrição do Sol em Touro e da marca de Touro, com o Sol, regente da casa 6 do trabalho, em quadratura com Plutão, e da Lua na casa 5, da criatividade.

O lado dela que o público vê é desmentido pela concentração de **planetas abaixo do horizonte**, que define uma pessoa subjetiva e instintiva, não tendo, na realidade, a extroversão que demonstra. Recentemente, Barbra tornou-se quase paranoica, com medo de se apresentar em público, o que é facilmente compreendido quando se veem a timidez e a necessidade de privacidade inerentes ao seu mapa.

Os **nodos da Lua** estão em Virgem e Peixes, com o Nodo Norte na casa 6, e o Nodo Sul, na 12. Esse posicionamento indica que, para ela, é mais fácil cair nos padrões familiares do Nodo Sul e se retirar para a privacidade da casa 12, tomando decisões com base em sentimentos e atos passados (casa 12), que sair da concha e analisar seus atos e seu trabalho. O isolamento pode ser sua autodestruição, evidentemente, já que sua carreira exige a apresentação em público; ela precisa ser vista e ouvida. Com o Nodo Norte na casa 6, a realização vem através do serviço prestado aos outros. Como diz Isabel Hickey: "A humildade, a última virtude a ser adquirida, pode ser a tônica dessa vida, desde que o indivíduo esteja disposto a servir sem se preocupar consigo mesmo". (*Astrology, A Cosmic Science*.)

Sempre que um mapa contém um par de **casas interceptadas** (neste caso, a 6 e a 12), essa área se torna um tremendo foco de atenção na vida da pessoa. Por causa da interceptação na casa 6, tanto o Sol (regente da cúspide) quanto Mercúrio (regente do signo interceptado), Vênus (regente de Libra) e Netuno estão envolvidos nos assuntos dessa casa. Com a interceptação de Peixes na casa 12, para examiná-la, é preciso levar em conta Urano (regente da cúspide), Netuno (regente do signo interceptado), Marte (regente de Áries) e Vênus. Para analisar as duas casas interceptadas, é necessário incluir todos esses fatores na leitura.

No caso de Barbra, o **Sol** (regente da cúspide da casa 6) e **Mercúrio** (regente do signo interceptado, Virgem) estão colocados na **casa 1**, da autoexpressão, em Touro, signo da voz. Como estamos falando da casa 6, vemos que é fácil, para ela, projetar-se no trabalho através da magnífica voz. Netuno, o planeta da ilusão, está interceptado na casa 6, indicando seu potencial para trabalhar nos bastidores, com imaginação e inspiração. Netuno rege o signo interceptado na casa 12 (Peixes), reforçando a possibilidade de Barbra se interessar por representar, atividade da casa 12. Ela esconde o verdadeiro eu por trás de um papel.

Quando um **planeta** está **interceptado**, ele se expressa de maneira um pouco diferente do que quando está livre. Neste caso, a imaginação e a inspiração funcionam em nível interior, pois a interceptação enfatiza o poder do planeta, cuja expressão adquire muita convicção. Barbra não quer "um lugar no banco de trás", porque o Sol está na casa 1, e Áries, no Ascendente. No entanto, às vezes, realmente age como eremita e se torna bastante introspectiva (o que é confirmado pela presença de nove planetas abaixo do horizonte).

O **trígono** de **Netuno** com **Saturno** e **Urano** na **casa 2** indica grande potencial para ganhar dinheiro, desde que se engaje numa área em que possa usar bem a criatividade de Netuno. Netuno está retrógrado e fortemente aspectado (duas quadraturas, dois trígonos e um sextil); a ação interior indicada pelo movimento retrógrado gera enorme percepção pessoal; o talento natural pode ser facilmente usado por meio do trabalho (Netuno na casa 6).

Vênus, que também tem alguma influência sobre a casa 6, porque rege 6° 41' dela, está na casa 12, no signo dos atores, Peixes. A quadratura com Júpiter na comunicativa casa 3 propicia a amplificação da magnífica voz de Barbra. Ao analisar a casa 12, é preciso considerá-la como a fonte de muita força interior. Urano, regente da cúspide, faz trígono com Netuno, regente do signo interceptado, sugerindo que a aplicação correta da imaginação e da inspiração (atributos netunianos) pode se mostrar financeiramente compensadora, de maneira singular (Urano em Touro na casa 2, das finanças). Urano está em conjunção com Saturno e a estrela fixa Plêiades, mostrando que o dinheiro nem sempre esteve ao alcance de Barbra. Marte rege 6° 41' da casa 12 e está na casa 3, dando-lhe, mais uma vez, a capacidade de se comunicar com vigor e energia nos bastidores do cinema. Ela produziu o filme *Yentl*. Comprou a história e levou o projeto adiante em meio a grandes obstáculos. Com o forte *stellium* em Touro e a vontade indomável de Marte em conjunção ampla com Júpiter, era difícil ela não conseguir.

O **decanato** de Gêmeos ocupa a cúspide da **casa 12**, e, como Mercúrio (regente de Gêmeos) ocupa a casa 1, é óbvio que Barbra sente necessidade de dirigir e produzir para desenvolver suas ideias da casa 12 à maneira da casa 1. Quando Aquário está na cúspide, o nativo sente agitação e confusão interiores que, no caso de Barbra, se satisfazem, no nível prático, ganhando o dinheiro de que é capaz, com Urano na casa 2. Porém, num nível mais espiritual, esse posicionamento indica a necessidade de ter sólido senso do próprio valor, conquistado através do sucesso no trabalho (Urano em trígono com Netuno na casa 6).

A **Parte da Honra** (no Volume II de *Curso Básico de Astrologia* é possível encontrar uma lista das Partes Arábicas mais importantes) está a 22° 07' de Peixes na casa 12, indicando que a fama que Barbra venha a alcançar virá através de atividades da casa 12, que podem estar relacionadas ao desempenho artístico e à confiança nos próprios recursos interiores. A **Parte da Vocação** também está aqui, a 10° 35' de Áries, e reforça a necessidade dela de ter uma carreira relacionada à casa 12, porém que lhe dê oportunidade de projeção, já que está em Áries.

Vênus na casa 12 é o planeta de **aparição oriental** (conceito também mencionado no Volume II). Ele ascende antes do Sol, o que fortalece e ilumina sua ação. Como o planeta é Vênus, a motivação básica de Barbra é a autoexpressão artística. O **ponto de eclipse** (igualmente explicado no Volume II) está na casa 12, a 25° 45' de Peixes. Qualquer pessoa com o ponto de eclipse na casa 12 precisa de certa dose de privacidade – passar algum tempo longe dos outros para recarregar as baterias. No caso de Barbra, isso é duplamente verdadeiro, por estar na casa 12 e também em Peixes, o signo natural dessa casa.

As **configurações** são muito importantes para avaliar como a pessoa vai vivenciar a energia do mapa natal. O horóscopo mostra apenas o potencial para o bem ou para o mal, mas a escolha é sua – como você vai usá-lo, e mesmo se vai usá-lo. Quando existem configurações (grande trígono, cruz T, grande cruz, *yod* etc.), a energia parece estar concentrada, e o nativo é forçado a usar os aspectos, porque, quando um planeta age, atrai automaticamente os outros.

Barbra tem duas configurações envolvendo o Meio do Céu, ou ponto do ego. Existe uma **cruz T**. O **Meio do Céu faz oposição a Marte**, e ambos fazem **quadratura com Netuno** na casa 6, regendo a casa 12 interceptada e enfatizando, mais uma vez, a importância do eixo interceptado. Essa cruz T a desafia a trabalhar (casa 6) diante do público (Meio do Céu) por meio da comunicação (casa 3) impetuosa (Marte em Gêmeos). Como Netuno é o braço ativo da cruz T, sua forte imaginação contribui para o sucesso de seu trabalho, mas também tem-lhe causado confusões e impedido de ver claramente as circunstâncias do seu trabalho. O braço vazio da cruz T cai na casa 12, indicando que, depois de dar tudo de si numa interpretação, Barbra procura a solidão e ambiente mais reservado.

A outra configuração é um **bumerangue**, que envolve novamente Marte e o Meio do Céu. Aqui, o **Meio do Céu está em quincunce com Saturno e Urano** em Touro na casa 2 e com **Plutão** em Leão na casa 5, mostrando que Barbra tem oportunidade (sextil) de ganhar fama e reconhecimento (Meio do Céu) por intermédio dos esforços criativos (Plutão na casa 5) e de ganhar dinheiro (Saturno e Urano na casa 2) se conseguir fazer os ajustes necessários. Em todo bumerangue existe um *yod*, e o ponto focal (neste caso, o Meio do Céu) é chamado de dedo de Deus. Em geral, a necessidade de agir surge através desse ponto focal, mas, quando o *yod* se torna um bumerangue (por causa do planeta em oposição ao dedo), a necessidade de agir se concentra no ponto de oposição – no caso de Barbra, Marte. Assim, sua necessidade de agir é motivada pela necessidade de ser ouvida (Marte na casa 3 em Gêmeos), não pela necessidade de reconhecimento (casa 10).

Alguns astrólogos acham que o Ascendente e o Meio do Céu não fazem parte das configurações, mas acreditamos que sejam válidos e funcionem bastante bem, desde que se tenha certeza da hora de nascimento.

Em qualquer mapa, os pais são mostrados pelo Sol e pela Lua, por Saturno e Vênus, as casas 4 e 10. Durante a infância, Barbra se sentiu afastada da família (Lua, regente da casa 4, em quadratura com o Sol). O relacionamento com a mãe era tenso. O pai, professor de Psicologia, morreu quando ela tinha 15 meses de idade. Saturno, regente da casa 10 (pai) em conjunção com Urano, mostra a possibilidade da perda súbita de um dos genitores. Isso é confirmado pela quadratura entre o Sol e Plutão e a Lua. Plutão está na oitava casa a partir da casa 10 (ou seja, na casa 5), indicando que a perda poderia ser do pai. Barbra idealizou o pai que perdeu.

Saturno, que significa o pai, está em trígono com Netuno, planeta do idealismo; ela se sentiu frustrada por ele ter morrido quando ela era bebê. Barbra doou milhares de dólares à escola do Pacific Jewish Center e ficou honrada quando decidiram dar o nome do pai dela, Emmanuel Streisand, a uma nova ala.

Saturno, regente da casa 10, está em trígono com Netuno, o planeta da adoção e dos pais adotivos. A mãe de Barbra se casou com um vendedor de carros usados, Louis Kind. Barbra, que muitas vezes ficava sob os cuidados de parentes e morria de medo de que a mãe se esquecesse de ir buscá-la, sentiu-se muito ameaçada pelo novo parceiro da mãe e recusou-se a aceitá-lo. Netuno está em quadratura com Júpiter e Marte na casa 3, do ambiente na infância. Só o fato de ter Marte na casa 3 causa enormes altos e baixos na infância, e a quadratura acrescenta ainda mais agitação.

A mãe não apoiava o desejo de Barbra de ser atriz. Não deixava que ela cantasse nem fizesse teatrinho em casa, advertindo-a: "Arrume um emprego. Você não tem talento para representar". A **Lua**, regente da **casa 4**, que descreve a mãe, está em **Leão** na **casa 5**. Os aspectos desafiadores (conjunção com Plutão, quadratura com o Sol e Mercúrio) mostram a falta de harmonia com a mãe e a discórdia no lar. Esse sentimento de insegurança (confirmado por Saturno na casa 2) continuou na vida adulta: Barbra é muito retraída e não se dispõe a dar detalhes sobre seus sentimentos e ideias pessoais.

Barbra sempre se achou diferente dos colegas – uma intrusa que não compreendia a razão de sua impopularidade. No primário, os colegas a apelidaram de "Nariguda". Era uma criança solitária, como acontece frequentemente quando o Sol está na casa 1, Marte na casa 3 e Saturno regendo a casa 11, a dos amigos; passava muito tempo brincando sozinha na calçada em frente à sua casa. Nunca teve uma boneca, mas fez uma ela mesma, vestindo uma bolsa de água quente.

Sua nota média na escola era 93. (Mercúrio, regente da casa 3, da educação primária, está em conjunção com o Sol; Júpiter, planeta do crescimento, está na casa 3, assim como Marte, planeta da energia, que também está em sextil com o Sol.) Passava muito tempo estudando e não namorou muito no ginásio. Depois da formatura, em 1959, foi para Manhattan, sem residência fixa, vivendo de bicos e aceitando ajuda de amigos. Saturno, regente da casa 11, está na casa 2, e a **Parte dos Amigos**, na casa 3, a 18° 25' de Gêmeos; o relacionamento com os amigos é especial, para dizer o mínimo, pois Saturno está em conjunção com Urano. Com o regente da Parte dos Amigos na casa 1, é fácil ver por que Barbra gosta de mandar nos outros.

Quando o sucesso veio, os amigos que a tinham ajudado nos dias de necessidade se sentiram rejeitados; achavam que era ingrata e arrogante. Ela tem o **decanato** de Virgem na **cúspide da casa 11,** dos amigos, e o regente, Mercúrio, em quadratura com Plutão. Mesmo com a Parte dos Amigos na casa 3 e tendo facilidade em se comunicar com eles e atraí-los (conjunção com Júpiter), há uma quadratura com Vênus que a faz se sentir mal quando se percebe em dívida com os amigos.

Alan Miller, seu primeiro professor de teatro, a vê como uma pessoa solitária, porém oportunista, que faz o possível para fugir de seu passado doloroso e esquecê-lo, inclusive humilhando aqueles que a ajudaram no caminho do sucesso. Ele conta que, quando Barbra estava tendo problemas com *Funny Girl*, pediu sua ajuda depois de tê-lo ignorado por mais de um ano e meio. Apresentava-o como primo e não queria que ninguém soubesse que ele a estava ensinando. Quando ele começou a cobrar pelos serviços, ela disse que achava "esquisito" pagar a alguém que era como um pai. Novamente, vemos a quadratura entre o Sol e Plutão funcionando: "Os outros pensam que a conhecem, mas estão enganados". Lua em conjunção com Plutão: "Os sentimentos são intensos a ponto de chegar à rudeza e à tirania". Mercúrio em quadratura com Plutão: propensão a "dizer as coisas como são", como ela vê, sem consideração pelo sentimento dos outros.

Aos olhos do público, Barbra parece ser forte, impassível, até de ferro – características que contribuíram para seu sucesso; porém, devido à infância desorganizada e à falta de orientação paterna, foi difícil adquirir compreensão sólida de suas necessidades interiores. É possível que, por intermédio do filho e da preocupação em criá-lo em um ambiente diferente do que ela experimentou, Barbra chegue a uma melhor compreensão de si mesma. Plutão na casa 5, dos filhos, está em sextil com Urano, regente da casa 12, e também com Saturno e Netuno, devendo proporcionar a oportunidade de um relacionamento gratificante com a prole.

As **casas 4 e 5 estão unidas**. Ambas têm Câncer na cúspide, e a Lua na casa 5 garante amor profundo e constante pelo filho Jason. Com a Lua em conjunção com Plutão, Barbra precisa tomar cuidado para não se tornar obsessiva em relação a ele. Como a Lua está no decanato e na dodecatemória de Sagitário, a religião é fator muito importante em seu relacionamento com ele – por causa de Jason, ela voltou à fé judaica. Seu interesse pela religião é fortemente motivado pela curiosidade intelectual, porque Júpiter, regente da casa 9, da religião, está na casa 3, no signo sempre questionador de Gêmeos.

A quadratura entre Júpiter e Netuno causou-lhe certo receio de ter dificuldade de aceitar o judaísmo ortodoxo; mas depois de estudar com o filho, enquanto este se preparava para o *bar mitzvah*, ela aprendeu muito e se sentiu bem com o conhecimento adquirido.

Streisand é comunicadora; isso é atestado por Mercúrio, regente da casa 3, em conjunção com o Sol na casa 1 e **Marte**, o planeta da ação, **na casa 3**. As pessoas de Marte nessa casa têm, muitas vezes, uma voz que chama a atenção. Júpiter, aqui, expande sua capacidade para se promover. Com o **decanato** e a **dodecatemória** de Libra na **cúspide da casa 3** e Vênus, o regente, exaltado em Peixes na casa 12, entendemos por que o cinema era o objetivo final de autoexpressão de Barbra. A arte e a literatura também são opções possíveis com esses posicionamentos, mas com ênfase tão grande em Touro, que rege a voz, é fácil ver por que ela escolheu cantar.

Saturno, regente do Meio do Céu, o potencial para a carreira, está na casa 2, das finanças, e em trígono com Netuno, regente dos *shows* e do cinema, na casa 6, do trabalho. Isso é indicação de seu imenso sucesso; todavia, como Mercúrio, corregente da casa 6, está em quadratura com a Lua e Plutão, pode-se ver que a batalha foi árdua. As quadraturas não impedem o sucesso. Na realidade, por causa da energia que proporcionam, quase sempre garantem a realização, porém por meio do trabalho árduo. A biografia escrita por Frank Brady conta que, como pretendente a atriz, Barbra teve empregos esporádicos, recebeu seguro-desemprego e viveu durante meses sem residência fixa, carregando consigo uma pequena trouxa de roupas, pois nunca sabia onde iria passar a noite. Dormiu em escritórios, em corredores, no chão de apartamentos de amigos e até levou um colchão consigo. Mas a vontade de vencer sempre foi mais forte que tudo, como tantas vezes acontece com Capricórnio no Meio do Céu.

Saturno na casa 2 é, às vezes, descrito como sinal de pobreza e dificuldade para conseguir dinheiro, o que aconteceu com Barbra na juventude. Saturno aqui tem desejo insaciável de adquirir alguma forma de autovalorização, o que também se aplica ao caso dela. Onde Saturno está existe tendência à supercompensação, e, devido à impetuosa personalidade e aos fortes aspectos do mapa, Barbra estava destinada a conseguir tudo que o dinheiro pode comprar. Isso é confirmado pelo *stellium* e pela marca de Touro. Touro só aceita o melhor. Como Saturno está em conjunção com Urano, Streisand pode usar as roupas extravagantes que já ficaram famosas. A **Parte do**

Aumento está a 23° 07' de Touro na casa 2, confirmando sua grande capacidade de ganhar dinheiro e sua necessidade de tê-lo para comprar as coisas que, para ela, significam segurança.

Quando examinamos o mapa de Barbra em relação à vida amorosa e ao tipo de pessoa que a atrai, Vênus interceptado em Peixes na casa 12 desempenha papel muito importante. Vênus rege sua casa 7, onde não há planetas, e, assim, adquire muita influência nessa área da vida dela. Com Libra na cúspide da casa 7, Barbra tem necessidade de harmonia e equilíbrio para se sentir bem num relacionamento íntimo. Aprender a buscar os outros e estar com eles é uma necessidade fundamental, mas como Vênus (regente dos outros) e Marte (regente do Ascendente dela) não estão em aspecto entre si ela não investe muito nos relacionamentos. Precisa de alguém que a aceite como é – exigente e arbitrária (Vênus em quadratura com Júpiter). Como Vênus está na casa 12, ela tenta manter os relacionamentos íntimos exatamente assim – íntimos – e não gosta que ninguém se intrometa em sua vida particular.

Foi casada com o ator Elliott Gould durante oito anos, até o divórcio em 1971; os dois continuam bons amigos, conforme sugere Libra na casa 7. O duradouro caso com o ex-cabeleireiro Jon Peters é uma relação muito particular, como confirma o regente da casa 7 na casa 12. Eles moram no fim de uma estrada particular, repleta de curvas, numa fazenda de 20 acres encravada na base das montanhas Santa Mônica, em Malibu, na Califórnia. Essa propriedade de 5 milhões de dólares, com estúdio de cinema, quadras de tênis, cocheiras, piscina e aviário, é um refúgio isolado, bem condizente com uma Lua em Leão, regente da casa 4. A propriedade é protegida por altas cercas eletrificadas e cães treinados para ataque, e esses aparatos sugerem uma solidão privilegiada que só a riqueza pode trazer, mas esse mesmo paraíso também pode ser idêntico a uma prisão autoimposta.

Peters é representado pelas casas 9 e 7, já que é, em essência, seu segundo marido. A casa 7 mostra a atitude em relação ao casamento, o que esperamos dele e como nos afeta. Descreve especificamente o primeiro parceiro. Precisamos acrescentar a casa 9 para obter mais informações sobre o segundo parceiro; a casa 10 indica a ligação com o terceiro parceiro, e assim por diante, através do mapa, pulando sempre uma casa. Como Júpiter rege a casa 9 e está em quadratura com Vênus, regente da casa 7, a relação entre Barbra e Jon é tempestuosa, e, muitas vezes, um se atira no pescoço do outro, mas conseguem superar as desavenças e continuam juntos. Marte, que rege o **decanato** e a **dodecatemória** na cúspide da **casa 9**, está em sextil com o Sol, indicando um pouco de harmonia. Marte (regente do Ascendente) e Júpiter (descrevendo Jon) estão em conjunção ampla na casa 3, ajudando-os a se comunicar.

O **ponto vértice**, considerado voltado às pessoas e reativo, está em Libra na casa 6, logo abaixo da cúspide da casa 7, e mostra relacionamento funcional de Barbra com Peters. A **Terra** está na casa 7, e dizemos que mostra nossa missão na vida. A necessidade que Barbra tem dos outros é comprovada por esse posicionamento da Terra (que está sempre em exata oposição ao Sol por grau e signo). Se a considerarmos como regente de Touro, tem ligação com a casa 2, e poderíamos presumir que sua autovalorização está vinculada aos relacionamentos com um parceiro e com o público. Se avançarmos um pouco mais e dissermos que a Terra representa a "sombra" a que se refere Carl Gustav Jung, então podemos dizer que, para desenvolver verdadeiramente sua personalidade, Streisand precisa de um parceiro – alguém com quem possa se relacionar numa base íntima e privada (Vênus na casa 12 e nove planetas abaixo do horizonte).

Vênus em Peixes precisa de amor e ternura, e sem isso Barbra se sente perdida. A despeito da fachada atrevida, devida em parte ao Ascendente Áries, esse posicionamento de **Vênus** na **casa 12** mostra sua profunda necessidade de privacidade e de um amor que a alimente e sustente. Apesar dos altos e baixos emocionais e das brigas, até o presente ela e Jon mantêm uma relação duradoura, e ele lhe proporciona o sustento e o cuidado de que ela evidentemente precisa.

Com Escorpião na cúspide da casa 8, seu impulso sexual é forte e saudável. Marte, o corregente da casa 8, está em sextil com o Sol, e Plutão está em quadratura com o Sol. Os mesmos aspectos indicam a ajuda e o amparo que ela recebe do parceiro. Eles existem, porém ela tem dificuldade de aceitá-los tranquilamente (Sol em quadratura com Plutão), e suas emoções, muitas vezes, atrapalham (Plutão em conjunção com a Lua). Com esses aspectos, o sexo é uma válvula de escape saudável para seus sentimentos intensos.

Mercúrio em Touro tem gostos definidos, é ganancioso, gosta de dinheiro e do que este compra e se interessa pelas artes e pelo sexo oposto. Com Marte em Gêmeos, tornando Barbra dada a discussões, excitável e muito ativa, o *stellium* em Touro focaliza sua energia e a ajuda a desenvolver a disciplina da concentração. A Lua em Leão contribui para que se ressinta com a interferência e a crítica, aumentando seu temperamento ígneo e sua capacidade dramática. Essa colocação da Lua, somada à de Júpiter e Marte em Gêmeos na casa 3, aumenta seu talento de comediante.

As pessoas que trabalham com Barbra a veem como um gênio impulsionado pela necessidade de criar. Os amigos dizem que ela é uma pessoa generosa e amável, com inseguranças e incoerências, e seu horóscopo prova tudo isso. Com necessidade compulsiva de se sobressair, às vezes cega em relação aos outros, às vezes atenciosa – uma mistura de rudeza e vulnerabilidade –, Streisand é uma personalidade pública muito discreta.

Parte III

*Como afirmamos
muitas vezes
em nossas aulas,
só podemos lhe dar
as ferramentas;
fazê-las funcionar
demanda tempo
e muita prática.*

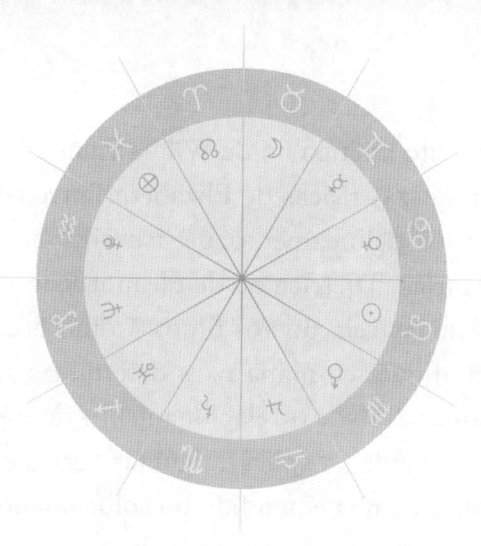

O Delineamento com um Objetivo

Há vários setores da interpretação do mapa que não precisam de delineamento completo e minucioso como os que mostramos na segunda parte deste livro. Perguntas específicas podem demandar a consideração de áreas específicas. Como há grande variedade de perguntas formuladas aos astrólogos, escolhemos aquelas que parecem ser mais comuns: saúde e bem-estar físico; aparência física; o tipo de relacionamento que você deseja ter com os pais, os filhos, os parentes, o parceiro, os amigos; e a mais frequente de todas – tendências vocacionais.

Vamos demonstrar as técnicas para descobrir as áreas relacionadas à pergunta feita, para fazer a triagem dos fatores importantes e lembrar-se das tendências básicas. Como afirmamos muitas vezes em nossas aulas, só podemos lhe dar as ferramentas; fazê-las funcionar demanda tempo e muita prática. Nesta seção, vamos dar exemplos pertinentes usando horóscopos de clientes e alunos, porém recomendamos que você utilize os inúmeros outros mapas fornecidos.

Quando você estudar as atitudes conjugais, pode ser divertido examinar o mapa de Mickey Rooney e ver o que ele procura num relacionamento a dois e parece ter tanta dificuldade em encontrar. Pesquise o talento musical no horóscopo de George Gershwin; o talento atlético no de Wilma Rudolph. Veja se consegue descobrir as fraquezas físicas de Elizabeth Barrett-Browning depois de estudar o nosso delineamento de aspectos de saúde. Examine a casa 5 de Marlene Dietrich ou de Eleanor Roosevelt para ver como elas se sentiam em relação aos filhos. Como Elizabeth Kubler-Ross é trigêmea, verifique seu mapa para determinar sua atitude em relação às duas irmãs. Talvez o relacionamento do gângster Mickey Cohen com os pais ajude a explicar algumas necessidades primárias básicas que ele nunca tenha entendido ou solucionado. De qualquer forma, pode ser divertido, portanto aproveite.

Módulo 17
A Busca por:
Saúde ou Bem-Estar Físico

Antigamente, a maioria dos médicos tinha conhecimentos de Astrologia, que andava de mãos dadas com a Medicina. Conforme você aprendeu no Volume I de *Curso Básico de Astrologia*, cada signo e cada planeta tem afinidade com uma parte do corpo. Entretanto, embora possa, através do mapa, dizer muita coisa a respeito da constituição física da pessoa, da saúde dela e até dos pontos fracos, é necessário compreender – e deixar claro aos outros – que você não é médico (a não ser que seja mesmo) e, portanto, não pode fazer diagnósticos nem emitir receitas. O máximo que pode fazer é sugerir que a pessoa consulte um médico, se houver sinais óbvios de doença. ISSO É MUITO IMPORTANTE.

Quando procurar problemas de saúde, deve considerar estas áreas do horóscopo: o Ascendente, o regente do Ascendente, os planetas na casa 1, a casa 6, seu regente, o signo da cúspide, os planetas nessa casa, o Sol, seu regente, seu signo e sua casa.

As regras gerais a seguir também devem ser consideradas.

Todas as pessoas de signos cardeais – isto é, aquelas que têm predomínio de planetas de signos cardeais, casas angulares, marca cardeal, signo cardeal ascendendo ou na cúspide da casa 6 – geralmente são suscetíveis aos problemas dos signos cardeais, como dores de cabeça de **Áries**, problemas de estômago de **Câncer**, problemas de rins de **Libra**, doenças de pele ou ossos de **Capricórnio**.

Todas as pessoas de signos fixos – aquelas que têm muitos planetas em signos fixos, nas casas sucedentes, marca fixa, signo fixo no Ascendente ou na cúspide da casa 6 – podem ter problemas de signos fixos, como problemas de garganta de **Touro**; problemas de coração ou nas costas de **Leão**; desordens na área genital de **Escorpião**; doenças do sangue ou dos nervos de **Aquário**.

Todas as pessoas de signos mutáveis – aquelas que têm muitos planetas em signos mutáveis ou em casas cadentes, marca mutável ou um signo mutável na cúspide da casa 6 ou do Ascendente – podem ter doenças relacionadas aos signos mutáveis, ou seja: problemas nos pulmões ou nos brônquios de **Gêmeos**; dificuldades com os intestinos ou o aparelho digestório de **Virgem**; doenças do fígado ou nos quadris de **Sagitário**; doenças nos pés e sensibilidade aos anestésicos de **Peixes**.

Nem todas as pessoas de Áries têm dor de cabeça, mas podem ser suscetíveis a outros problemas dos signos cardeais.

Nem todas as pessoas de Touro têm problemas de nariz e garganta, mas podem ter sintomas de outras dificuldades dos signos fixos.

Nem todos os geminianos têm tuberculose ou enfisema, mas podem ter outros problemas dos signos mutáveis, como disfunções digestivas ou problemas graves nos pés.

Em geral, as áreas sensíveis são o signo do Ascendente e o da cúspide da casa 6, a não ser que os regentes estejam bem colocados e bem aspectados. É claro que a gravidade da doença ou o problema de saúde dependem dos aspectos dos planetas envolvidos. Quando há aspectos desafiadores, a doença é mais aguda e mais difícil de tratar.

É importante entender que o posicionamento por casa é tão importante (talvez mais) quanto aquele por signo. Uma pessoa com o Sol muito desafiadoramente aspectado na casa 1 pode ser mais propensa a sofrer de sérias dores de cabeça que alguém com um Sol desfavorável em Áries.

As atitudes têm muito a ver com as doenças. O nativo com um Júpiter ou Vênus muito desafiado pode ter problemas em lidar com o sentimento de amargura, e isso pode resultar em diabetes ou hipoglicemia. A pessoa com muita fixidez e um Saturno em posição muito desfavorável talvez nunca tenha aprendido a ser flexível e a admitir os desejos dos outros e pode acabar às voltas com dificuldades físicas na forma de artrite ou reumatismo.

Os nativos com fortes tendências de Escorpião ou Câncer, que trancam as emoções ou não extravasam os sentimentos de hostilidade e o ressentimento, podem permitir que esses sentimentos as consumam por dentro e abrir, assim, o caminho para as células de câncer, que consomem interiormente. As pessoas que têm Plutão, Marte ou a Lua fortemente ativados muitas vezes são vítimas desse tipo de comportamento.

Qualquer pessoa que tenham muito ativadas as casas 6, 9 e 12 precisa descobrir um meio de usar o tempo de forma produtiva, pois, de outro modo, a tendência é ter saúde deficiente.

A seguir, apresentamos alguns mapas que exemplificam alguns problemas de saúde. O mapa nº 1 é de uma mulher com um caso grave de artrite reumatoide, doença autoimune que causa muitas deformações. Isso foi particularmente difícil para ela, que era uma pessoa bastante ativa, com muita atividade manual (Sol em Gêmeos), que gostava de cuidar da casa e dos filhos e era a motorista da família. O marido sofrera um grave acidente na guerra e não podia dirigir, de modo que ela precisava ter muita mobilidade.

O potencial dessa doença tão deformante é claramente visto no mapa. Existe uma grande cruz em signos mutáveis, mas em casas sucedentes, sugerindo a possibilidade da diminuição de sua mobilidade em alguma época da vida. O Sol, regente do Ascendente, faz parte da grande cruz e está em quadratura com Urano, na casa 8, das cirurgias. Os médicos tiraram algumas veias dos tornozelos (Urano)

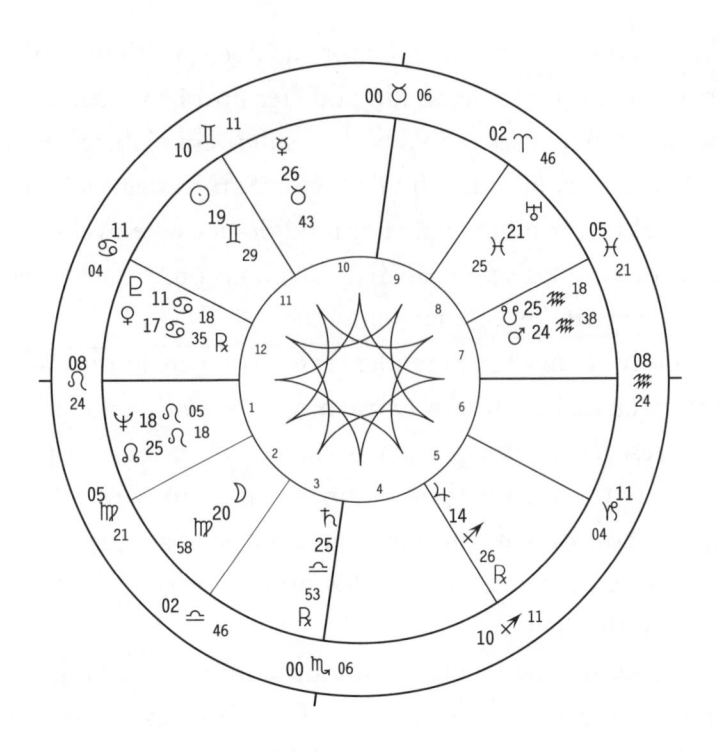

Mapa nº 1
10 de junho de 1924
8:30 PST
Los Angeles, Califórnia, EUA
34N03 118O15

e pulsos (Gêmeos) da mulher, na esperança de aliviar a dor, mas até o momento não houve resultados.

Saturno, regente da casa 6, da saúde, está na casa 3, das pequenas viagens, em quincunce com Mercúrio e Urano – aspectos desafiadores quando se trata de saúde. Netuno na casa 1 em oposição a Marte, planeta da ação, mostra que sua energia física foi minada. É interessante que, com Netuno na casa 1 em oposição a Marte na casa 7, quando a mulher começou a ter os sintomas os médicos (casa 7) não diagnosticaram de imediato uma artrite reumatoide. Acharam que ela havia machucado a mão.

No Volume I, o mapa de Franklin D. Roosevelt ilustra o problema da paralisia infantil, ou poliomielite. "Doença viral, caracterizada pela inflamação das células nervosas da medula espinal, acompanhada de febre e, muitas vezes, de paralisia e atrofia dos músculos". (*Webster's New Ideal Dictionary*.)

Virgem e Aquário têm relação com o sistema nervoso, e Roosevelt tinha Virgem no Ascendente e Aquário na cúspide da casa 6. Mercúrio, regente do Ascendente, está na casa 6, da saúde, em Aquário e em quadratura exata com Plutão, aspecto muito desafiador. O Sol também está em Aquário e em quadratura com Saturno, indicando a possibilidade de Roosevelt ter a mobilidade limitada em alguma época da vida. O Sol está em quadratura com Júpiter e Netuno, e essas quadraturas podem estar relacionadas à febre que acompanha a poliomielite.

O mapa seguinte (nº 2) ilustra outro caso de poliomielite. Nele, a doença foi contraída quando a menina tinha 6 anos e meio. Mercúrio, regente da casa 6, está na casa 12 em oposição a Netuno na casa 6, o que sugere um problema de saúde com hospitalização (casa 12). Netuno também faz oposição ao Sol na casa 12. Urano, regente do sistema nervoso central, está no signo mutável de Gêmeos, em oposição exata à Lua e em conjunção com Saturno. O Ascendente (corpo físico) está em quincunce com a Lua e Netuno nas duas casas da saúde (casas 6 e 8), mostrando os ajustes necessários para que a jovem pudesse conviver com essa doença deformadora.

As vítimas de câncer reprimem o ressentimento e a hostilidade; os signos com mais probabilidade de sufocar emoções e sentimentos são Câncer e Escorpião. Muitas pessoas com propensão ao câncer têm perspectiva bastante rígida e fixa e são muito enérgicas, o que astrologicamente sugere os signos fixos, as casas sucedentes e Marte e Plutão em destaque. Entretanto, nossa pesquisa ainda é muito

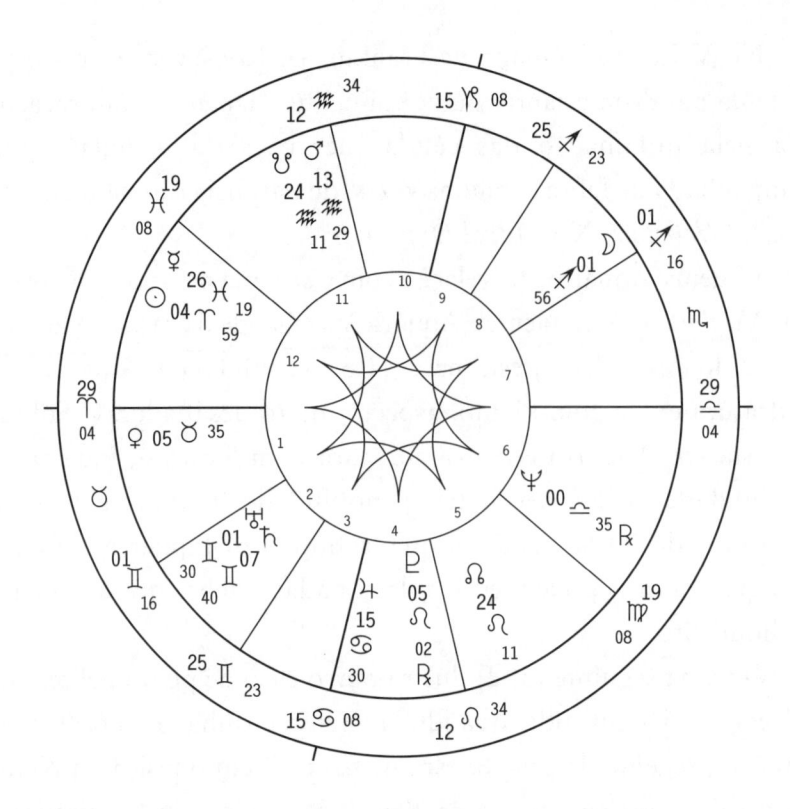

Mapa nº 2
26 de março de 1943
7:45 CDT
Milwaukee, Wisconsin, EUA
87O55 43N02

limitada e não nos permite dizer que todos os nativos de signos fixos têm propensão ao câncer.

O mapa nº 3 é de uma mulher vítima de câncer que sofreu mastectomia e histerectomia radicais e acabou morrendo de complicações associadas à doença.

Vênus, regente do Ascendente, está em Leão, num *stellium* fixo em quadratura ampla com Marte em Escorpião na casa 1 e em conjunção com Netuno, regente da casa 6, da saúde. Vênus e Netuno estão em conjunção com o Sol. A Lua, regente dos problemas femininos, está em quincunce exato com o Sol, o que, com as demais indicações de problemas de saúde, é um aspecto muito desafiador no plano físico. A Lua está em oposição exata com Saturno, indicando a percepção da falta de amor e ternura por parte dos pais. A mulher nunca conseguiu superar ou expressar seu profundo ressentimento em relação à mãe.

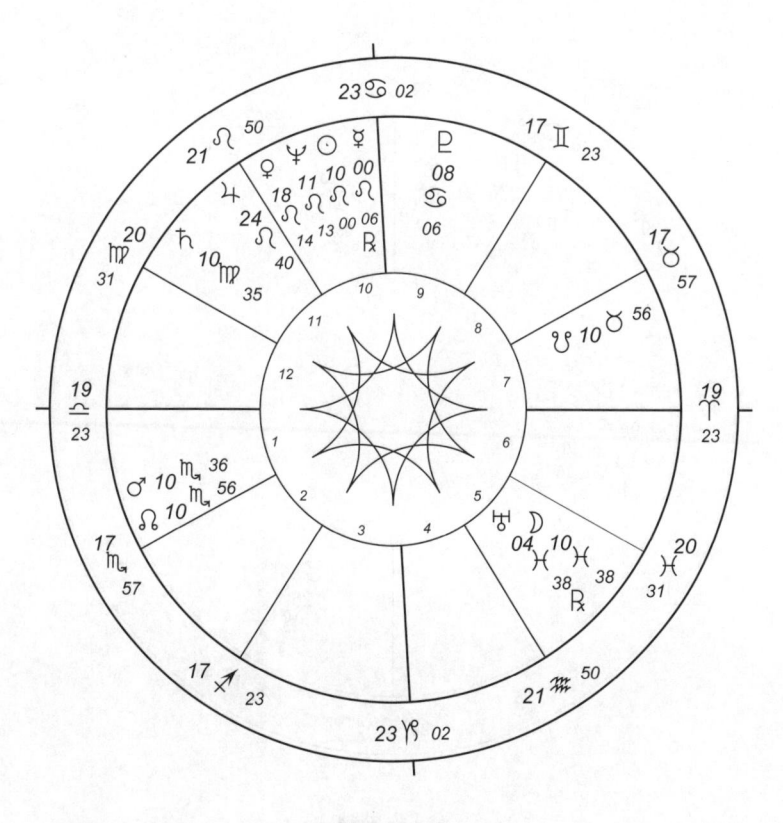

Mapa nº 3
2 de agosto de 1920
10:40 EST
Boston, Massachusetts, EUA
42N22 71O04

Se considerarmos a Terra corregente de Touro, signo na cúspide da casa 8, da cirurgia, poderemos ver que também está em quincunce com Saturno, e que esse aspecto de saúde (com a quadratura Marte/Vênus) indica a possibilidade de uma cirurgia no decorrer da vida.

Incluímos neste módulo dois mapas que podem ser considerados interessantes para fins de pesquisa. São os horóscopos de irmão e irmã com câncer nos rins que se espalhou até o cérebro e os matou um ano depois do diagnóstico.

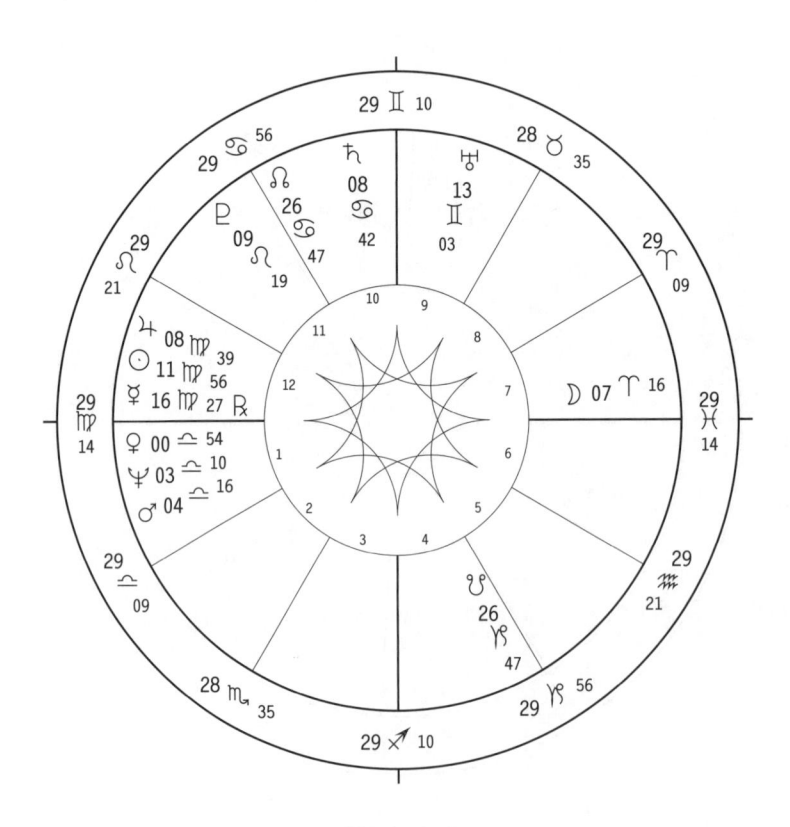

Mapa nº 4
4 de setembro de 1944
7:55 PWT
Los Angeles, Califórnia, EUA
34N03 118O15

O mapa nº 4 é do irmão, que morreu depois de uma cirurgia malsucedida em abril de 1974. O mapa nº 5 é de sua irmã. O câncer dela foi descoberto no verão de 1980, e ela morreu em janeiro de 1981.

No mapa nº 4, o regente do Ascendente, Mercúrio, está em quadratura com Urano, regente da casa 6, da mesma forma que o Sol. Marte, Netuno e Vênus estão em conjunção na casa 1; Marte rege a casa 8, e os três planetas estão em quadratura com Saturno. O Sol na casa 12 está em conjunção com Júpiter – nesse caso, o aspecto não é tão benéfico

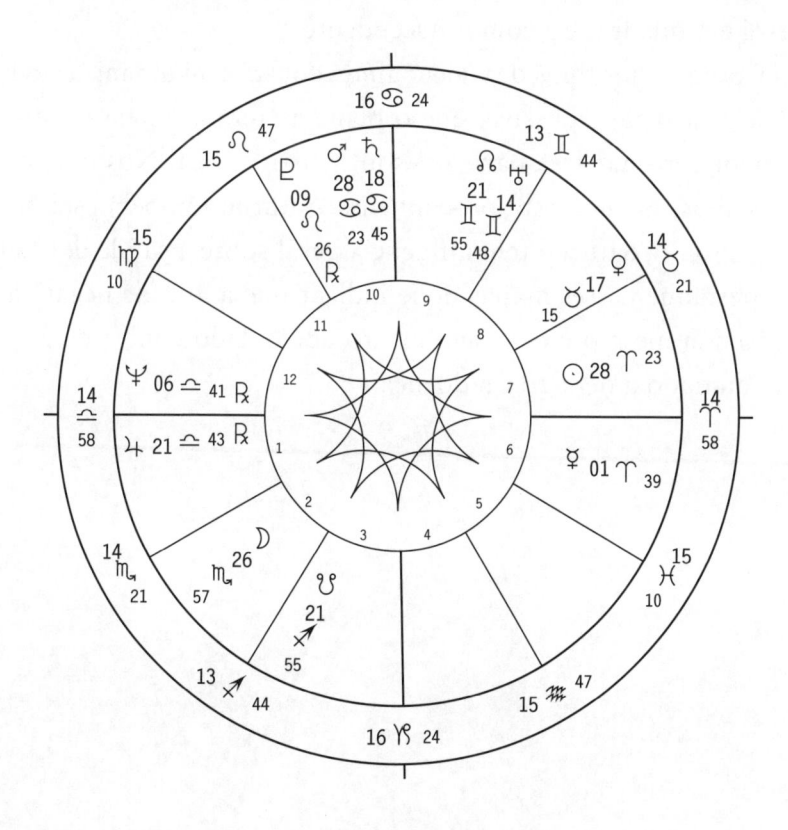

Mapa nº 5
18 de abril de 1946
17:18 PST
Glendale, Califórnia, EUA
34N08 118O15

porque estimulou a progressão do câncer. A doença começou nos rins (Libra na casa 1) e evoluiu até o cérebro (Áries, o signo oposto).

No mapa nº 5, Vênus, regente do Ascendente, está na casa 8 em quincunce com Júpiter na casa 1, indicação de possível cirurgia. Isso é comprovado por Netuno, regente da casa 6 na casa 12 e em oposição a Mercúrio, regente da casa 12 na casa 6, mostrando um confinamento associado à saúde. O Sol está em quadratura com o regente Marte e em oposição a Júpiter, uma portentosa cruz T, indicando possíveis problemas de saúde. Saturno, regente do fim da vida (casa 4), está em quadratura com o Ascendente.

Como vários tipos de câncer ainda constituem um mistério para a ciência médica, é possível que o planeta Netuno esteja envolvido; essa pode ser uma área para a pesquisa astrológica. Nos três mapas que usamos, Netuno está proeminente. Saturno também está envolvido; contudo, Saturno tem influência geral sobre a saúde deficiente, e seu destaque nesses mapas pode indicar que a atitude negativa em relação a si mesmo e o ressentimento acumulado contra os pais tenham ajudado a deflagrar a doença.

Módulo 18
A Busca por:
Aparência Física

Quando você encontra pessoas que têm conhecimento rudimentar de Astrologia, é muito frequente lhe colocarem um desafio: "Diga como sou". Naturalmente, estão se referindo ao seu signo solar, mas, quanto mais você estuda Astrologia, mais depressa percebe que o Sol é apenas um dos fatores importantes que fazem de você uma pessoa única. O mesmo princípio se aplica à aparência. Na realidade, o corpo físico é, com mais frequência, descrito pelo Ascendente que pelo Sol, ou pelo menos por uma mistura dos dois.

Deixando de lado os jogos de salão, existe uma razão importante para aprender algumas das características físicas de cada signo e calcular um possível Ascendente: quando há dúvidas a respeito da hora de nascimento, o conhecimento astrológico da aparência pode ser fundamental. Vamos mostrar algumas das regras mais importantes.

Para julgar a aparência, os principais fatores são o signo ascendente, os planetas na casa 1 e na casa 12 em conjunção com o Ascendente (em uma órbita de 8° ou 9°), os signos em que estão esses planetas, o signo e a casa do regente do Ascendente (regente do mapa) e, naturalmente, o signo do Sol. Muitas vezes, um planeta na casa 10 em aspecto com o Ascendente (sobretudo próximo ao Meio do Céu) tem relação com a aparência.

Deve-se sempre combinar o signo do Sol, o Ascendente e o regente do Ascendente, pois esses três fatores parecem exercer a principal influência sobre a aparência. Em geral, os regentes e/ou o Sol na parte superior do mapa aumentam a estatura. Pessoas com muitos planetas abaixo do horizonte também podem ser mais altas do que seria de esperar. Esses mesmos indicadores, abaixo do horizonte, tendem a diminuir a estatura física. É preciso levar em conta os fatores raciais, étnicos e hereditários.

Uma aluna de Astrologia, ainda principiante, tinha lido que Capricórnio é um signo de pessoas altas. Comentou com o cabeleireiro que ele era um pouco baixo para um capricorniano. Ele respondeu que, com seu 1,70 m, era considerado bem alto para um japonês. Em outras palavras, as descrições são relativas aos padrões de cada raça ou grupo étnico.

O decanato e até a dodecatemória do Ascendente ou do Sol são outros fatores importantes na descrição dos traços da pessoa. Um *stellium* de quatro ou mais planetas pode ter efeito nítido sobre a aparência, enfatizando aquele signo, a despeito do posicionamento do Sol ou do Ascendente. A marca do mapa, se houver, também ajuda a dar os contornos gerais e deve ser levada em consideração.

Gostaríamos de poder dar algumas normas gerais e dizer quais são os signos dos altos, ou dos magros, ou dos baixos, ou dos gordos etc. – mas, infelizmente, constatamos que isso não é verdade. Alguns signos tendem à altura; outros, à corpulência, à beleza ou a uma ossatura proeminente, porém não em todos os casos. Como já mostramos em outras formas de delineamento, há vários fatores a serem avaliados e combinados. Não existem dados absolutos na Astrologia!

Libra sempre foi descrito como um dos signos de pessoas altas, e pode ser mesmo; mas temos vários mapas de pessoas com Sol ou Ascendente Libra que são bem baixas, devido a outros fatores do mapa. Basicamente, esse é o tratamento a ser dado à questão da aparência, como ensinamos no Volume I de *Curso Básico de Astrologia*, quando examinamos o horóscopo de Franklin Roosevelt e juntamos as partes num quadro total.

Muitas vezes, comparamos o delineamento de um mapa com a montagem de um quebra-cabeça. Começamos com as peças dos cantos, formando uma moldura. Isso equivale à "visão geral" astrológica do mapa. Depois, examinamos o restante das peças e vemos qual delas vem a seguir, começando a montar o quebra-cabeça. Fazemos o mesmo quando examinamos os planetas quanto aos signos, às casas e aos aspectos, para montar a pessoa. Para analisar a imagem física, procedemos da mesma maneira. Coletamos e juntamos os dados para ver qual é a aparência da pessoa.

Aqui estão algumas sugestões úteis:

A Lua perto do Ascendente aumenta o peso e proporciona um rosto redondo, tipo "lua cheia".

Mercúrio na casa 1, ou na casa 12 a 8° ou 9° do Ascendente, aumenta a altura e pode dar origem a um queixo proeminente.

Vênus ascendendo torna a pessoa encantadora ou atraente, produz aparência bonita, às vezes um belo rosto; às vezes, há covinhas ou furinhos no queixo.

O Sol na casa 1 proporciona um pouco da aparência de Áries ou Leão, aumenta o peso e a altura; esses nativos, em geral, têm sorriso grande e amplo.

Marte perto do Ascendente pode produzir cabelo ruivo, sardas ou cicatriz no rosto; em geral, a pessoa tende a ser corada. Nas raças orientais ou negras, isso pode se manifestar como tom de pele avermelhado ou mais rosado que o normal.

Júpiter aumenta a altura e a corpulência quando está perto do Ascendente. Também aumenta a parte do corpo correspondente ao signo. Por exemplo, Júpiter em Gêmeos pode conferir mãos grandes.

Algumas pessoas acham que os planetas retrógrados na casa 1 influem na aparência. Temos constatado que nem sempre isso ocorre, mas que existe uma diferença na personalidade influindo mais sobre o comportamento que sobre a aparência. Por exemplo, as pessoas com Marte retrógrado se movimentam num ritmo mais lento em vez de se precipitarem pelas portas; Mercúrio retrógrado faz com que falem mais devagar.

Saturno ascendendo torna o nativo mais baixo, mais magro e mais ossudo, e, devido à boa estrutura do esqueleto, muitas vezes é fotogênico. Pode diminuir a parte do corpo correspondente ao signo; por exemplo: em Peixes, pés menores. Temos uma cliente com Libra ascendendo e o regente, Vênus, em Peixes, em conjunção com Saturno – ela calça número 33.

Urano na casa 1 ou na 12 próximo ao Ascendente pode proporcionar aparência totalmente diferente do que se poderia esperar. Se todos os outros indicadores apontam para uma estatura baixa, Urano ali posicionado pode tornar a pessoa mais alta que a média. Se os outros indicadores sugerem muito peso, Urano ascendendo pode contrariar essa conclusão e tornar a pessoa muito magra.

Com Netuno ascendendo, a pessoa vive rodeada de uma aura de encanto ou mistério. Em geral, os olhos são grandes, claros e bonitos. Em alguns casos, Netuno, do mesmo modo que a Lua, aumenta o peso por causa da retenção de líquidos. Com Netuno na casa 1 ou na 12 em conjunção com o Ascendente, nunca se sabe muito bem o que esperar, pois a pessoa é capaz de mudar como um camaleão, ser deslumbrante e encantadora numa hora e caseira e indefinida no momento seguinte.

Plutão na casa 1 ou em aspecto com o Ascendente intensifica e acentua todas as características do signo ascendente. Muitas vezes, os olhos são verdes, e, outras, de cor indefinida. Se Plutão estiver em Câncer, pode haver problemas de peso; se estiver em Leão, cabelo, barba ou bigode ondulados.

Os nodos perto do Ascendente parecem ter importância. Observamos que o Nodo Norte tende a aumentar o peso ou a altura, enquanto o Nodo Sul funciona ao contrário, tornando a pessoa mais baixa ou mais magra que o normal. Quando o Nodo Sul está em conjunção com o Ascendente, em uma órbita de 2°, pode haver alguma deficiência física. Temos vários mapas que comprovam esse fato, como o de um garoto com testículos recolhidos, uma mulher que nasceu sem um dedo e um bebê, vítima da talidomida, que nasceu sem um braço.

A seguir damos descrições básicas dos 12 signos do zodíaco quando ocupam o Ascendente, representam o Sol, o regente do Sol ou do Ascendente, ou um *stellium* de um mapa.

Áries: Basicamente, com Áries proeminente você é ativo e agitado, de modo que não tem tendência a engordar, a não ser que haja indicação nesse sentido de outros fatores do mapa, como Vênus ou Júpiter na casa 11 ou em conjunção com o Sol. Geralmente, a testa é alta e inclinada, e o nariz é proeminente e pontudo – nem sempre comprido, apenas pontudo. Os homens podem ter um pomo de adão bem visível. Não havendo indicações em contrário, você é alto, esguio, rijo e musculoso. A musculatura também é evidente quando Marte faz aspecto com o Sol ou com o Ascendente. O rosto, com frequência, é triangular, lembrando um carneiro, com queixo estreito, duas rugas verticais entre os olhos e sobrancelhas proeminentes. Pode ser que as sobrancelhas se juntem, formando uma só. Naturalmente, isso se percebe mais nos homens, pois muitas mulheres fazem as sobrancelhas, dando-lhe um formato mais aceitável.

Com Áries forte no mapa, os olhos, em geral, são pequenos, verdes ou castanhos; frequentemente você enxerga bem a distância e parece muitas vezes estar perscrutando o horizonte. Às vezes o lábio superior é curvo. O cabelo é volumoso, grosso e rebelde. Os homens têm tendência a perder cabelo nas têmporas, dando a impressão de uma testa cada vez maior. Quando Áries anda, a cabeça e o corpo

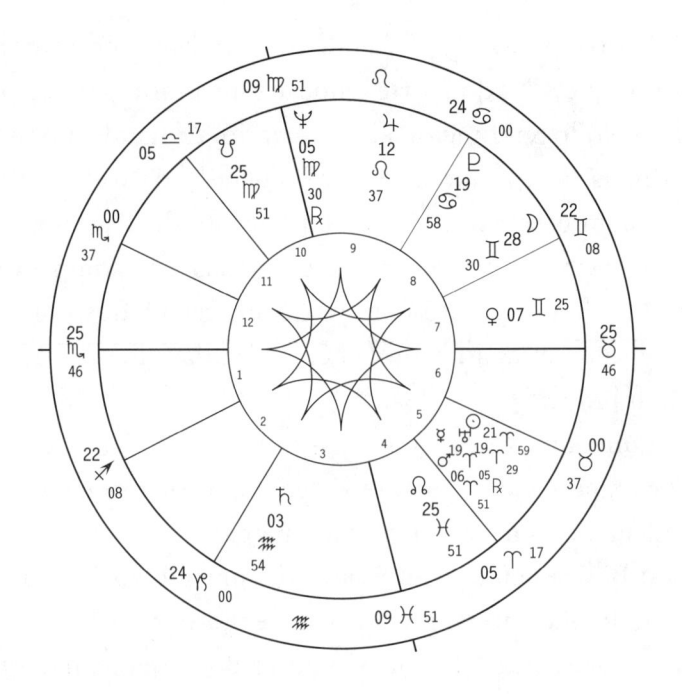

Joel Grey
11 de abril de 1932
21:52 EST
Cleveland, Ohio, EUA
41N30 81O42

todo se projetam à frente. Parece sempre estar com pressa de chegar ao destino. Se o Sol ou o Ascendente estiverem no decanato de Sagitário, Áries tem pernas compridas. O exemplo perfeito de um perfil de Áries é Barbra Streisand, com o Ascendente nesse signo. (Seu mapa está na p. 292.) Note que o regente do Ascendente dela, Marte, está em Gêmeos, e ela tem o Sol em Touro na casa 1.

O artista Joel Grey é ariano, e seu Sol faz parte de um *stellium* de quatro planetas, personificando, aparentemente, a maioria das características de Áries. Sua baixa estatura se deve ao predomínio de planetas, inclusive o *stellium* em Áries, abaixo do horizonte. Como Marte, o regente do *stellium*, também está em Áries, as características desse signo tornam-se ainda mais acentuadas, como o nariz, a testa, a aparência esguia e rija, o formato triangular do rosto e muitas outras das peculiaridades descritas anteriormente. (Veja o mapa na página anterior.)

Touro: Este é considerado um dos signos de quadratura, como os outros três signos fixos – Leão, Escorpião e Aquário. Touro é um signo de grande beleza, porque é regido por Vênus. Isso não significa que, se tiver o Sol ou o Ascendente em Touro, você seja de uma beleza deslumbrante, mas, sem dúvida, é atraente e tem fisionomia agradável.

A testa, o nariz compacto, a boca e o queixo são harmoniosamente dispostos. As orelhas são pequenas e próximas da cabeça; o queixo é redondo, e os maxilares, grandes. Você tem notáveis olhos redondos, muitas vezes azuis, lânguidos e com pálpebras pesadas. É claro que os olhos azuis não se aplicam a raças que, em geral, têm olhos escuros – nesse caso, os olhos seriam de um castanho mais claro. Os olhos redondos caucasianos, nas raças orientais, tornam-se olhos menos rasgados ou mais arredondados.

Se Touro predomina no mapa, é possível que você tenha o pescoço curto como o de um touro. Como Touro é considerado um signo de baixa estatura, pode ser que você seja atarracado, com tronco comprido, pernas e braços relativamente curtos e ombros largos. As mãos e os pés são um pouco curtos e carnudos; muitas vezes, a panturrilha é bem grande. Quando anda, você tende a se apoiar primeiro no calcanhar, dando a impressão de que hesita.

Suas carnes são firmes, e você demora muito a ter rugas. O cabelo também custa muito a branquear. Covinhas ou um furo no queixo muitas vezes acompanham o Ascendente ou Sol em Touro, mas também podem ocorrer quando Vênus está próximo ao Ascendente ou em conjunção com o Sol. O cabelo, em geral, é abundante, e dificilmente você fica calvo, a menos que a calvície seja indicada por outros fatores do mapa, por exemplo, muito Fogo.

Touro, assim como Leão, muitas vezes tem um espaço entre os dois dentes da frente. Nem sempre isso é perceptível, porque muita gente corrige os dentes. Pancho Gonzales, o famoso tenista, tem a típica aparência de Touro. Seu Ascendente, o Sol e Vênus, regente dos dois, estão em Touro, além de Mercúrio. Ele tem o talhe quadrado, o espaço entre os dentes, o cabelo grosso e ondulado e a boa aparência natural de Vênus.

Gêmeos: Mesmo quando não é alto, em geral você é esbelto e esguio, com braços e pernas compridos. Suas mãos estão sempre em movimento, e, como típico geminiano, os dedos são compridos e finos, e você gesticula quando fala. Tem a testa alta e pode ter uma protuberância nas têmporas, como se fossem chifres nascendo. Qualquer mãe de um levado geminiano vai dizer que é isso mesmo que são; mas as pessoas que as têm preferem chamá-las de "protuberâncias da inteligência".

Os olhos são bem abertos, muito espertos, rápidos e buliçosos, em geral castanhos. O nariz se parece muito com o de Áries – comprido, reto e pontudo. (Novamente, é preciso levar em conta as características raciais.) Pinóquio, provavelmente, era nativo de Gêmeos! O andar é nervoso e ativo; você é irrequieto, indócil, nunca consegue ficar parado por muito tempo. Devido à grande mobilidade, você é capaz de fazer duas ou mais coisas ao mesmo tempo. Dessa forma, também queima calorias e não engorda, a menos que haja muitos outros fatores contrários.

Se você é um geminiano típico, seus ombros tendem a se curvar, o peito é estreito, às vezes do tipo peito de pomba. Você tem o queixo pontudo, a boca grande, lábios finos e – como todos os signos aéreos – dentes proeminentes. Gêmeos é um dos signos mais juvenis; porém, quando envelhece, forma-se uma papada embaixo do queixo e a pele se enruga, como se fosse uma cortina.

Gregory Peck é um exemplo clássico de Ascendente em Gêmeos. (Veja o mapa na p. 330.) Tendo o Sol e o regente do Ascendente

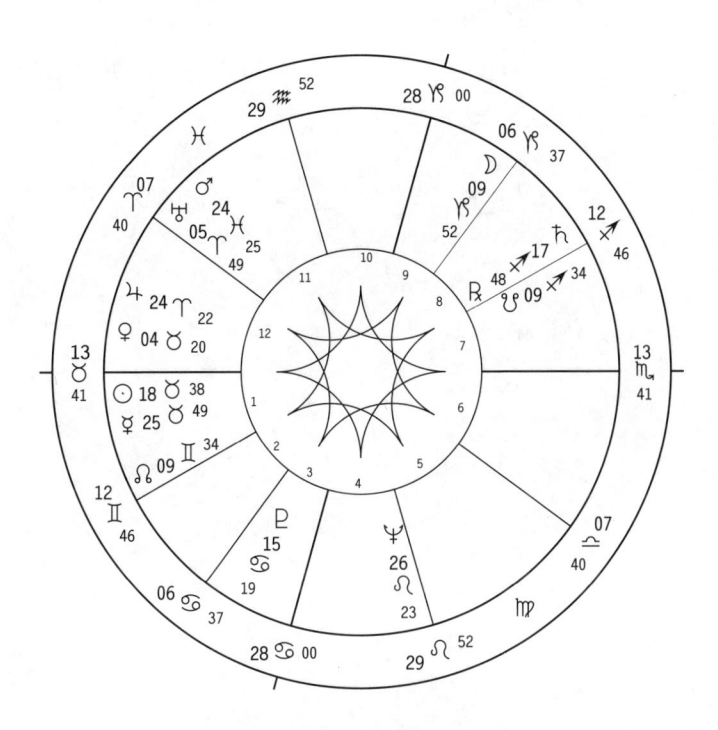

**Ricardo "Pancho"
Gonzales**
9 de maio de 1928
4:45 PST
Los Angeles, Califórnia, EUA
34N03 118O15

(Mercúrio) em Áries, acima do horizonte, ele é alto. Vênus em conjunção com o Ascendente o torna bonito e lhe confere linda voz ressonante; Marte, regente do seu *stellium* em Áries, está em Leão, chamando a atenção para seu cabelo. Como típico Ascendente em Gêmeos, Peck usa as mãos para se expressar. Quando jovem, era bem magricela; à medida que começou a envelhecer, começaram-se a se formar pregas embaixo do queixo.

Câncer: Em geral, você é baixo e tem braços e pernas curtos. A menos que a Lua esteja em Gêmeos, Sagitário ou Capricórnio, você

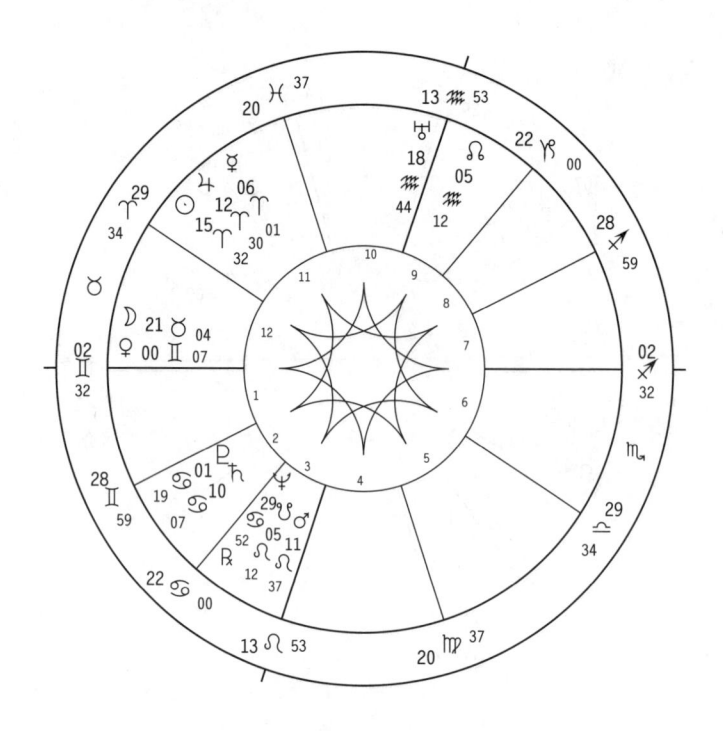

Gregory Peck
5 de abril de 1916
8:00 PST
La Jolla, Califórnia, EUA
32N51 117O16

sempre terá uma agradável aparência roliça, comum a todos os signos de Água; não queremos dizer que seja gordo – apenas roliço. Como gosta de comer e beber, tem tendência a engordar, principalmente na região do estômago. Os homens desse signo podem adquirir uma barriga provocada pela cerveja.

Os pés e as mãos são pequenos, e o peito é bem desenvolvido, mesmo nos homens. Por causa disso, como a parte da cintura para baixo é bem menor, com os quadris às vezes retos, a figura pode parecer desequilibrada.

O rosto é mais ou menos grande, redondo e tipo lua cheia, com muito espaço entre as orelhas, que são pequenas. A testa é saliente, e o nariz é pequeno e pode ser arrebitado, com narinas largas e dilatadas. Os olhos sonhadores, redondos e salientes têm expressão suave e ansiosa; muitas vezes são verdes, com pálpebras grandes e pesadas. Novamente lembramos que negros, mulatos e orientais dificilmente têm olhos verdes ou, em alguns casos, redondos; apenas são maiores ou mais claros que o usual.

Você tem sorriso amável e simpático e a pele pálida, muito sensível ao sol. A boca cheia e um pouco sensual é, muitas vezes, a marca registrada de Câncer. Você tem tendência a ficar grisalho cedo – é comum a pessoa de aparência jovem e cabelos brancos revelar ter o Sol ou Câncer no Ascendente. É comum o canceriano ter o andar meio de lado e pesado, muito parecido com o do caranguejo.

Burl Ives tem aparência muito canceriana, embora seu Sol esteja em Gêmeos; ele tem Câncer no Ascendente e a Lua em Touro, signo de características semelhantes às de Câncer. Como o Sol e três outros planetas estão na casa 12, o aspecto "aquoso", encontrado em Câncer e Peixes, é acentuado. (Veja o mapa na p. 333.) Outra típica canceriana é Judy Garland. Ela tem a aparência desequilibrada a que nos referimos.

Leão: É considerado o signo das pessoas mais baixas do zodíaco, mas conhecemos alguns leoninos muito altos. Quando, por exemplo, o Sol está acima do horizonte e um signo razoavelmente alto, como Sagitário ou Libra, ocupa o Ascendente, isso deve ser levado em conta; nesse caso, não presumiríamos que a pessoa fosse baixa. Um bom exemplo do que observar é o mapa nº 6 na p. 349. Trata-se de um leonino com Libra no Ascendente e o regente do Ascendente em Gêmeos. Também tem oito planetas acima do horizonte. Sua altura é 1,87 m.

O Leão típico tem corpo largo, a maior cabeça do zodíaco e, em geral, ossos grandes, peito largo, musculoso e bem formado. Tem os quadris estreitos, a cintura fina, ombros largos e postura ereta. O cabelo, de alguma forma, chama a atenção – pode lembrar a juba de um leão ou ser totalmente calvo, ter pouquíssimo cabelo, cabelo muito fino ou barba espessa e bigode exuberante. Ou, então, a cor deste pode ser extravagante, como de Lucille Ball, que tem o Sol em Leão e o Ascendente em Câncer. Às vezes, parece que você joga a cabeça para trás para ajeitar o cabelo, como se estivesse sacudindo uma juba.

Os olhos são vivos, cintilantes, risonhos; às vezes, são verdes e luminosos, parecendo os de um gato. A voz pode ser forte e alegre, como o rugido de um leão, mas às vezes os homens têm timbre de voz agudo, e as mulheres, um tipo de voz grave, abafada, de contralto. Se as mãos de alguém parecem patas – largas e relativamente curtas –, você estará vendo uma pessoa com o Sol ou o Ascendente em Leão.

As orelhas são grandes, com os lóbulos presos à cabeça, dificultando o uso de brincos. O queixo é proeminente e arredondado; os lábios são cheios e, às vezes, o inferior é mais saliente. Muitas vezes, há pequenas manchas marrons ou marcas de nascença e aparência um pouco grumosa.

O nariz é largo, com a ponta meio arredondada; com o passar do tempo, a pele em volta das narinas e dos cantos da boca cede e forma uma série de dobras. As mulheres com Sol ou Ascendente em Leão, quando envelhecem, podem engordar no busto e nos quadris e manter a cintura fina. Alguns Leões têm olhos grandes e redondos, e dá para ver o branco à volta de toda a íris.

Robert Redford é um bom exemplo de nativo de Leão. Tem somente o Sol e Marte em Leão, mas como o Sol está dignificado ele tem muito impacto sobre a aparência. Embora o Ascendente em Peixes lhe dê encanto e carisma, o Sol, dignificado, é mais visível que qualquer outra coisa. Redford é baixo, tem cintura fina e ombros largos. Tem a cabeça grande, muito cabelo e os olhos vivos e cintilantes

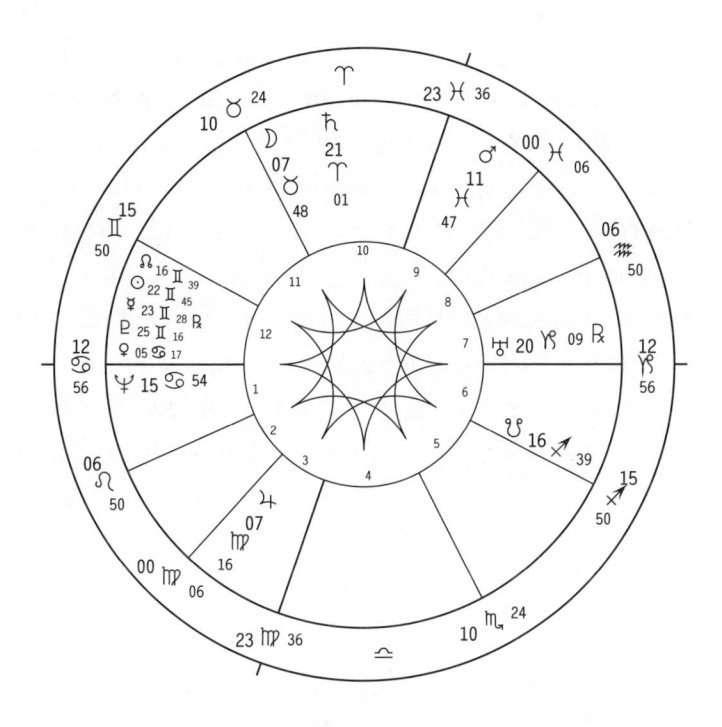

Burl Ives
14 de junho de 1909
6:00 CST
Hunt, Illinois, EUA
39N00 88O01

que mencionamos, bem como as manchas e marcas de nascença. (Veja o mapa na página a seguir.)

Pablo Picasso é outro bom exemplo de alguém com Ascendente em Leão; parece mais Leão que Escorpião, signo do seu Sol, a não ser pelos olhos penetrantes, marca registrada de Escorpião.

Virgem: É o mais fotogênico dos signos. Muita gente bonita tem o Sol ou o Ascendente em Virgem, incluindo astros glamorosos como Raquel Welch, Sophia Loren, Lauren Bacall, Sean Connery e Rossano Brazzi. Como todos os signos mutáveis (exceto Peixes), Virgem tende ao alongamento. Pode proporcionar cabeça, pescoço, corpo, braços, pernas, dedos ou pés compridos, mesmo quando a pessoa não é alta.

Se Mercúrio ocupa Gêmeos, Sagitário ou Libra, ou está acima do horizonte, é possível que você seja bem alto. A testa é alta e cheia, as maçãs do rosto são salientes, o queixo é pontudo, o rosto em geral é magro, e o nariz, aquilino.

Às vezes, as feições são pequenas e delicadas, e os olhos estão próximos. Quando Virgem está no Ascendente, o peito às vezes é liso – as mulheres, às vezes, têm ar de garotinho ou de Peter Pan. Os lábios são finos, com o superior muitas vezes mais alongado. Os olhos

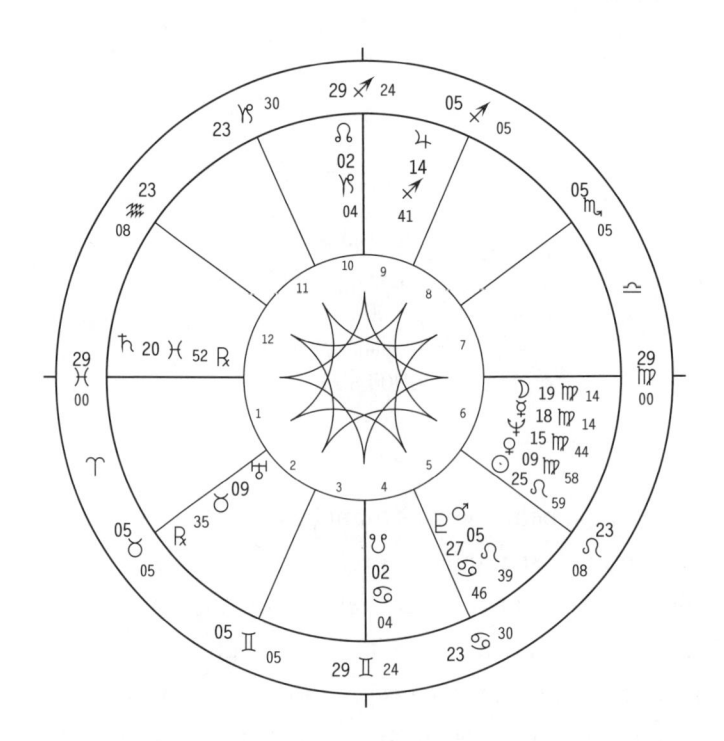

Robert Redford
18 de agosto de 1936
20:02 PST
Santa Mônica, Califórnia, EUA
34N01 118O29

podem ser empapuçados, e, muitas vezes, há entradas no cabelo, que é fino, abundante e frequentemente ondulado ou cacheado.

O andar é rápido e ativo; como Gêmeos, você é irrequieto e agitado. Mais que qualquer outro signo, você gosta de ver tudo arrumado, novo, limpo; assim, escolhe o penteado que melhor combina com seu rosto. Também presta atenção nas roupas que usa e sempre parece muito mais jovem do que é.

A voz é suave e melodiosa, a menos que haja forte influência de Áries, Leão ou Aquário no mapa. Como em todos os signos mutáveis, é possível que os quadris sejam largos, mas podem ser contrabalançados por ombros igualmente largos.

Sissy Spacek é um bom exemplo de Ascendente em Virgem. (Veja o mapa na página a seguir.) Tem o peito achatado, dando-lhe ar de garotinho, as feições alongadas e o cabelo fino com entradas. Como Saturno, regente do seu Sol, também está em Virgem, a aparência virginiana é acentuada.

Libra: É frequentemente considerado um signo de grande beleza. Assim, você sempre tem aparência agradável, mesmo que não seja de uma beleza deslumbrante. Você tem refinamento inato que lhe dá elegância. Tem a cabeça bem formada, o rosto oval e feições simétricas. O nariz, em geral, é curto e reto, e a boca é arqueada, com o lábio superior pequeno.

Os dentes chamam a atenção; podem parecer pérolas ou ser um pouquinho saltados, às vezes encavalados. Lembram-se do sorriso cheio de dentes do presidente Carter? Ele tem o Sol e o Ascendente em Libra.

Você é alto e esguio na juventude, mas quando envelhece fica mais pesado. Com a idade, as curvas tendem a transformar-se em gordurinhas em volta da cintura, mas como você é Libra não fica mal. Como acontece com Touro ou Vênus na casa 1, os librianos podem ter covinhas ou um furinho no queixo.

Você tem aparência suave, tendência aos cabelos ondulados ou cacheados, pele clara e belo aspecto. As unhas têm formato bonito e estão sempre bem cuidadas. Tem os pulsos e tornozelos delgados e, com toda certeza, usa sapatos da melhor qualidade. A voz é melodiosa – talvez de propósito, porque aparentemente os sons fortes, mesmo emitidos por você, o incomodam. As olheiras (como a máscara do guaxinim) são muito comuns em Libra.

As orelhas são bem-feitas, o queixo é redondo, e o pescoço, esguio e gracioso. As atrizes Julie Andrews e Deborah Kerr têm o Ascendente em Libra, responsável, em parte, por sua grande beleza e

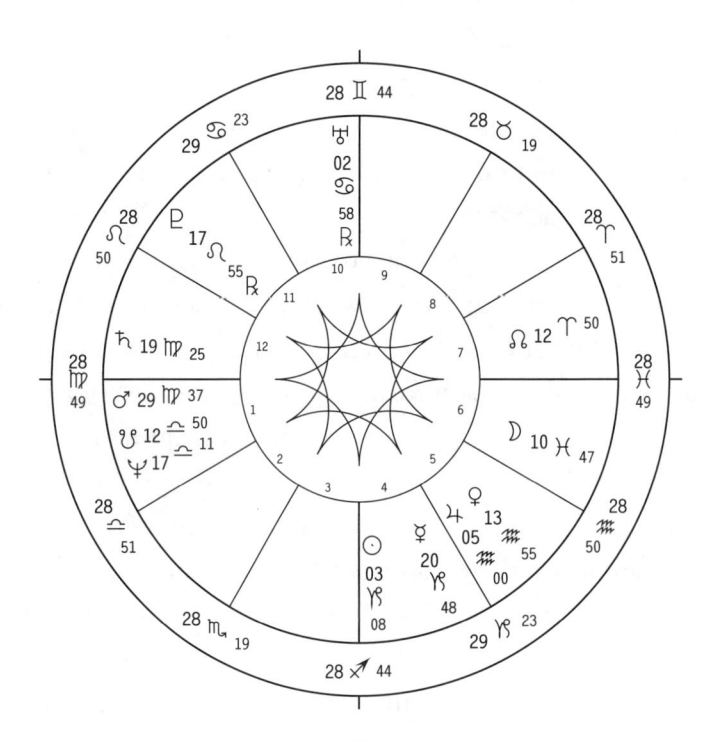

Sissy Spacek
25 de dezembro de 1949
0:02 CST
Tyler, Texas, EUA
32N21 95O18

delicado encanto. Também Elizabeth Taylor e Jean Harlow, esta última símbolo sexual e de beleza.

Outra libriana típica é Barbara Walters (veja o mapa na página a seguir), que tem o Sol, o Ascendente e Vênus, regente do Sol e do Ascendente, em Libra. Como mencionamos, ela tem refinamento inato e sempre passa imagem de elegância – caso contrário, não poderia sair impunemente com muitas de suas perguntas contundentes. Tem a cabeça bem-feita e oval, sorriso adorável e corpo que amadurece com ela. Como tem Marte na casa 1, o aspecto é um pouco mais grosseiro que o libriano típico.

Escorpião: Este signo fixo é outro dos signos de pessoas de constituição quadrada, ossos grandes e peito largo; sua aparência, muitas vezes, é difícil de distinguir do oposto polar, Touro. Em geral, Escorpião é um dos signos de baixa estatura, a menos que Marte esteja elevado ou num signo de altura. Para fins de aparência, é melhor usar Marte como regente de Escorpião em vez de Plutão, que se move muito devagar (mais de vinte anos em alguns signos). Por exemplo, Plutão esteve em Leão de 1937 a 1959, e é claro que nem todos os Escorpiões nascidos naquele período se parecem.

Com Escorpião proeminente, muitas vezes você é atarracado; como Touro, tem pescoço grosso e curto. O nariz é de tamanho razoável, às vezes com bossa ou cavalete alto e ossudo. Os olhos são penetrantes; o olhar é profundo e intencional – isso se nota principalmente com Escorpião ascendendo. O rosto, em geral, é quadrado, com uma parte funda abaixo dos olhos; os maxilares são marcados e quadrados.

As orelhas são pequenas e próximas da cabeça; a boca é cheia, grande e sensual, às vezes caída nos cantos. Os dentes parecem razoavelmente grandes, sobretudo os da frente. Tem as pernas um pouco arqueadas e balança os quadris quando anda – na verdade, você entra num lugar primeiro com a pelve.

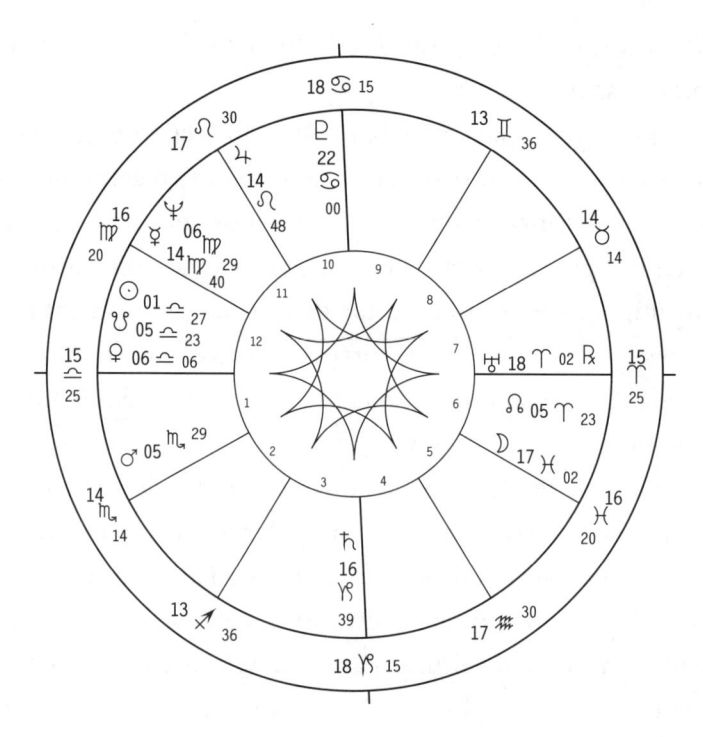

Barbara Walters
25 de setembro de 1931
6:50 EST
Boston, Massachusetts, EUA
42N22 71004

    O cabelo invade a testa, e, em geral, o corpo é bem peludo. O traseiro é saliente. Uma de nossas alunas chama o dela de "carrinho de chá" e diz que é uma característica da família. Quase todos os parentes próximos dela têm o Sol ou o Ascendente em Escorpião, ou Plutão ou Marte na casa 1.

    O astro de televisão Ed Asner (veja o mapa na página a seguir) tem típica aparência escorpiana, com o Sol e o Ascendente fazendo parte de um *stellium* em Escorpião, incluindo, é claro, o regente Marte. Ele é baixo e atarracado e parece não ter pescoço; os olhos são penetrantes, e as sobrancelhas, proeminentes; a testa é curta, e os maxilares são acentuadamente quadrados. Sua baixa estatura também pode ser atribuída à presença de seis planetas, incluindo o Sol e o regente do mapa, abaixo do horizonte.

Sagitário: Quando Sagitário se eleva, aparentemente o regente Júpiter assume maior importância na determinação da aparência que outros regentes do Ascendente. Assim, os sagitarianos podem ser divididos em grupos diferentes. Em geral, são altos e esguios, completam rapidamente o crescimento e têm tendência a ficar corcundas mais tarde. Se não tomarem cuidado, a área entre as espáduas fica côncava. Em Sagitário, como em Virgem, parece que tudo é alongado,

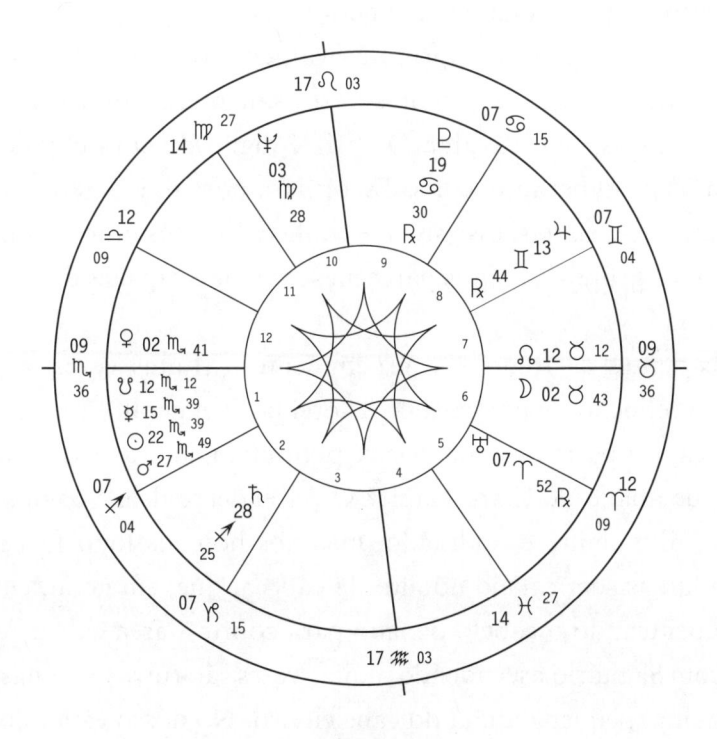

Ed Asner
15 de novembro de 1929
6:00 CST
Kansas City, Missouri, EUA
39N06 94O35

mas a aparência é mais ossuda. Os braços, as pernas, as mãos e os pés são compridos e um pouco ossudos; muitas vezes, com Sagitário no Ascendente, os quadris são largos.

Com Júpiter em Touro, Escorpião, Leão ou Peixes, ou abaixo do horizonte, pode haver problemas de peso e estatura bem mais baixa. Parece que o alongamento também diminui; você exibe, ao contrário, o ar bem alimentado de um sagitariano indulgente.

Em geral, é bem fácil identificar um sagitariano, que vira os dedos dos pés para dentro quando senta, tropeça ou bate os pés quando anda e tem as sobrancelhas e os cílios mais escuros que o cabelo. Frequentemente os quadris são largos, e há uma separação nítida entre as pernas na parte superior das coxas.

O rosto pode ser comprido e oval, com distância bem grande entre o nariz e o queixo, muitas vezes saliente. Sagitário pode ter pronunciado aspecto cavalar. O nariz é digno de nota e pode ter o osso nasal protuberante, como Escorpião, porém, em geral, menor. Nas raças caucasianas, esse signo é conhecido pelos olhos azuis, mas em todos os grupos os olhos parecem ser vivos e capazes de enxergar a distância.

Os dentes da frente são proeminentes. Muitas vezes, a risada lembra o relincho de um cavalo. As orelhas, em geral, são separadas da cabeça, e a parte de cima delas é pontuda. Lembra-se das grandes orelhas de abano de Clark Gable? O Ascendente dele é Sagitário. O cabelo é abundante e ondulado, mas nos homens logo fica ralo e surgem faixas sem cabelo no alto da cabeça, que, em geral, eles disfarçam penteando o cabelo de lado para cobrir a área calva. As mulheres com Sagitário ascendendo muitas vezes são ruivas – de nascença ou com uma pequena ajuda do cabeleireiro. No nosso exemplo, usamos Bette Midler, que tem o Sol em Sagitário e o Ascendente em Áries.

Capricórnio: Existem dois tipos bem diferentes de Capricórnio. Um é baixo, magro e de peito estreito, com pescoço fino e pequeno, ossudo, e nariz pontudo, muitas vezes adunco. Se você é desse tipo,

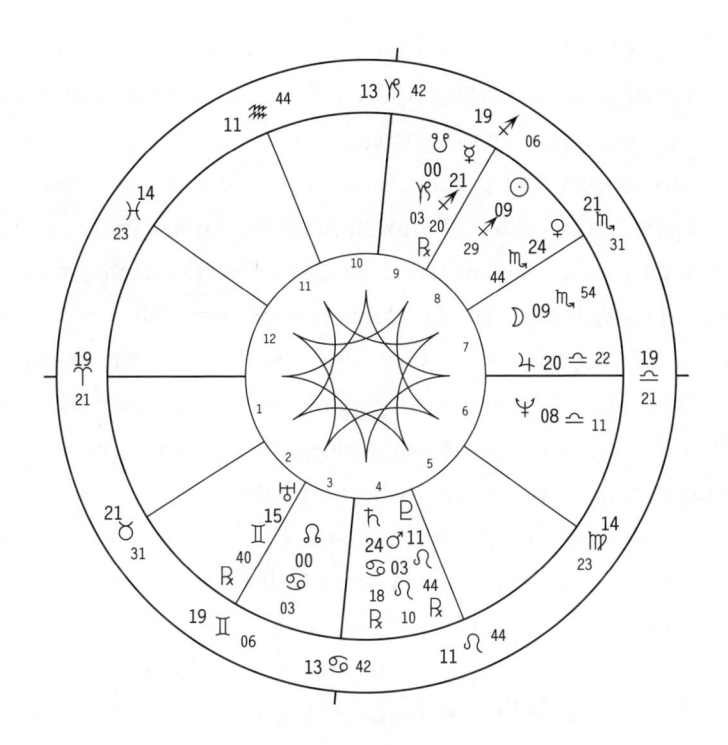

Bette Midler
1º de dezembro de 1945
14:19 HST
Honolulu, Havaí, EUA
21N19 157O52

pode ter pernas tortas e quadris muito estreitos. A estrutura do rosto é bastante proeminente. A pele é muito esticada, e você é bem fotogênico. Pode ter o cabelo um pouco ralo e cacheado, e os olhos um pouco pequenos e juntos; os lábios são finos, o queixo é destacado, porém pequeno; muitas vezes, parece que as feições estão todas juntas no meio do rosto. A testa é alta e quadrada, as bochechas são grandes, e você tem tendência ao estrabismo ou a franzir a testa.

O segundo tipo tem ossos e corpo grandes. A parte de baixo das mandíbulas é mais avançada que a de cima, ficando um pouco projetada para a frente, e a área do rosto abaixo dos olhos é bem larga, à semelhança do signo oposto, Câncer. As maçãs do rosto são muito salientes, e pode haver prognatismo.

Os dois tipos têm postura ereta e tendência a um andar pomposo. Capricórnio pode ser um signo de grande beleza, principalmente por causa da excelente ossatura. Marlene Dietrich, Ava Gardner e Faye Dunaway têm o Sol em Capricórnio; Jayne Mansfield e Goldie Hawn têm o Ascendente em Capricórnio. As cinco ficaram famosas tanto pela aparência como pela capacidade de representar. A rainha Elizabeth II (veja o mapa na página seguinte) é outro bom exemplo; na verdade, ela é mais ou menos uma mistura dos dois tipos.

Aquário: Aquário, o último dos signos fixos, tem muito em comum com os outros signos da qualidade fixa. Esse signo, de ossos grandes e estrutura quadrada, é considerado o mais alto dos signos fixos, a menos, é claro, que outros fatores do horóscopo indiquem estatura baixa. De todos os signos, este é o mais fácil de identificar, por causa dos traços quadrados muito evidentes. Os aquarianos parecem quadrados de frente e de lado, e até a cabeça tem esse formato. Dick Tracy, o personagem de histórias em quadrinhos, sem dúvida é aquariano.

Suas feições são angulosas, e a parte de trás da cabeça e o traseiro são achatados. Os maxilares lembram uma enxada; os lábios são finos e comprimidos, mas o sorriso é luminoso. Como Gêmeos e Libra, os outros signos de Ar, Aquário tem dentes um pouco salientes. Os olhos são relativamente grandes, e o olhar é direto. A maioria dos signos de Ar tem olhos claros, mas os de Aquário, mais que os outros, parecem refletir o céu. O espaço entre os olhos forma um grande triângulo; em geral, as pálpebras superiores são grandes, e o canto dos olhos é puxado.

As mãos são quadradas, com dedos longos e unhas espatuladas que você, muitas vezes, rói. O inerente nervosismo gera tendência a

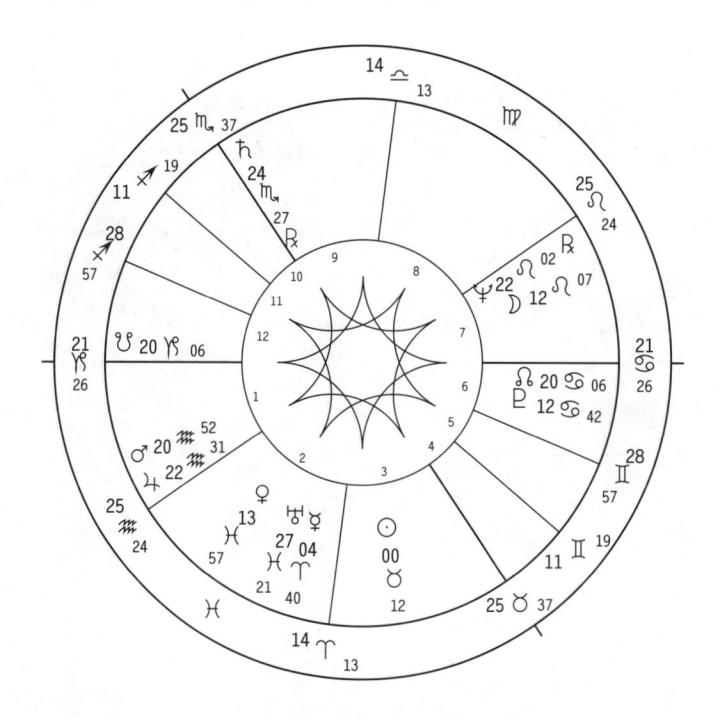

Rainha Elizabeth II
21 de abril de 1926
2:40 BDT
Londres, Inglaterra
51N31 0006

pequenas manias, como morder as cutículas e enrolar o cabelo. Os tornozelos são finos, às vezes fracos; a barriga da perna é alta; o andar, elástico; a voz é alta, e a cabeça, grande. As mulheres aquarianas usam penteados incomuns, sem seguir a moda; talvez tranças ou um corte francês.

Os aquarianos podem ser muito atraentes, e há inúmeros astros do cinema com o Sol ou o Ascendente nesse signo, incluindo algumas beldades famosas como Merle Oberon e Farrah Fawcett. Porém, os nativos de Leão e Aquário, mais que os dos outros signos, muitas vezes são feios.

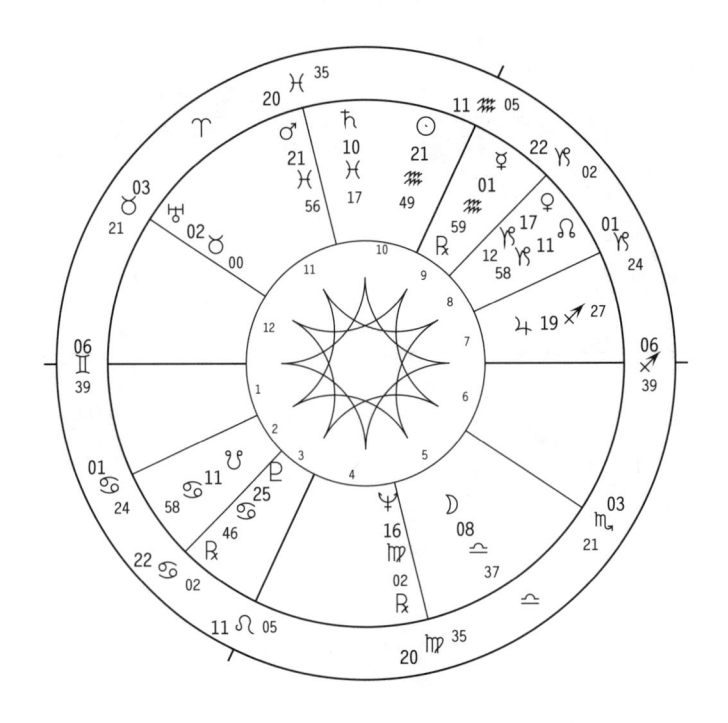

Burt Reynolds
11 de fevereiro de 1936
12:10 EST
Lansing, Michigan, EUA
42N44 84O33

Como exemplo de um Aquário típico (e bem-apessoado), escolhemos Burt Reynolds. Ele tem o Ascendente em Gêmeos, mas o Sol e o regente do Ascendente, Mercúrio, estão em Aquário. Reynolds tem os maxilares quadrados, o sorriso luminoso e os olhos claros. Com Gêmeos no Ascendente e o Sol e o regente do mapa elevados, sua altura é acima da média.

Peixes: É um dos signos pequenos e roliços. Você não é realmente gordo, mas arredondado; nunca é magricela ou ossudo. Sua carne é macia e um pouco sem forma; os quadris são largos, as mãos e os pés são pequenos, mas largos e arredondados, com pulsos e tornozelos estreitos. A tez é pálida, e o rosto, carnudo. Peixes no Ascendente inclina às rugas prematuras.

Os olhos são salientes e têm pálpebras sonolentas. Você parece nunca estar muito atento, mas raramente perde o que se passa à sua volta. Alguns têm olhos grandes, transparentes, bonitos, como Elizabeth Taylor, que tem o Sol em Peixes. Também são bem delineados, com cílios longos e sobrancelhas arqueadas. O canto dos olhos e da boca, de lábios grossos, pode terminar numa curva para baixo.

O nariz é pequeno, curto e achatado; muitas vezes parece que não tem osso nasal. O queixo é redondo e pode ser duplo ou triplo, mesmo que você não seja gordo.

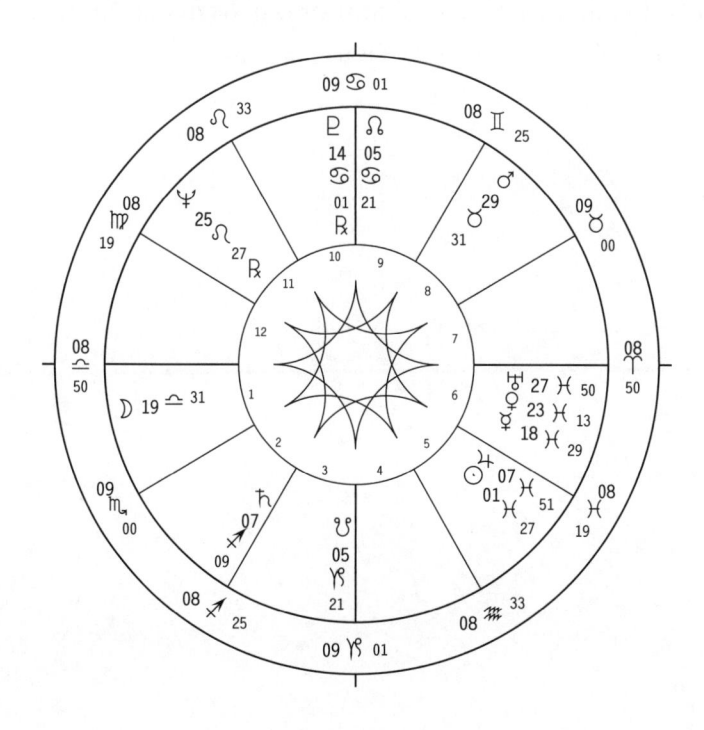

Sidney Poitier
20 de fevereiro de 1927
21:00 EST
Miami, Flórida, EUA
25N47 80O11

Você tem as pernas mais curtas do zodíaco e andar lento, sonhador, sem pressa. Os ombros são arredondados, desde que não haja muita fixidez no horóscopo. O cabelo é basto e um pouco desalinhado; as orelhas são flácidas, e a voz é grave. Em geral, você adora dançar. Peixes parece ser plástico, como se fosse capaz de assumir qualquer forma.

Sidney Poitier é um bom representante da aparência pisciana mais ou menos típica, inclusive por causa da tez suave ou pálida, dos olhos bonitos e sonolentos, da boca cheia. Tem *stellium* em Peixes, composto pelo Sol e mais quatro planetas.

Esperamos que isso lhe dê uma ideia, ou pelo menos um ponto de partida. Lembre-se de que há muitos outros mapas neste livro para você treinar o delineamento da aparência. Boa sorte.

Módulo 19
A Busca por: Relacionamentos

Relacionamentos diretos ou conjugais

Acreditamos que estas sejam as perguntas que os astrólogos ouvem com mais frequência: "Com que tipo de pessoa devo me casar?". "Sou de Câncer. Será que Capricórnio combina comigo ou eu deveria procurar Escorpião ou Peixes?"

Infelizmente, como a esta altura você já descobriu, não existem respostas seguras e rápidas ou fáceis para perguntas desse tipo. Este não é o momento de fazermos um exame aprofundado da comparação e compatibilidade entre dois mapas, que será objeto de um futuro volume de *Curso Básico de Astrologia*. Entretanto, queremos lhe fornecer algumas diretrizes para lidar com esse tipo de perguntas.

A atitude em relação ao casamento e às associações e as características básicas procuradas no parceiro são descritas pela cúspide da casa 7, seu regente e os planetas localizados nessa casa, se houver. Para ampliar o estudo, recomendamos que você volte à primeira parte (Regências) deste livro e reveja o regente da casa 7 nas várias casas. Leia também no Volume II, Módulo 14, "Delineamento da Cúspide das Casas", a parte referente à casa 7.

No mapa de uma mulher, também é preciso observar o primeiro aspecto mais aproximado formado pelo Sol. O posicionamento do Sol e de Marte fornece mais informações sobre a imagem masculina que ela procura. No mapa de um homem, o primeiro aspecto mais aproximado formado pela Lua indica o que ele precisa numa parceira e ajuda a descrevê-la. A Lua e Vênus fornecem alguns dados adicionais sobre o tipo de mulher que ele procura, porém é preciso levar em consideração o mapa no todo.

O homem cujo mapa mostramos a seguir tem Áries na cúspide da casa 7 e, portanto, procura uma parceira forte e ativa. Contudo, Marte, regente de Áries, está em Libra, seu signo Ascendente; assim, ele quer uma mulher capaz de cooperar e que seja sociável e charmosa – qualidades de Libra. Marte, regente da casa 7, está na casa 12 em conjunção com Netuno – desse modo, ele precisa de uma pessoa um pouco camaleônica, que apresente imagens diferentes em público e na privacidade do lar. Como não há planetas na casa 7, a Lua e Vênus adquirem muita importância na definição de suas necessidades de parceria. A Lua em Áries confirma o que foi determinado pela cúspide. Vênus em Gêmeos indica o desejo de ter uma parceira capaz de se comunicar em nível filosófico (Vênus na casa 9). O primeiro aspecto sobreposto da Lua é com Marte, mostrando mais uma vez a preferência por uma pessoa mais afirmativa e menos dependente. Examinando o mapa atentamente, vemos que não há planetas em Terra. As duas esposas e todos os compromissos sérios que esse homem teve, além de satisfazerem às necessidades mencionadas acima, eram pessoas com forte ênfase em Terra. Ele preenche uma carência inata através das parceiras.

Precisamos definir a palavra casamento em termos da sociedade contemporânea. Quando falamos em compromisso da casa 7, queremos nos referir a um relacionamento duradouro, considerado um casamento, independentemente da existência de uma certidão. Em outras palavras, estamos nos referindo a duas pessoas que vivem

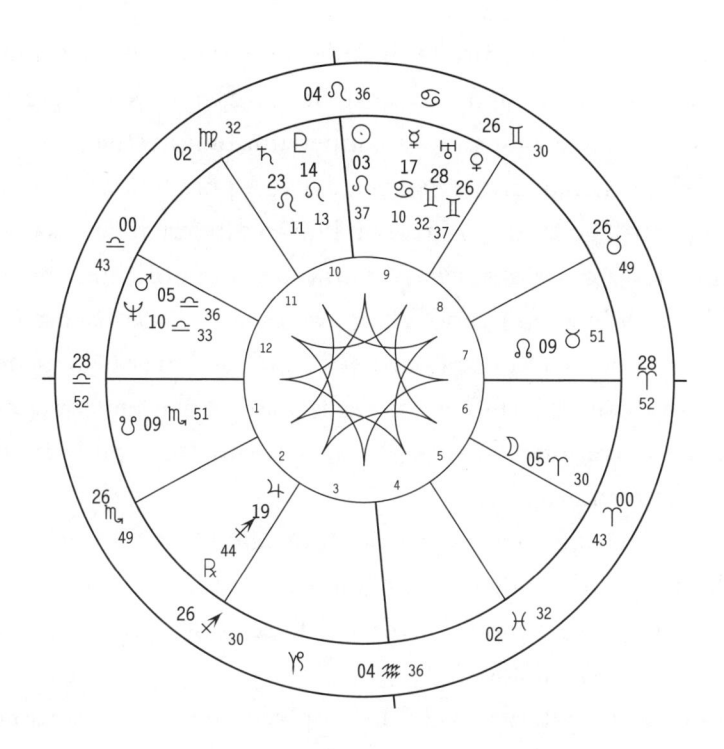

Mapa nº 6
26 de julho de 1948
12:01 CST
Chicago, Illinois
41N52 87O39

juntas, partilham um lar e seus recursos (inclusive a conta bancária) e se sentem totalmente comprometidas entre si.

Para descrever um eventual segundo cônjuge, examine a casa 9; para o terceiro, a casa 11, e assim por diante, através da roda, pulando sempre uma casa. Lembre-se de que as necessidades e a atitude básica em relação ao casamento ou às associações são mostradas pela casa 7. As outras só fornecem indicações adicionais a respeito dos parceiros sucessivos.

Para ver se existe probabilidade de mais de um casamento, é preciso considerar o signo da cúspide da casa 7, seu regente e os planetas nela localizados. Se qualquer um deles estiver num signo duplo (Gêmeos, Sagitário e Peixes), existe a possibilidade de mais de um casamento. Se Urano, Marte ou Plutão estiverem na casa 7, ou se o regente dessa casa estiver em quadratura ou oposição com o Sol, a Lua, Marte, Vênus ou Urano, é possível que a pessoa se case mais de uma vez. Entretanto, constatamos que é preciso haver pelo menos três dessas indicações. Mesmo assim, é necessário levar em conta o livre--arbítrio e o restante do mapa. Um Saturno forte pode modificar muitas dessas indicações.

As pessoas que têm Escorpião/Touro ou Câncer/Capricórnio no eixo do horizonte tendem a se manter em relacionamentos que não vão bem há muito tempo. Talvez sua fé religiosa proíba o divórcio; tudo precisa ser avaliado.

Saturno regente da casa 7 ou aí posicionado, de acordo com a Astrologia antiga, é uma indicação de que o nativo vai se casar com uma pessoa mais velha ou enviuvar. Não temos constatado a validade dessa afirmação. Achamos que isso indica que você procura segurança e lealdade no parceiro e, com a mesma frequência (considerando todos os outros fatores do mapa), pode se casar com alguém bem mais jovem. Urano na casa 7 também tem má fama. Alguns astrólogos logo supõem divórcio. Nós, não. Pode significar que a pessoa de sua escolha seja divorciada ou tenha antecedentes totalmente diferentes dos seus. Com muita frequência, indica casamento súbito ou apressado e significa, sempre, necessidade de independência – para você e o parceiro.

Vamos também desprezar a velha máxima segundo a qual, se você não tem planetas na casa 7, nunca vai se casar. É surpreendente ver quantas vezes as pessoas acreditam nessa incrível afirmação. Mickey Rooney, que se casou oito vezes, não tem nenhum planeta na casa 7; tem signo duplo (Gêmeos) na cúspide, e Mercúrio, o regente, em quadratura com Plutão. Sua Lua faz oposição com Netuno, e, portanto, ele encontra alguma dificuldade em enxergar exatamente o que procura numa parceira. (Seu mapa está no Volume II.)

Relacionamentos com os filhos ou filiais

A cúspide da casa 5, seu regente e os planetas aí localizados mostram a atitude em relação a todos os filhos, o desejo ou não de tê-los, e descreve especificamente o primogênito. O fato de ter filhos depende de inúmeros fatores, sendo necessário o exame cuidadoso do mapa total. Os antigos consideravam a cúspide ou o regente da casa 5 num signo de Água sinal de fecundidade – e isso ainda parece ser verdade, a não ser que o regente esteja fortemente desafiado ou haja outros fatores no mapa negando filhos. Por exemplo, a vontade de ter uma carreira ou de se expressar pode ser mais forte que a vontade de ter filhos. Os signos de Terra são semifecundos. Os de Fogo são considerados estéreis, e os de Ar, semiestéreis.

Nossa pesquisa mostra que isso nem sempre é verdadeiro. Também não podemos afirmar que os signos duplos envolvidos na casa 5 proporcionam nascimentos múltiplos. É claro que tudo isso se aplica mais ao mapa de mulheres. Pode ser que o mapa de um homem mostre muitos filhos, mas, sem dúvida, é preciso levar em conta a possibilidade de ele se casar com uma mulher que não queira ou não possa ter filhos.

Quando a casa 5 envolve Saturno, em geral a pessoa leva muito a sério a responsabilidade com a família. Essa característica é encontrada com frequência no mapa de pessoas que adotam filhos, ou mesmo que lecionam. É claro que precisa haver outros fatores nesse sentido, como Netuno regendo as casas 5 ou 11, a que se refere aos filhos dos outros, ou localizado nelas. Netuno é considerado o planeta da adoção; quando está na casa 5, ou a rege, recebendo aspectos desafiadores, é possível que o genitor permita que um filho seu seja adotado por outros. Apesar do que possa ser lido em alguns manuais, não acreditamos que Saturno na casa 5, ou regendo-a, negue filhos. Pode causar algumas dificuldades na criação ou na gestação, mas temos muitos clientes e alunos com Saturno na casa 5 com o lar cheio de filhos.

Quando a casa 5 envolve Marte e Urano, nem sempre os filhos se dão bem entre si. Júpiter, a Lua e o Sol na casa 5 parecem indicar família grande; algumas vezes, mostram o genitor que tem dificuldade em dar liberdade aos filhos.

Do mesmo modo que acontece com os parceiros conjugais, cada filho sucessivo é mostrado por casas alternadas; assim, a casa 7 mostra o segundo filho; a 9, o terceiro, e assim por diante. Aqui também a indicação é apenas uma ampliação da personalidade do filho e do relacionamento do nativo com ele. Não indica, necessariamente, que o signo solar do filho é o da cúspide daquela casa. O mapa na página a seguir mostra como uma mulher se relaciona com os filhos – ela teve dez.

Os filhos dessa mulher são regidos por Mercúrio em Áries na casa 12. A cúspide da casa 5 está em Virgem, e, portanto, sua atitude em relação a eles implica servir (Virgem) de maneira compassiva e emocional. Mercúrio está na casa 12 em conjunção com a Lua. Está em Áries, indicando que ela é bastante dominadora, porém amorosa; a oposição com Saturno mostra que os filhos poderiam lhe causar sofrimento.

O primeiro filho é um menino com o Sol em Escorpião e Peixes no Ascendente. (O regente da casa 5 está na 12.) Ele tem Marte e o Sol em conjunção (confirmando a atitude ariana dela, com Mercúrio, regente da casa 5, em Áries) e natureza muito forte, mas compassiva, e personalidade semelhante à da mãe. O segundo filho – representado pela casa 7, com Escorpião na cúspide, Marte em Capricórnio na casa 9 e Júpiter na casa 7 – é um menino com o Sol em Virgem, Sagitário no Ascendente e o Sol na casa 9 (onde está o regente da

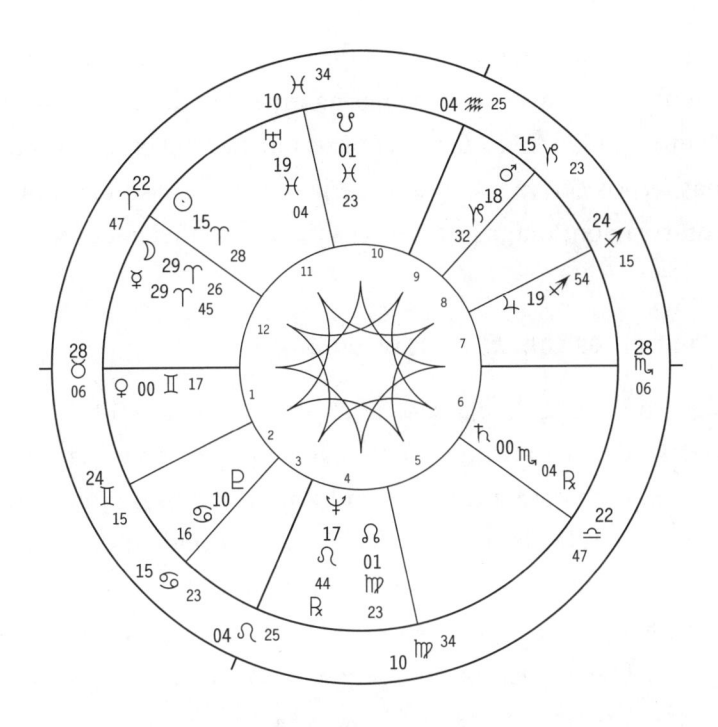

Mapa nº 7
5 de abril de 1924
8:05 EST
Detroit, Michigan, EUA
42N20 83O03

casa 7 da mãe). O marido é de Virgem, e o filho se parece muito com ele (a casa 7 é a do cônjuge). Esses dois filhos tornaram-se homens de negócios, bem-sucedidos o primeiro na área automobilística, e o segundo, na eletrônica.

O terceiro filho, descrito pela casa 9, era de Áries (o Marte da mãe está em Áries). Saturno rege a casa 9 e se opõe a Mercúrio, regente da casa 5. Esse menino morreu queimado com 6 anos. A quarta criança é uma menina. A casa 11 é regida por Netuno, e a menina é de Gêmeos, com Libra no Ascendente e Netuno (regente da casa 11 da mãe) em conjunção exata com o Ascendente. Ela está fazendo carreira na área de espetáculos e realizando muitos dos sonhos da mãe. A quinta filha é representada pela casa 1 e é uma menina de Touro, signo do Ascendente da mãe. Não vamos continuar descrevendo os outros filhos, mas temos certeza de que você já viu como isso funciona. Faça uma tentativa com mapas de pessoas de seu conhecimento.

Relacionamentos com os amigos ou afins

Os amigos que você deseja são mostrados pela casa 11. O signo da cúspide descreve sua atitude em relação a eles, e vice-versa. Os planetas localizados na casa 11, ou regendo-a, acrescentam mais informações sobre esse relacionamento. Saturno aqui pode indicar que você procura estabilidade e maturidade por meio dos amigos e, assim, se relaciona com pessoas mais velhas. Mercúrio, ao contrário, pode indicar que você se dá melhor com pessoas mais jovens que você. Marte aqui significa, muitas vezes, que você exerce liderança sobre os amigos ou nos círculos que frequenta. O Sol na casa 11 pode indicar grande séquito de amigos ou que a pessoa não tem necessidade de ninguém. Quando o regente da casa 11 está na 6, a pessoa conhece a maioria dos amigos através do trabalho.

Júpiter na casa 11 pode indicar muita sociabilidade e amplo círculo de amizades. Com Vênus nessa casa, você ama os amigos e desfruta de muita popularidade entre eles. Urano na mesma casa, ou regendo-a, pode atrair grande número de amigos diferentes ou incomuns; também é possível que você frequente vários grupos ou círculos sem ligação entre si.

Netuno envolvido na casa 11 pode indicar amigos ligados à arte ou glamorosos, mas também pode significar "cuidado com os falsos amigos". Os que têm a Lua aqui posicionada tendem a ser maternais com os amigos. Plutão intensifica os sentimentos em relação aos outros e pode provocar o desejo de dominá-los.

Relacionamentos com os irmãos ou outras relações consanguíneas

A casa 3 é a dos irmãos e das irmãs; existe uma teoria avançada segundo a qual ela representa o irmão mais velho logo após o nativo. Essa teoria prossegue dizendo que, a partir desse ponto de referência, os outros irmãos seriam representados, em ordem decrescente de idade, pelas casas 5, 7 etc.; e, em ordem, crescente pelas casas 1, 11 etc. Nem sempre temos constatado a correção dessa teoria, mas nossa pesquisa não é suficiente para levar a uma conclusão. Quem sabe você não quer testá-la?

A casa 3 revela, isso, sim, o relacionamento com os irmãos e a atitude em relação a eles. Alguns textos insistem na possibilidade astrológica de afirmar a existência ou não de irmãos. Achamos que nenhuma das teorias é compatível com os fatos e preferimos obter essa informação de nossos clientes. Marte na casa 3 com aspectos desafiadores pode negar a existência de irmãos; ou, se houver irmãos, pode indicar algumas brigas saudáveis com eles. Netuno ou Plutão podem indicar meios-irmãos ou irmãos adotivos. Plutão, muitas vezes, aprofunda os sentimentos em relação aos irmãos, chegando, vez ou outra, à obsessão.

Com Urano na casa 3, você pode se sentir a ovelha negra da família, principalmente se houver aspectos desfavoráveis. O Sol, a Lua, Mercúrio ou Vênus na casa 3 podem torná-lo o paladino da família, muito envolvido com os parentes. Saturno na casa 3, ou Capricórnio na cúspide, pode representar o filho que tem que tomar conta dos irmãos ou ser responsável por eles. Júpiter não significa necessariamente muitos irmãos; em geral, indica o desejo de ser bom com eles, repartir as coisas e demonstrar generosidade.

Relacionamentos com o pai e a mãe ou paternais e maternais

Astrologicamente, nossos pais são representados pelas casas 4 e 10, conceito que caminha lado a lado com a atual abordagem da psicologia quanto à influência dos pais no sistema de raízes do filho. A casa 4 representa o arquétipo feminino, ou o princípio maternal da nutrição, dos começos, das raízes; a casa 10 indica o princípio masculino ou do pai, de autoridade, das limitações, da realidade, e o ponto mais alto que você pode atingir. Nenhuma delas descreve, necessariamente, o pai ou a mãe verdadeiros; indicam a percepção que você tem de seu pai e de sua mãe. Se a seus olhos seu pai proporcionou alimentação e carinho e sua mãe impôs limites e disciplina, a casa 4 pode representar o pai, e a 10, a mãe. Talvez os dois tenham executado, alternadamente, as duas funções; nesse caso, você os vê como unidade, e os dois são encontrados nas duas casas. O mesmo princípio se aplica quando só o pai ou a mãe está por perto desempenhando os dois papéis.

Quando dizemos casas 4 e 10, estamos nos referindo ao signo da cúspide, ao posicionamento e aos aspectos do regente e aos planetas que ocupam as casas no mapa natal. Para mais informações sobre o pai, examinamos Saturno; sobre a mãe, a Lua. Esses dois planetas são os regentes naturais da casa 4 e da 10 e, portanto, representam o conceito prototípico que você tem dos pais e os modelos do papel que procura. Para maior compreensão da imagem parental que existe dentro de nós, examinamos o Sol em relação à percepção do pai, e Vênus, à da mãe. Em alguns casos, quando queremos ter certeza ainda mais profunda do relacionamento e das expectativas geradas, examinamos Marte em relação ao pai e Plutão em relação à mãe.

Para ilustrar, mostramos na página a seguir o mapa de uma jovem. Ela tem Áries na cúspide da casa 4; Marte, o regente, está em Áries na casa 3, em conjunção com Vênus, regente da casa 10. Os pais dela têm importância igual para ela, já que os regentes estão juntos na casa 3. Aos olhos dela, os dois são ativos, ambiciosos, impulsivos, combativos, competitivos e dinâmicos (os dois regentes e a cúspide da casa 4 em Áries). Ela reage com mais facilidade às limitações e à disciplina (Libra na casa 10) que à atmosfera constantemente agitada do lar. Aparentemente, os dois genitores representam o eixo das casas 4/10.

Embora ela idealizasse o pai (Sol em Peixes), que exerceu muita influência no estabelecimento de seus valores (Sol na casa 2), tinha inúmeras desavenças com ele. (Marte e Saturno participando de uma forte cruz T, ou grande cruz, se contarmos o Ascendente.) Ela também

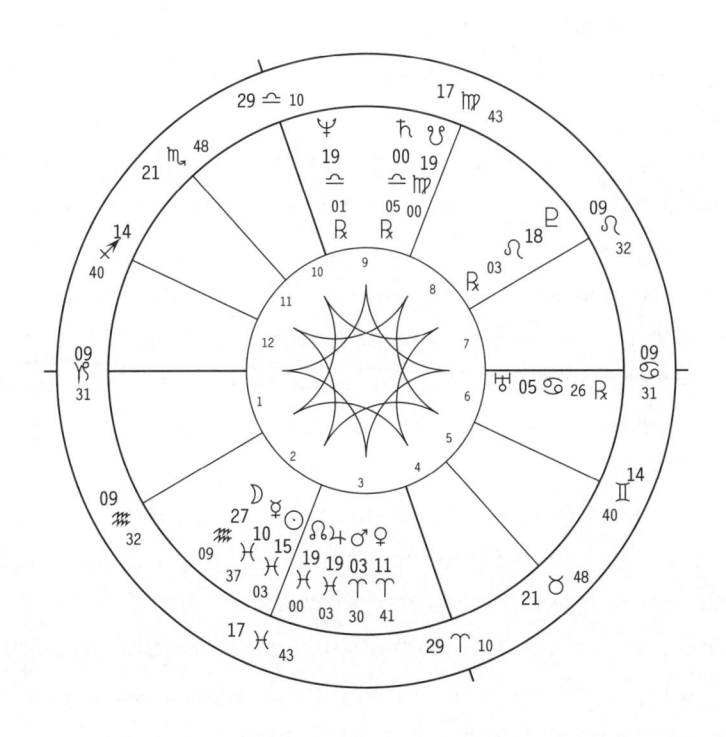

Mapa nº 8
6 de março de 1951
2:48 PST
Los Angeles, Califórnia, EUA
34N03 118O15

precisou aprender a enxergá-lo realisticamente, o que exigiu muitos ajustes (Sol em quincunce com seu regente Netuno e com Plutão, formando um *yod*).

A mãe também teve grande influência na consolidação de seus recursos internos, pois a Lua ocupa a casa 2. Com a Lua em Aquário, ela considerava a mãe um pouco excêntrica, mas gostava da liberdade e do estímulo mental que ela lhe proporcionava (Lua em trígono com seu regente Urano). Achava que nem sempre o pai e a mãe se davam bem (Lua em quincunce com Saturno).

Para explicar um pouco mais o relacionamento parental, mas também para mostrar que a forma como você percebe seus pais não passa disso – a sua percepção – mostramos, na página a seguir, o mapa de um rapaz, irmão da moça do horóscopo anterior. Veja como os dois veem os pais de modo diferente.

No mapa dele, Plutão, regente da casa 4, está em Leão na casa 1, perto do Ascendente; Vênus, regente da casa 10, está em Libra na casa 2. Esse rapaz tem algumas reações complexas. Embora veja a mãe como uma pessoa protetora e carinhosa (Lua em Câncer), ela não lhe inspira essa mesma sensação através da casa 4. Seu regente, Plutão, está em Leão, que requer dramaticidade e precisa dominar; o corregente, Marte, está em Virgem, que exige perfeição e gosta de criticar. O Sol e Saturno, que representam o princípio do pai, estão em Escorpião, o signo da cúspide da casa 4; assim, o pai e a mãe estão incorporados na casa 4 e desempenham papel importante nos primeiros estágios do desenvolvimento do rapaz.

Saturno em conjunção com o Sol geralmente implica sentimento de inadequação em relação ao pai, o medo de não ser capaz de corresponder ao que acredita serem suas expectativas. A casa 10 está vazia. Seu regente, Vênus, sem aspectos maiores, está dignificado em Libra e acidentalmente dignificado por ocupar a casa 2 – fatores esses fortalecedores. Quando o jovem amadurecer e determinar algumas de suas prioridades, provavelmente não terá grandes problemas em aceitar disciplina, perceber suas limitações e trabalhar com empenho para satisfazer ao ego – um imperativo para quem tem o Ascendente em Leão e o Sol em conjunção com Saturno.

Ambos os pais participaram do estabelecimento de seu sistema de valores (Vênus e Marte na casa 2) e serviram de modelo para sua personalidade (Plutão/mãe em conjunção com o Ascendente; sol/Pai regente do Ascendente). Embora o rapaz se sinta próximo da mãe e a considere amiga (Lua na casa 11), também a vê como uma pessoa um pouco excêntrica (Lua em conjunção com Urano).

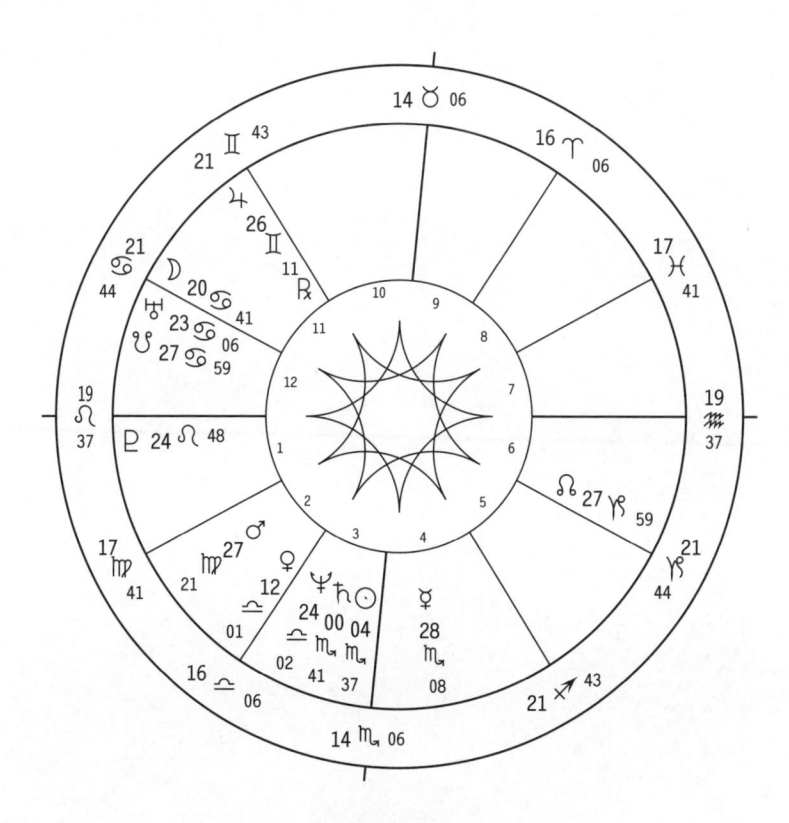

Mapa nº 9
28 de outubro de 1953
00:14 PST
Los Angeles, Califórnia, EUA
34N03 118O15

Módulo 20
A Busca por: Tendências Vocacionais

Depois de "Com quem devo me casar?", a pergunta mais frequente é: "Qual é minha vocação?", ou "Quero ser ator, mas também quero ser rico; o que devo fazer?", ou "Existe saída para mim? Adoro escrever, mas detesto ficar sentado por muito tempo". Será que a Astrologia pode, realmente, responder a essas perguntas? Sim e não. De fato, vemos os talentos e as tendências vocacionais que podem ajudar a pessoa a encontrar seu rumo, e neste módulo vamos explicar algumas das maneiras de descobri-los. Mas não podemos decidir por você se é melhor ser um ator pobre ou um industrial rico, nem predizer se você será um ator rico. Tudo que podemos determinar é a existência do talento para ser ator, a capacidade de ganhar dinheiro, a vontade de vencer. Também não sabemos aonde o livre-arbítrio poderá conduzi-lo num dado momento, nem quais poderão ser as prioridades daquele momento. A resposta à terceira pergunta é sim, podemos ver o talento literário, assim como a agitação e a dispersão de energias, mas não sabemos se, e quando, a pessoa vai querer realmente mobilizar suas forças.

Há três áreas específicas no mapa a serem consideradas quando discutimos a possível vocação. A casa 10 é o patamar mais alto que você pode alcançar; tem a ver com a carreira, os negócios e o reconhecimento. A casa 6 delineia o tipo de trabalho e a forma de execução. A casa 2, além de mostrar quanto você pode ganhar, também descreve a satisfação que obtém por intermédio de seus esforços.

O elemento nas cúspides dessas casas indica, muitas vezes, o campo geral de atividade. Signos de Fogo significam um trabalho que permita ação, entusiasmo e liderança. Os signos de Terra precisam de uma área estável e produtiva, que possibilite a obtenção de objetivos práticos. Os signos de Ar preferem carreiras em que seja possível a comunicação de ideias e o uso dos recursos intelectuais. Os signos de Água gostam das áreas onde seja possível empregar produtivamente os sentimentos de proteção e cuidado.

Se há interceptações no mapa, pode ser necessário combinar essas indicações gerais. Por exemplo, com um signo de Fogo no Meio do Céu e signos de Água na cúspide das casas 2 e 6, você precisa de uma profissão onde possa usar sua capacidade de proteção (Água) num cargo de liderança (Fogo). Com um signo de Terra na casa 2 e signos de Ar na 6 e na 10, você precisa comunicar suas ideias (Ar) de maneira prática (Terra).

Como dissemos nas outras explicações sobre delineamentos específicos, é preciso levar em consideração os regentes das casas-chave (casas 2, 6 e 10) e os planetas aí localizados, além de Vênus, regente natural da casa 2, Mercúrio, regente natural da casa 6, e Saturno, regente natural da casa 10.

É preciso não perder de vista o mapa como um todo. Um *stellium* num signo ou numa casa precisa ser cuidadosamente analisado e integrado ao todo. Outro fator importante é a oportunidade. Não seria apropriado sugerir a alguém que se torne cirurgião quando o mapa, ou as circunstâncias da vida, não indicam a disponibilidade financeira indispensável para garantir os anos de estudo necessários para chegar a esse fim. Os mesmos indicadores que mostram capacitação para a cirurgia também mostram o potencial para se tornar um bom açougueiro.

Advogados, vendedores e políticos têm mapas semelhantes. Todos são capazes de defender um ponto de vista e precisam ter charme e capacidade de persuasão.

Outro fator importante a considerar, além das casas vocacionais, são os aspectos mais exatos do mapa, principalmente as quadraturas, e qualquer planeta em aspecto com a casa 10. Muitas vezes, as pessoas não vão além da casa 6 na busca por trabalho; são pessoas que se satisfazem em ter um emprego que lhes garanta algum grau de sucesso financeiro e a oportunidade de servir (casa 6).

Relacionamos a seguir os planetas, os signos e as casas importantes para os vários tipos de carreira. Lembre-se de que essas são indicações muito gerais. Fornecemos alguns mapas específicos que comprovam essas indicações.

Carreira artística: Posicionamentos fortes de Vênus, Netuno e Mercúrio (elevados, angulares, muitos aspectos). Gêmeos, Libra e Aquário proeminentes (Sol, Ascendente, casas vocacionais). Não é preciso haver ênfase em nenhuma casa em particular, mas ajuda ter a casa 5, da criatividade, bem aspectada.

Carreira nos esportes: Marte, Sol, Júpiter, Netuno ou Mercúrio ativos. Sagitário, Virgem e Áries proeminentes. Casas 1, 5 e 6 ativadas.

Gerência empresarial: (Aqui incluímos ações, títulos e tudo que faz parte das funções gerenciais.) Saturno, Sol ou Lua proeminentes. Em geral, os signos envolvidos são Áries, Leão, Câncer, Capricórnio e Sagitário. A casas 1, 5 e 10 devem estar bem fortalecidas. Em geral, um executivo de alto nível precisa de três marcas astrológicas: Mercúrio em aspecto com Urano, de preferência um aspecto desafiador; Ascendente, Sol ou Lua em Áries, Leão ou Escorpião (dois desses três); Júpiter em aspecto com Saturno ou com a casa 10.

Comunicações e publicidade: Lua, Mercúrio, Júpiter ou Vênus em boa posição astrológica. Gêmeos, Sagitário, Libra e Aquário realçados, e casas 3, 9, 7 e 1 ativadas.

Agronegócio: (Esta categoria inclui todas as carreiras ligadas à terra, como geologia, mineração, arqueologia e antropologia.) Saturno, Plutão e a Lua geralmente estão proeminentes, bem como Câncer, Capricórnio, Áries e Virgem. As casas envolvidas são a 4, a 9 e a 10.

Área financeira: (Aqui incluímos transações bancárias, contabilidade e todas as formas de manuseio de dinheiro.) Vênus, Mercúrio, Plutão e Júpiter, em geral, estão em destaque. Os signos ativados são Touro, Escorpião e Câncer, assim como a casa 2 e, principalmente, a 8. A contabilidade também requer um pouco de influência de Gêmeos ou da casa 3.

Ramo da alimentação: (Restaurantes e mercados.) Na maioria dos casos, os planetas importantes são a Lua, Mercúrio e Urano. Os signos são Câncer, Aquário, Libra e Virgem. As casas são a 6, a 11 e a 2.

Carreiras policiais: Marte, Sol, Plutão e Saturno angulares, regentes do Sol ou do Ascendente, ou recebendo muitos aspectos. Áries, Libra, Sagitário e Capricórnio bem representados, assim como a casa 6, a 7, a 10 e a 12.

Carreiras jurídicas: Mercúrio, Saturno, Sol, Júpiter e Vênus destacados. Gêmeos, Leão, Libra e Sagitário proeminentes, e a casa 7 ou a 9 fortes. Políticos e vendedores em geral têm marca parecida, mas os políticos precisam de uma casa 8 forte, e Aquário, casa 11 em destaque. Os vendedores precisam de Peixes ou Netuno e a casa 3 ou a 10 fortes.

Área médica: Marte, Júpiter, Mercúrio, a Lua e Saturno têm papel importante nesse caso. Em geral, os signos importantes são Virgem, Peixes, Escorpião, Sagitário e Capricórnio. As casas 6, 8 e 12 têm destaque. É claro que, se a pessoa quiser ingressar na área administrativa, precisa ter uma casa 10 forte. O lado mais técnico da medicina, como raios X ou computadores, requer Urano bem posicionado nas casas vocacionais.

Música: Netuno, Saturno, o Sol, a Lua e Vênus aparecem com destaque, assim como Câncer, Leão, Peixes e Virgem, e as casas 5, 12 e 10.

Intérpretes: A Lua, Netuno e Vênus, Leão, Peixes e Aquário. Casas 5, 12, 7 e 10.

Religião e teologia: Os planetas envolvidos com mais frequência são Saturno, Júpiter e Mercúrio. Os signos são Sagitário, Libra, Escorpião e Capricórnio. Em geral, as casas ocupadas são a 9, a 10 e a 3.

Cientistas e técnicos: Plutão, Urano, Marte e Mercúrio proeminentes, e Escorpião, Peixes, Capricórnio, Gêmeos e Áries destacados. As casas envolvidas são a 8, a 6 e a 12.

Serviço social: Em geral, a Lua, Júpiter, Mercúrio e o Sol são angulares, estão elevados ou muito aspectados. Aquário, Câncer, Peixes e Virgem são os signos envolvidos com mais frequência. As casas importantes são a 11, a 6 e a 12.

Transportes: Aqui, geralmente encontramos Júpiter, Mercúrio, Urano e a Lua destacados, assim como Sagitário, Gêmeos e Aquário. As casas são a 3 e a 9.

Executivos: Mercúrio, a Lua e Saturno. Virgem, Capricórnio, Câncer e Gêmeos. As casas 3, 6 e 10.

Aqui vão mais algumas ideias sobre o assunto:

Analise sempre o que engloba a profissão ou o trabalho.

Para as artes, é preciso ter talento e, na maioria dos casos, capacidade para trabalhar sozinho. Fortes características de Touro indicam o desejo de contato manual – portanto, é possível que a pessoa prefira cerâmica ou escultura a pintura. Argila e mármore dão sensação divina, mas a tinta molhada, não. Um maestro precisa ter talento musical aliado à capacidade de liderança (Áries forte ou planetas angulares).

Além de ação (e, portanto, de Marte forte), alguns atletas precisam ter noção de tempo e disciplina; assim, é necessário a presença de um Saturno proeminente no mapa.

Ser organizado é uma qualidade útil para as pessoas que ocupam cargos executivos ou de gerência. Isso significa Terra, Saturno ou Mercúrio envolvidos nas casas vocacionais. Também é preciso saber se relacionar com os subalternos, e, para tanto, é necessário ter Mercúrio, Vênus ou a Lua fortes.

Na Astrologia vocacional, considera-se que a casa 8 indica sempre o dinheiro dos outros ou o apoio recebido de terceiros. Corretores de ações, banqueiros ou consultores financeiros precisam de uma casa 8 proeminente. Mas os políticos também precisam do apoio dos outros, indicado por essa casa; no caso deles, entretanto, o apoio pode significar votos, não dinheiro. Nos mapas dos políticos, é muito comum encontrar o regente da casa 8 na casa 12 – isso indica que o apoio que recebem pode vir, em parte, dos bastidores ou de patrocinadores desconhecidos.

As carreiras jurídicas precisam ser bem analisadas. Existem vários tipos de leis, e é evidente que o advogado de uma empresa tem necessidades diferentes das de um advogado criminalista, que precisa se postar diante de um júri e discursar apaixonadamente (Leão forte). Aparentemente, também precisa de uma casa 7 combativa e fortemente ligada à 4 e à 12. Os juízes precisam de menos Fogo e mais Terra e, em geral, têm Júpiter importante no mapa.

O ator verdadeiro precisa menos de Leão, mas de muito Netuno, para se transformar no que quer que seu papel exija, assim como para lhe dar certo carisma e mistério, que prenda a atenção do público. Em vez de ocupar a linha de frente, como o advogado criminalista, muitos atores são bastante tímidos e reservados e gostam de esconder a verdadeira personalidade por trás de um papel; é por isso que em tantos casos a casa 12 é importante no mapa de intérpretes.

A religião tem forte ênfase de Sagitário/casa 9. As mais elevadas vibrações de espiritualidade têm matizes de Netuno/Peixes, e os verdadeiros santos e videntes têm forte ênfase no elemento Terra, pois parecem ter alcançado o estágio em que podem ver a realidade (Terra) no aspecto mais evoluído. Netuno/Peixes é proeminente nas artes, proporcionando talento e imaginação; em alguns esportes em que é preciso ter agilidade nos pés; na psicologia e em áreas correlatas, por causa da intuição; e na religião, proporcionando iluminação ou espiritualidade.

À parte quaisquer considerações de ordem monetária, a diferença entre o alfaiate ou a costureira e o estilista de alta-costura, entre o afinador de pianos e o compositor, entre o auxiliar de faturamento e o matemático muitas vezes é encontrada na casa 9, da visão e dos ideais. O campo de visão pode determinar a diferença entre uma ocupação trivial ou mais especializada.

O que acabamos de expor não é absolutamente completo, mas fornece um ponto de partida. Esse assunto dá material para um livro inteiro, e vários livros foram escritos a respeito. Uma ferramenta de inestimável valor para a pesquisa sobre carreiras é *The Rulership Book*, de Rex Bills. Trata-se de uma enciclopédia de termos astrológicos, com capítulos sobre os signos, as casas e os planetas, além de uma listagem em ordem alfabética em que é possível procurar qualquer palavra e encontrar a contraparte astrológica.

Vamos delinear a área da carreira do mapa da página a seguir.

Este homem tem Câncer na cúspide da casa 10, e a Lua, seu regente, está na casa 3, em Capricórnio. Plutão rege sua casa 2 e está localizado na 10. Marte, corregente de Escorpião, está na cúspide da casa 2. Netuno rege sua casa 6 e está na 11. Agora, o que significa tudo isso em termos de carreira? Com Câncer na casa 10 e a Lua na 3, podemos pensar em vendas (casa 3) de algum produto doméstico (Câncer) ao público. Sem dúvida, ele precisa se comunicar de alguma forma, com a Lua na casa 3. Isso é confirmado pela colocação de Mercúrio em Gêmeos, signo natural da casa 3. Vênus, regente do seu Ascendente, está na casa 7 em trígono com a Lua, outra indicação da necessidade de trabalhar com outras pessoas, não sozinho.

Netuno, regente da casa 6, está em Virgem, signo natural dessa casa. Mais uma vez, vemos a necessidade desse homem de servir aos outros, provavelmente em algum emprego em uma grande empresa (casa 11). Plutão na casa 10 e Saturno, seu regente natural, em Áries, indicam que, em qualquer tipo de emprego que tivesse, ele ia querer dar as ordens, não apenas cumpri-las. Saturno na casa 6 indica, em geral, pessoas fanáticas pelo trabalho. O Sol ocupa a casa 9, posicionamento que pode mostrar alguém que deseja ter educação universitária. Ele não fez nenhuma faculdade. Júpiter, regente de sua casa 3, está em oposição a Plutão, regente da casa 2; e Mercúrio, regente da casa 9, está em quadratura com Netuno e em quincunce com Marte na casa 2. O homem era o filho do meio de uma família de cinco irmãos. Os pais não tinham dinheiro para mandá-lo para a universidade; foi preciso fazer o ajuste exigido pelo quincunce.

Ele trabalhou desde os 16 anos como empacotador numa cadeia de supermercados de sua cidade. Depois de servir dois anos ao exército (Saturno em Áries na casa 6, do serviço), voltou ao emprego e foi subindo até o cargo de gerente da loja. Tinha maneiras decididamente

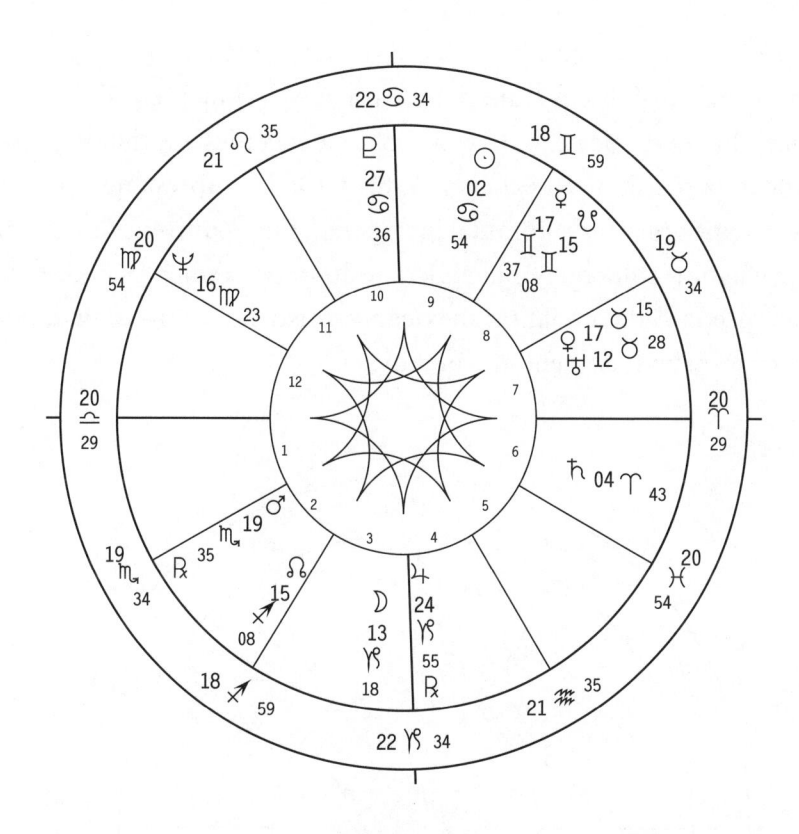

Mapa nº 10
24 de junho de 1937
13:20 PST
Los Angeles, Califórnia, EUA
34N03   118O15

amistosas e charmosas (Ascendente em Libra) e acabou recebendo a oferta de um emprego em vendas por parte de um dos fornecedores do mercado.

Nos quinze anos seguintes, foi subindo até chegar ao cargo de gerente geral de vendas de uma grande empresa de alimentos. Agora viaja muito (Sol na casa 9), lida com pessoas de nível executivo e gerencial e é considerado muito bem-sucedido financeiramente (regente da casa 2 na 10 em conjunção com o Meio do Céu). É um exemplo perfeito de um Sol em Câncer na casa 9 e de um Meio do Céu em Câncer. Em certa ocasião, ia viajar para a costa leste a fim de participar de uma reunião de negócios. A diretoria da empresa que ia visitar nunca experimentara comida mexicana. Ele é um excelente cozinheiro; assim, colocou numa maleta todos os ingredientes necessários para o preparo de um jantar mexicano sofisticado e, ao chegar, criou uma obra-prima, comentada até hoje.

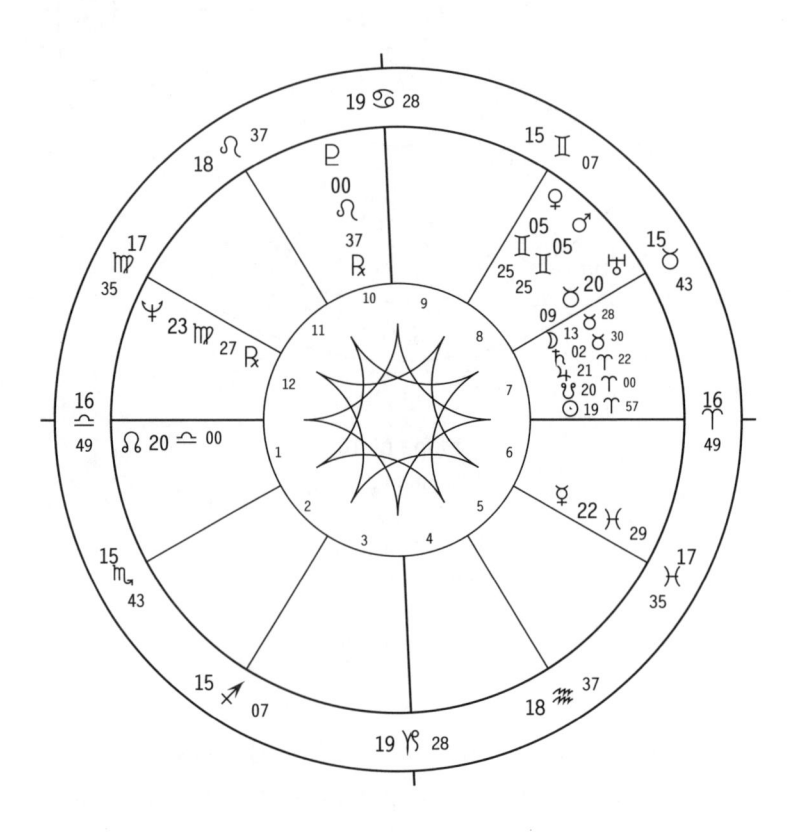

Mapa nº 11
9 de abril de 1940
18:19m EST
York, Pensilvânia, EUA
39N58 76O44

Os mapas 11 e 12, a seguir, são de duas enfermeiras. O mapa nº 11 é de uma enfermeira que cuida de pacientes terminais e tem um trabalho de muita responsabilidade. Vênus, regente do seu Ascendente, está na casa 8, da morte, em conjunção com Marte, corregente da casa 2, da renda. Netuno, regente da casa 6, do trabalho, está na casa 12 (hospitais). O protetor signo de Câncer ocupa o Meio do Céu, e a Lua está em Touro, outro signo protetor, na casa 7, dos outros. Tendo Plutão na casa 10, já se sabe que ela gosta de se encarregar das coisas. Com Júpiter em conjunção com o Sol e tanta ênfase na casa 7 do mapa, sua primeira intenção foi ser advogada; cursou dois anos de Direito e mudou para Enfermagem. Dissemos que a casa 6 e a 12 desempenham papel importante no mapa de pessoas envolvidas com a área médica. Ela tem Mercúrio, regente da casa 12, na casa 6, em Peixes, signo natural da casa 12; Mercúrio e Netuno (na casa 12) estão em oposição mútua, fornecendo muita energia para a área de serviços. Também estão em recepção mútua e em dignidade acidental por casa, sugerindo que ela se sente à vontade no trabalho de enfermagem e de cuidado com os outros.

O mapa nº 12 também mostra sinais nítidos de tendência à enfermagem. Mercúrio, regente da casa 10, está em Virgem, signo de serviço, na casa 12, associada aos hospitais. Netuno, regente planetário natural da casa 12, está na casa 1. O Sol e Marte (planeta da energia) estão na casa 12, em Leão, dando muita ênfase a essa casa. A mulher trabalha como enfermeira em cirurgias do coração. No mapa, isso é mostrado por Vênus, regente da casa 2, em conjunção com Plutão, regente natural da casa 8, da cirurgia. Ela exerce cargo de chefia e, de vez em quando, dá aulas de enfermagem, conforme mostra Urano, regente da casa 6, do trabalho, em conjunção com Saturno em Gêmeos na casa 9.

A análise desses dois mapas em termos de personalidade, caráter e acontecimentos não revela muitas semelhanças; eles se parecem, entretanto, quando são considerados do ponto de vista da vocação.

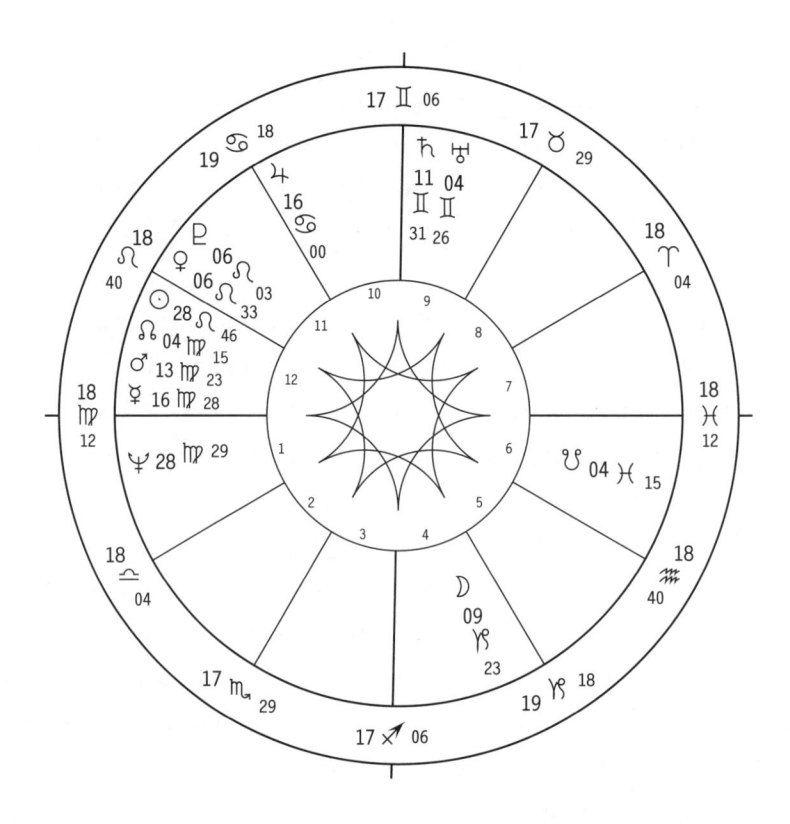

Mapa nº 12
22 de agosto de 1942
8:15 EDT
Wilmington, Carolina do Norte, EUA
34N14 77O55

A propósito, a diferença entre uma enfermeira cirúrgica e um cirurgião não é tanto uma questão de talento inato quanto de capacidade mental e financeira, assim como de dedicação e oportunidade – características, todas essas, reveladas por outras áreas do horóscopo.

Dissemos anteriormente que os mapas de carreiras policiais precisam ter Marte, o Sol, Saturno e Plutão proeminentes, além de Áries, Libra, Sagitário e Capricórnio envolvidos, assim como as casas 6, 7, 10 e 12.

A seguir, está o mapa de um funcionário de uma delegacia que trabalha na prevenção de crimes.

Com Escorpião na casa 10 e o regente Plutão em Leão na casa 7, numa conjunção ampla (porém aproximada) com Saturno, ele quer controlar e dirigir de forma disciplinada (Saturno em conjunção com Plutão). Como o regente da casa 10 está na casa 7, é possível que prefira trabalhar com alguém; mas, como o signo é Leão, ele precisa ocupar um cargo de liderança e autoridade. O corregente Marte está

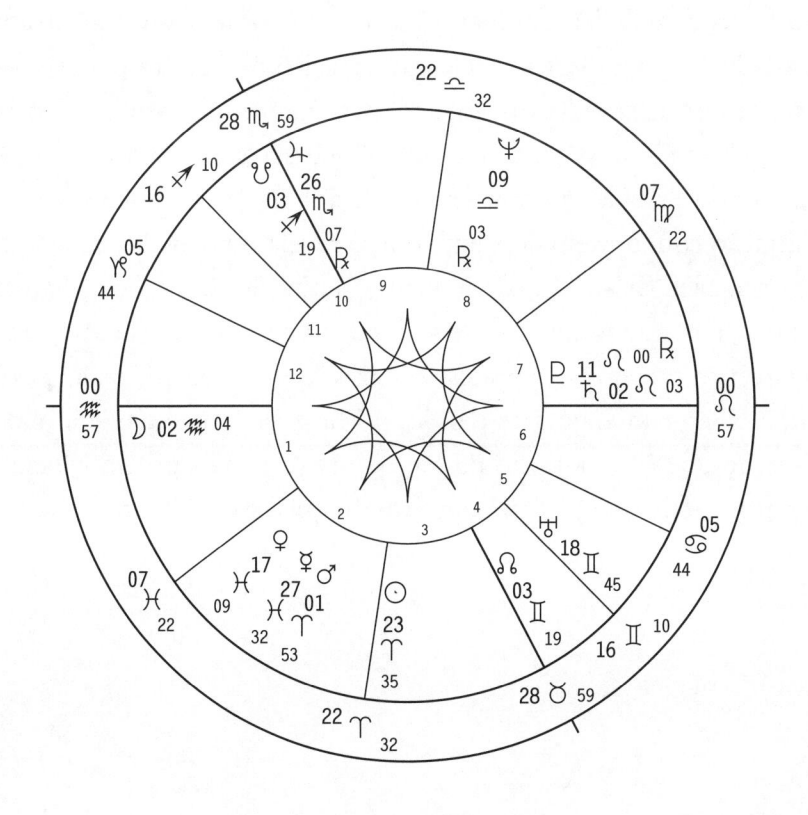

Mapa nº 13
14 de abril de 1947
3:00 CST
Harvey, Dakota do Norte, EUA
47N47 99056

em Áries na casa 2, e o Sol também está em Áries, reforçando a postura militar tão comum entre os policiais. A casa 6, do trabalho, tem Câncer na cúspide, e a Lua em Aquário está na casa 1, mostrando a necessidade do homem de ter um envolvimento pessoal com o público. A Lua está em sextil com Marte (corregente da casa 10), em oposição a Saturno e em oposição ampla a Plutão (regente da casa 10), unindo as casas 6 e 10.

A casa 2, da renda e dos recursos, mostra inclinação natural pela lei (o regente Netuno está em Libra); porém, como o regente está na casa 8, trata-se de lei criminal, não civil. O Sol na casa 3 mostra necessidade de comunicação – ele e o parceiro ministram palestras em escolas e outras grandes organizações ensinando às pessoas como ajudar a polícia na prevenção do crime. Plutão, regente do Meio do Céu, está na casa 7, da lei; Júpiter está na casa 9, dignificado por casa e em conjunção com o Meio do Céu; aqui se revela o potencial para trabalhar com a lei. Existe um trígono entre Júpiter/Meio do Céu e Saturno e Marte, mostrando quanto ele se sente à vontade com sua função. É provável que o homem pudesse ingressar na área jurídica, porém Plutão e Saturno angulares e o Sol e Marte em Áries tendem mais à aplicação que à elaboração da lei, que requer mais proeminência de Mercúrio/Gêmeos e Júpiter/Sagitário do que esse mapa indica.

LEITURAS RECOMENDADAS

Talvez você aprecie as obras a seguir, para leitores com o mesmo nível de conhecimento:

Astrological Insights into Personality, Betty Lundsted

Astrology – the Next Step, Maritha Pottenger

Cosmic Combinations, Joan Negus

The Inner Sky, Steven Forrest

Planets in Youth, Robert Hand

Impresso por :

Graphium
gráfica e editora
Tel.:11 2769-9056